SABINE ESTNER
mit Claudia Heuermann

ICH BIN, WIE GOTT MICH SCHUF

SABINE ESTNER
mit Claudia Heuermann

ICH BIN, WIE GOTT MICH SCHUF

Eine Transfrau erzählt ihre Geschichte

HERDER
FREIBURG · BASEL · WIEN

Hinweis

Die in diesem Buch beschriebenen Geschehnisse haben so stattgefunden, wenngleich die Chronologie zugunsten der Dramaturgie gelegentlich abweicht. Auch sind dem Erzählfluss und der Spannung zuliebe ein paar Zeitabschnitte gestrafft und einige Ereignisse zusammengefasst worden. Die Namen fast aller Personen wurden zum Schutz ihrer Privatsphäre geändert, die Namen einiger Institutionen, ihre Standorte und Erscheinungsbilder zum Schutz der Beteiligten verfremdet.

MIX
Papier | Fördert gute Waldnutzung
FSC® C014496
www.fsc.org

www.herder.de

Satz: Daniel Förster, Belgern
Herstellung: GGP Media GmbH, Pößneck

Printed in Germany

ISBN Print: 978-3-451-39739-4
ISBN E-Book (EPUB): 978-3-451-83217-8
ISBN E-Book (E-PDF): 978-3-451-83374-8

INHALT

Ich widme dieses Buch allen, die sich nach Liebe, Anerkennung und Annahme sehnen.

Ich widme dieses Buch dem, der die Liebe ist.

»Wer zu mir kommt, den werde ich nicht abweisen.«
Johannes 6,37[1]

Ich wünsche allen, die dieses Buch lesen, dass ER ihnen mit seiner Liebe begegnet, dass sie seine Liebe erfahren.

Sabine Estner

PROLOG

Eine gespannte Ruhe liegt in der Luft, eine stumme Erwartung, wie jedes Jahr an diesem besonderen Datum: Der 24. Dezember 2017 ist ein Wintertag wie aus dem Bilderbuch. Sonnig blau strahlt der Himmel, und Schnee bedeckt die Sträucher im Gärtchen unserer Erdgeschosswohnung – jener Wohnung in Wasserburg nahe Rosenheim, in die meine Partnerin Theresia und ich vor Kurzem gezogen sind, um ein ganz normales Leben zu führen. Ein Leben als Mann und Frau.

Einen Teil des Tages haben wir draußen verbracht, auf einem langen Spaziergang am Inn entlang, haben dabei die klare Luft eingesogen, auf den Fluss geschaut, die winterliche Kälte gespürt: Nun ist es umso schöner, es sich zu Hause gemütlich zu machen. Wir zünden Kerzen an, verteilen Plätzchen auf bunte Teller, arrangieren sie im Wohnzimmer auf Tischen und Schränken. Ich habe vor ein paar Tagen sogar selbst noch eine Fichte geschlagen, einen stolzen Zwei-Meter-Baum aus dem Wald hinter dem Haus meiner Mutter in der Nähe von München, der nun mitten im Zimmer aufgestellt und mit grünen und goldenen Kugeln geschmückt ist. In der Wärme unseres Heims entfaltet der Baum seinen unverkennbaren Duft – es riecht nach Harz und frischen Nadeln, nach dem Wald hinter dem Haus meiner Kindheit, und das intensive Aroma vermischt sich mit dem von Zimtsternen und Pfeffernüssen und brennenden Kerzen. Lichterketten und

Scherenschnitte mit Wintermotiven hängen in den Küchenfenstern, von denen aus ich in unser Gärtchen blicke. Die Sonne senkt sich bereits, als wir gemeinsam das Abendessen vorbereiten – es gibt Kartoffelsalat mit Würstchen, ganz traditionell. Weihnachten, wie es sein soll.

Doch ich kann die festliche Stimmung nicht genießen. Im Gegenteil. Ich bin fahrig und unruhig, und plötzlich rutsche ich in diesen altbekannten Gefühlsstrudel, der immer um dieselbe Frage kreist: »Gott, warum hast du mich so geschaffen, wie ich bin? Warum nur bin ich mit dem falschen Geschlecht geboren?«

An diesem Tag, der für die meisten Menschen mit himmelhochjauchzender Freude verbunden ist, stürze ich ins tiefste Unglück und spüre nichts als abgrundtiefe Verzweiflung. *Jesus Christus! Warum? Warum bin ich so verkehrt? Ich hab mir das doch nie gewünscht! Ich wollte das nicht und will es nicht! Warum bin ich trotzdem so?*

Die Fragen begleiten mich schon fast mein Leben lang, doch heute ist etwas anders, das merke ich deutlich – heute stehe ich vor einem Scheideweg, unausweichlich, und kann mich nicht länger verstecken.

Nach dem Essen versuchen Theresia und ich, Bescherung zu feiern, wir beschenken uns, doch mein Zustand wird immer unerträglicher, wird so übermächtig, dass er mich in die Knie zwingt. Ich sinke auf unsere Couch, kauere mich dort zusammen wie ein Baby, Theresia muss ohne mich zur Christmette gehen. *Jesus, was soll aus mir werden, was soll ich nur tun?*

Allein und bitterlich weinend liege ich im Wohnzimmer, und mein Blick fällt auf den Weihnachtsbaum und die Krippenszene darunter, die Theresia heute Morgen aufgebaut hat – die kleinen, aus Holz geschnitzten Figuren hat sie von ihren Eltern geschenkt bekommen: Maria und Joseph in einem einfachen Stall, ein Ochse, ein Esel und das Jesuskind in seiner Krippe, schön arrangiert mit etwas echtem Heu und Stroh. Ich kann meinen Blick nicht abwenden von der kleinen Gruppe: Vater, Mutter, Kind, das Idealbild einer christlichen Familie … *Oh Jesus! Ich passe da nicht rein! Niemals werde ich hineinpassen, und nie habe ich gepasst! Es gibt keinen Platz für solche wie mich!*

Ich spüre, dass ich am Ende des Weges angelangt bin. Nachdem ich jahrzehntelang alles versucht habe, um meine Transidentität loszuwerden, kapituliere ich an diesem Tag, kapituliere ich vor Jesus Christus: Entweder lebe ich als Frau – oder gar nicht mehr. Und in diesem Moment der vollkommenen Zerrissenheit, im Augenblick meiner allergrößten Not, entscheide ich mich für das Leben. Es ist ein überwältigendes Weihnachtsgeschenk!

Am nächsten Morgen rede ich mit Theresia, nicht zum ersten Mal, über meine unbezwingbare Sehnsucht nach einem weiblichen Körper, und wie zuvor bringt sie mir so viel Verständnis entgegen, wie sie es vermag. Doch dieses Mal ist etwas Unumkehrbares in Gang gesetzt worden, und es gibt kein Zurück: Ich spüre, wie sich langsam die letzten männlichen Anteile von mir verabschieden. Und am Silvesterabend, als ich mit Theresia in der Wasserburger Altstadt unterwegs bin, um das Feuerwerk anzuschauen, geht schließlich auch der letzte Rest. Um genau zehn vor zwölf bleibt meine Armbanduhr plötzlich stehen, für fünf Minuten: Als hätte Gott kurz die Luft angehalten, als wäre das Universum eingefroren, ist in jenen Momenten das letzte bisschen Mann aus mir verschwunden.

Jetzt bin ich hundert Prozent Frau, allerdings noch immer in einem Körper mit falschem Geschlecht. Doch nun habe ich beschlossen, das Problem in die Hand zu nehmen, mich aktiv darum zu kümmern. Und so ist das Ende des Weges gewissermaßen auch der Anfang: Denn jetzt geht es erst richtig los, und die vielleicht schwierigste Wegstrecke liegt vor mir.

Aber ich bin so weit. Ich fühle mich ohne jeden Zweifel bereit, als ich ein paar Wochen später vor den Spiegelschrank unseres Badezimmers trete. Die späte Wintersonne scheint tief durchs kleine Kippfenster und taucht alles im Raum, auch mich, in ein schmeichelhaftes Licht. Die sterilen Kacheln schimmern golden, die Reflexionen lassen auch die hintersten Ecken aufleuchten, und wie ein Fingerzeig Gottes lenken die Sonnenstrahlen meinen Blick.

Ich muss daran denken, wie oft mir im Laufe meines Lebens schon geraten wurde, mich vor den Spiegel zu stellen, mein Spiegelbild mit Vornamen anzureden und zu sagen: »Ich liebe dich« – eine therapeutische Maßnahme, die Selbstbewusstsein und Selbstakzeptanz fördern und stärken soll. Besonders während meiner Jahre als Mönch im Kloster habe ich diese Übung wieder und wieder exerziert.

Jetzt sehe ich mir in die Augen: »Sabine …« Ich spüre Wärme. *»Sabine.* Ich liebe dich …«, sage ich zu mir selbst, ein wenig zögerlich zuerst, doch dann bestimmt und laut und deutlich. Und plötzlich durchströmt mich eine überwältigende, eine nie gekannte Freude, ein unbeschreibliches Glück, das jede Faser meines Körpers erfasst, während ich mit der Sonne um die Wette strahle.

»Sabine ich liebe dich!«

KAPITEL 1

WER DEN ZORN REIZT

Es begann schon früh, oder vielleicht begann es gar nicht, sondern war schon immer da, aber bereits als Kind fühlte ich mich nicht wie der Junge Simon, der ich laut meiner Geburtsurkunde aus dem Jahr 1966 war. »Mama, wie nähst du diesen Saum um?«, fragte ich zum Beispiel und ließ mir von meiner Mutter an der alten Singer-Nähmaschine erklären, wie man Hosen kürzt oder den Saum auslässt oder Borten an die Hosenbeine näht. Wenn die zerschlissenen Knie meiner Jeans mit Bügelflicken versehen werden mussten, wählte ich lieber die roten als die blauen Motive, und ich suchte mir Erdbeeren, Sonnenblumen oder Schmetterlinge aus. »Ist das nicht eher was für Mädchen?«, fragte meine Mutter einmal, »willst du nicht lieber eine Rakete oder einen Planeten wie dein Bruder?« – »Zeigst du mir, wie das Aufbügeln geht?«, fragte ich, statt ihr zu antworten, und sie zeigte es mir.

Mädchenfarben, Mädchenspielzeug und Mädchenkleider gefielen mir schon immer besser, ebenso wie die Tätigkeiten, denen meine Mutter nachging: Ich sah ihr lieber zu als meinem Vater, half ihr lieber beim Backen, Bügeln und Wäschefalten, als mich mit »Männerdingen«, wie wir sie damals nannten, zu beschäftigen.

Dabei lebte ich, wie ich mich fühlte, und machte mir keine Gedanken darüber, wie ein Junge oder wie ein Mädchen zu sein hatten. Ich war ich und niemand sonst, und genauso benahm ich mich eben.

Und so folgte ich auch schlicht meinen Gefühlen an jenem Tag in den Sommerferien des Jahres 1976: Ich war gerade zehn geworden, und wie so oft half ich meiner Mutter mit der Wäsche – gerade hatten wir die trockenen Sachen von der Leine genommen, und nun standen wir nebeneinander vor dem Kleiderschrank im Flur und verstauten die fertig gefalteten Kleidungsstücke. Dabei fiel mir dieser wundervolle gelb geblümte Sommerrock meiner Mutter ins Auge, der ganz oben auf ihrem Stapel lag. Ich beobachtete, wie sie den Rock auf einen Bügel und diesen dann an die Kleiderstange hängte. Ich griff nach dem Stoff und befühlte ihn, er war ganz dünn, leicht und weich. Ich war mir sicher, den Rock noch nie zuvor gesehen zu haben, er musste neu sein, und ich konnte meine Augen nicht von ihm abwenden.

Sobald meine Mutter in der Küche verschwunden war, nahm ich ihn von seinem Bügel und schwenkte ihn hin und her, sodass die Blumen darauf wie im Wind wehten. Ich hielt mir den Bund vor den Bauch, dann vor die Brust, damit die Länge stimmte, dann drehte ich mich um mich selbst, und die gelben Blüten wirbelten um mich herum und umschlossen mich.

Als Nächstes stülpte ich mir den Stoff über den Kopf, und nun roch ich die Blumen sogar, doch als ich schon halb in den Rock hineingeschlüpft war, vernahm ich ein Geräusch aus dem Wohnzimmer: Es war mein Vater, ich hörte, wie er sich räusperte. Vielleicht hatte er Schulklausuren korrigiert oder in seinen Musikpartituren geschrieben, jedenfalls klang es jetzt so, als wäre er aufgestanden, denn ich hörte seine Schritte. Und nur eine Sekunde später, bevor ich den Rock wieder ausziehen konnte, stand er in der Tür und blickte mich an. Er öffnete den Mund und schloss ihn wieder. Er hatte einen seltsamen Ausdruck auf seinem sonst oft strengen Gesicht, fast so, als würde ihm übel werden, denn er wurde ganz weiß, doch als sein Gesicht dann blutrot anlief, ahnte ich, dass er sehr wütend war. Er sah aus, als würde er gleich platzen. Aber warum? Weil ich mir ungefragt etwas genommen hatte, was mir nicht gehörte? Meine Mutter hätte bestimmt nichts dagegen gehabt, und es war schließlich ihr Rock. Schmutzig gemacht hatte ich ihn auch nicht, ich wusch mir vor dem Wäschefalten immer die Hände, und ganz sicher hatte ich nichts kaputt gemacht.

Während ich mich noch wunderte, spürte ich, wie mich die Hand meines Vaters derb im Nacken packte. Ich verlor den Boden unter den Füßen und wurde gewaltsam ins Wohnzimmer geschleift, vorbei am Steinway-Flügel und den Violinen an der Wand darüber, vorbei am Panoramafenster, durch das man die Alpen bei Föhnwind sehen konnte, bis zur erstbesten Sitzgelegenheit: einem unserer antiken, golddurchwirkten Polsterstühle. Ich war starr vor Angst. In diesem Zimmer, das ich wegen seines barocken Flairs so liebte, ließ sich mein Vater nun auf den prunkvollen Sessel fallen, warf mich brutal über sein Knie und begann, mir die Seele aus dem Leib zu prügeln: »Guter Gott! Du benimmst dich wie ein Mädchen!«, schrie er dabei, und mit voller Wucht sauste seine kräftige Hand auf mich nieder. »Das werd ich dir schon austreiben!« Die Hiebe kamen schneller und fester. »In Gottes Namen! Du bist ein Junge! DU WIRST EIN MANN!«

Und während die Schläge auf mich niederprasselten und ich nur noch aus Angst und Schmerz zu bestehen schien, geschah etwas Seltsames: Ich merkte, wie ich meinen Körper verließ. Ich trat aus mir heraus, betrachtete die Szene für einen Moment von außen, sah diesen wütenden Mann, der mit aller Kraft auf sein Kind einschlug, dann zog sich meine Seele in mein Kinderzimmer zurück, brachte sich in Sicherheit und entkam der Brutalität meines Vaters – etwas, das mein Körper nicht konnte.

Als ich wieder zu mir kam, sah ich geradewegs in die besorgten Augen meiner Mutter. Mit der linken Hand hielt sie meinen Oberkörper, mit der rechten tätschelte sie mein Gesicht. Ich merkte, wie Tränen meine Wangen hinunterliefen. Ein unbeschreiblicher Schmerz zog durch meinen Rücken und durch meine Beine, und ich hatte das Gefühl, mich übergeben zu müssen.

»Du warst weg!«, sagte meine Mutter, dabei strich sie mir die Haare aus der Stirn, die verschwitzt über meinen Augen und an meinen Schläfen klebten. »Dein Vater hat mich gerufen, weil du dich nicht mehr bewegt hast. Ich war draußen im Garten, hab erst gar nichts gehört, meine Güte, er dachte, du seist tot! Aber du warst nur weg. Ich habe dich zurückgeholt.«

Meine Seele war in meinen Körper zurückgekehrt. »Was ist passiert?«, stotterte ich schluchzend, während mein Vater wortlos den Raum verließ. Ich konnte mich an die schmerzhaften Schläge erinnern, doch was genau ich nun eigentlich falsch gemacht hatte, das verstand ich immer noch nicht. Auch während der folgenden Tage, die ich humpelnd, mit geschwollenem Gesäß und tiefblauen Flecken auf dem Rücken zubrachte, war ich mir nicht sicher. Ganz bestimmt wusste ich nur, dass es volle zwei Wochen dauerte, bis ich wieder richtig sitzen, rennen und unbeschwert draußen spielen konnte.

»Da kommt sie«, hörte ich eines Nachmittags kurze Zeit später meinen Freund Udo rufen. Seine Stimme schallte durch den Wald, und als ich ihn und die anderen Kinder erreichte, schmetterte seine Stimme abermals: »Na endlich, sie ist da!«

Die Ferien neigten sich dem Ende entgegen, und wie gewohnt trafen wir uns zum Spielen draußen hinter den Häusern, tobten, bauten an unserem Staudamm am Bach, kletterten und spielten Fangen. »Gut, dass du da bist, du bist dran!« Ich spürte

Udos Hand auf meiner Schulter. »Sie ist jetzt dran!«, rief er in die Runde, den anderen beiden Mädchen und den zwei Jungs zu, unserer Clique, und obwohl mich das »sie« ein wenig irritierte und ich nicht wusste, wie er das meinte, schien es die anderen überhaupt nicht zu stören: Als wäre es das Selbstverständlichste der Welt, setzten sie das Spiel fort – und ich spielte mit.

Ich benahm mich, wie ich mich fühlte, und ich spielte, wie ich mich fühlte – auch wenn ich zu dieser Zeit bereits ahnte, dass ich kein normaler Junge war, dass da etwas in mir war, dieses Weibliche, was dort offensichtlich nicht hingehörte. Meine Eltern hatten es bemerkt. Udo hatte es bemerkt. Ich selbst war nun auch darauf aufmerksam geworden, obwohl ich nicht wusste, was genau das nun eigentlich zu bedeuten hatte, was es für mich bedeutete. Doch ich hatte mitbekommen, dass mein Vater es aus mir herausschlagen wollte, also musste es etwas Schlechtes sein.

Die Selbstverständlichkeit, mit der Udo mich als Mädchen ansprach, zeigte mir außerdem, dass es immer noch in mir drin war – und das versetzte mich in Angst.

Was sollte ich jetzt tun? Wie sollte ich sein? Wie meinem Vater fortan gegenübertreten? Diese Fragen wirbelten für den Rest der Ferien in meinem Kopf herum, bis ich beschloss, mich zu fügen. Ich musste versuchen, genauso zu sein, wie er es wünschte, damit ich nie wieder so geschlagen würde wie an jenem Tag – und ich wusste nun, wie er, mein strenggläubiger Vater, mich haben wollte: »Enthalte einem Knaben die Züchtigung nicht vor; denn wenn du ihn mit der Rute schlägst, wird er nicht sterben. Schlägst du ihn mit der Rute, so wirst du seine Seele von der Hölle retten.«[2] Ich hatte gehört, wie er das einmal laut aus seiner alten Bibel las – und er schien das wörtlich zu nehmen. Und weil es ihm nicht gelungen war, mir diese Unart, mein augenscheinlich verkehrtes Sein auszutreiben, musste ich nun selbst alles tun, um es loszuwerden, es zu unterdrücken oder zumindest zu verstecken – auch wenn ich in der Bibelstunde im Kommunionsunterricht noch etwas anderes gelernt hatte: »Ihr Väter! Reizet eure Kinder nicht zum Zorne, damit sie nicht mutlos werden.«[3] Das waren Paulus' Worte an die Christen in Kolossä.

Und Paulus hatte recht, denn genauso war es nun geschehen: Ich war angstvoll und mutlos geworden. Und obwohl mein Vater schon zu etlichen früheren Gelegenheiten die Rute oder den Teppichklopfer hervorgeholt hatte, um mich und meinen Bruder zu bestrafen, so hatten die Prügel an jenem Tag doch etwas mit mir gemacht, was so noch nie geschehen war: Obwohl meine Knochen heil geblieben waren, fühlte ich mich zerbrochen – und lebte fortan in abgrundtiefer Angst vor meinem Vater, lebte in ständiger Panik, etwas falsch zu machen. Die Angst erdrückte mich fast und war kaum auszuhalten, und so fing ich an, bei Jesus Hilfe und Zuflucht zu suchen.

Bitte, bitte sei bei mir und beschütze mich!

Ich zog mich zurück und duckte mich, lief mit gesenktem Kopf, sobald mein Vater in der Nähe war, und sah ihm nicht in die Augen. Ich gehorchte, kleidete mich jungenhaft und versuchte, mich so männlich wie möglich zu benehmen.

»Du bewegst dich wie ein Mädchen!«, behauptete Udo trotzdem, als ich ihn ein halbes Jahr später fragte, warum er mich immer noch wie ein Mädchen behandelte und auch immer noch wie eines anredete. Ich fand, dass es wahrlich nicht an meinen Klamotten oder an meinem strohblonden Pilzkopf liegen konnte, immerhin hatten Udo und auch mein Bruder dieselbe Frisur, und an diesem Nachmittag war sowieso alles unter Mützen und Schals versteckt, denn es war Winter, und wir hatten uns zum

Schlittenfahren auf dem Rodelhügel außerhalb unseres Dorfes getroffen, wie die meisten anderen Kinder auch.

»Und du denkst wie eines!«, fuhr Udo fort.

»Ja? Wie denkt denn ein Mädchen?«

»Na ja, wie du eben!«

»Kapier ich nicht!«

»Siehst du?« Er warf mir eine Handvoll Schnee ins Gesicht, was ich erst recht nicht verstand, aber sicher machte er nur Spaß, immerhin waren wir beste Freunde. Ich bückte mich, griff in den Pulverschnee und formte einen Ball, den ich mit voller Wucht auf Udo warf, allerdings fiel er schon in der Luft wieder auseinander, weil der Schnee nicht pappte. Wir lachten beide, und ich warf mich auf meinen einfachen Holzschlitten, um Udo zu beweisen, dass ich schneller war als er, schneller als die anderen Jungs – der schnellste Junge von allen.

Ich zischte den Hang hinab, zwischen ein paar Fichten hindurch, über den Spazierweg hinüber, bis zum kleinen Bach ganz unten, rasend schnell, sodass mir der feine Schnee in die Augen flog und mich blinzeln ließ, und dennoch war Udo schneller und fuhr mir mit Vollkaracho hinten drauf, bevor ich am Bachbett zum Stehen kam. Da er einen dieser etwas größeren Hörnerschlitten besaß, einen Gebirgsrodel mit runden Vorderbügeln, glitt er nahezu ungebremst auf meine niedrigere Sitzfläche und krachte in mein Steißbein, dass mir Hören und Sehen verging.

Von nun an wurde ich bei bestimmten Bewegungen immer wieder daran erinnert, dass Udo schneller war als ich, obwohl sein Tempo natürlich durchaus an seinem professionelleren Schlitten gelegen haben könnte.

Ich dachte an Udo, wenn ich beim Klavierüben mit gestrecktem Rücken auf der Holzbank saß und mein Steißbein spürte, und ebenso, wenn ich besonders lange in der Schule saß – seit dem Sommer ging ich aufs Gymnasium im Nachbardorf –, doch hier tat nicht nur mein Hinterteil weh: Es schmerzte mich außerdem, dass ich nun nach der Schule immer ins angegliederte katholische Tagesheim gehen musste. Ich fühlte mich abgeschoben von meinen Eltern, denn niemand sonst aus meinem Freundeskreis ging ins Tagesheim, auch nicht mein Bruder, der nachmittags zu Hause sein durfte.

»Habt ihr mich denn nicht mehr lieb?«, fragte ich mehr als einmal, und natürlich glaubte ich, dass alles irgendwie zusammenhing, mein weibliches Sein, meine Sanftheit, meine Zartheit, der Tag, an dem mein Vater mich halb totschlug, und die Ratlosigkeit meiner Mutter. »Doch natürlich!«, antwortete sie zwar stets, und manchmal strich sie mir über den Kopf oder reichte mir eins von den Plätzchen, die sie – ohne mich – gebacken hatte, aber ich zweifelte, fühlte mich unglücklich, ungeliebt und überfordert. Ich kam in der Schule nicht klar, schrieb schlechte Noten und litt unter der ständigen Angst, in meiner Klasse auf dieselbe Ablehnung zu stoßen wie zu Hause.

Ich war schüchtern – und ich war eingeschüchtert. Trotzdem gab ich mir auch in der Schule Mühe, möglichst männlich zu erscheinen und mich anzupassen, doch ich merkte von Anfang an, dass ich nicht dazugehörte, dass ich mich mit den Jungen in meiner Klasse überhaupt nicht identifizieren konnte.

Aber ein Mädchen war ich schließlich auch nicht. Also, was war ich denn nun? War ich vielleicht schwul? Immerhin hatte ich einmal einen meiner Mitschüler sagen hören, dass feminine Jungen immer schwul seien. Konnte das wahr sein? *Oh Gott. Bitte nicht!* Auf gar keinen Fall wollte ich schwul sein, denn die Klassenkameraden rissen schwulenfeindliche Witze, machten sich über Homosexualität lustig, und nichts wollte ich weniger, als mit »Ey, du Schwuchtel« oder »Hey, du schwuler Waschlappen«

angepöbelt und gemobbt zu werden – zumal mein Vater Lehrer an derselben Schule war: Was, wenn ihm das zu Ohren käme? Da litt ich lieber weiter stumm, und ich verspürte eine fürchterliche Scham, die mit der Zeit immer größer wurde.

In jenem Jahr, zu Beginn meiner Gymnasialzeit, dachte ich erstmals an Suizid, und als ich in die Pubertät kam, wurden diese Gedanken meine ständigen Begleiter. Wie schön wäre es doch, wenn dieses Unglück ein Ende haben könnte!

Aber immer wieder hielt mich etwas ab. Immer wieder halfen mir meine Gespräche mit Jesus, half mir mein Glauben, zu leben und zu überleben.

1975 bei der Erstkommunion

KAPITEL 2

ALLE REGISTER

»Um Gottes Willen, was ist denn mit dir passiert?«, vernahm ich die erschreckte Stimme meiner Mutter schon von Weitem, als ich eines regnerischen Herbstnachmittags nach Hause kam. Blut tropfte von meinem linken Arm, rann mein Handgelenk hinunter bis zu meinen Fingerspitzen. »Geschnitten«, antwortete ich kurz, als sie mir mit Pflaster und Verbandszeug zu Hilfe eilte. »Wie? Wie ist das passiert?«, drängte sie, doch ich antwortete ihr nicht.

Zwölf Jahre war ich alt, als ich an jenem Tag begann, mir die Haut zu zerschneiden und mich selbst zu verletzen. Ich wusste nicht, warum ich das tat, aber an diesem Herbsttag konnte ich dem Verlangen nicht widerstehen, mir auf dem Nachhauseweg eine Glasscherbe zu suchen und sie auf die Innenseite meines Unterarms zu drücken. Ich stand draußen auf dem Schotterweg im Regen, nicht weit von unserem Haus entfernt, und mit angehaltenem Atem presste ich fester und immer fester, bis ein Blutstropfen erschien. Erst jetzt stieß ich meinen Atem aus. Ich starrte auf das leuchtende Rot, das sich sofort mit den Regentropfen vermischte und von diesen an meinem Arm heruntergespült wurde. Ich fühlte mich erleichtert, jedenfalls für kurze Zeit.

Doch dann begannen die Albträume, diese fürchterlichen grellen Visionen.

Und kein Mensch konnte mir hier helfen, weder meine Mutter noch sonst irgendjemand, denn zu furchtbar waren die Träume, zu schlimm, um darüber zu reden – oder selber drüber nachzudenken: Wann immer ich die Bilder im Geiste zu fassen versuchte, fiel ein dunkler Vorhang in meinem Kopf hinunter, denn die Grausamkeit, die ich erblickte, die brutale Gewalt an mir, an meinem Körper, war unerträglich.

Natürlich fragte ich mich, wo diese Bilder herkamen. Ich hatte keine Ahnung, hatte keine Erinnerung, doch ahnte ich, dass irgendetwas passiert sein musste, etwas, das diese Träume auslöste, die zudem auf eigenartige Weise mein Bedürfnis nährten, mir Wunden zuzufügen, mir wehzutun.

Jedes Mal verschaffte mir der Schmerz Erleichterung. Jedes Mal nahm er den Druck von meiner Seele, als wären die Wunden ein Ventil, und gleichzeitig wurde meine Aufmerksamkeit, wurde mein Fokus woanders hingelenkt – weg von meinen diffusen verdunkelten Gedanken, die um die Träume kreisten, ohne sie je zu erreichen, hin zum konkreten Schmerz und der zerstörten blutigen Haut, die ich sehen, spüren und anfassen konnte und über die ich die alleinige Kontrolle besaß. Die Verletzung meines Körpers praktizierte ich ungefähr einmal im Monat, und mittlerweile tat ich es so, dass niemand etwas merkte, an Körperstellen, die niemand sah.

Und so ahnte weder zu Hause noch in der Schule oder im Tagesheim irgendjemand etwas von meinem Schmerz. Auch in unserer Pfarrei, in der mein Vater den Chor leitete und die Orgel spielte und in der ich selbst als Ministrant viel Zeit verbrachte, wusste kein Mensch davon.

Der barocke Innenraum unserer Dorfkirche war prächtig, hell und mit vielen goldbesetzten Details ausgestattet, sogar ein Deckengemälde gab es. Meistens hing der Duft von Weihrauch in der Luft, den ich liebte, und alles glänzte und leuchtete, vor allem der Altar mit seiner plastischen Darstellung von Jesus am Kreuz: Dieses Herzstück unserer Kirche war besonders prunkvoll, von goldenen Schnörkeln und Cherubinen umsäumt, mit Kerzen bestückt, und die Jesusfigur war so detailgetreu geschnitzt und bemalt, dass sie beinahe lebensecht wirkte: Ihr Kopf mit dem fein gestalteten Gesicht neigte sich nach rechts zur Seite, als hätte sie eben noch auf die Wunde unterhalb ihrer Brust geschaut und auf das Blut, das daraus sickerte. Sorgfältig gemalte Blutstropfen waren auch unter den derben Nägeln zu sehen, die Hände und Füße ans Kreuz fixierten, ebenso auf der Stirn, unterhalb der Dornenkrone.

Jedes Mal, wenn ich den Hauptgang Richtung Altar hinunterschritt – und das tat ich als Messdiener oft – war mein Blick fest auf Jesus gerichtet, und ich war so voller Ehrfurcht, dass ich eine Gänsehaut bekam. Wenn ich dem Priester dann die Bücher oder liturgischen Geräte zum Altar reichte, wenn die Gemeinde zum Gebet aufstand, wenn wir sangen oder ich das Weihrauchfass schwenkte, dann spürte ich Jesus ganz nah, spürte sein Wohlwollen und seine Güte, und manchmal war das Gefühl so stark, dass es überall in meinem Körper kribbelte.

Ich war sehr gern in dieser Kirche, es war ein wunderschöner, stiller und friedlicher Ort, in dem ich mich viel weniger verloren fühlte als anderswo, und die stetige Nähe zu Jesus gab mir ein Gefühl der Sicherheit. Dennoch kam der Punkt, an dem ich mich auch hier überfordert fühlte, denn die Aufgaben, die ich – oder besser: die mein Vater – mir aufgebürdet hatte, waren kaum alle zu bewältigen: Neben meinem regulären Ministrantendienst half ich mit der Orgel, zog und schob die Register, blätterte die Noten um oder spielte selbst, in der Christmette und zu anderen besonderen Gelegenheiten. Außerdem sang ich im Chor – und musste daneben natürlich noch zur Schule, ins Tagesheim, zum Musikunterricht, musste Hausaufgaben machen, lernen und Klavier üben.

Dazu spielte ich Geige im Schulorchester – für meinen Vater, den Musiklehrer, eine Selbstverständlichkeit: Sein Erwartungsdruck lastete so schwer auf meinen Schultern, dass ich mich noch tiefer duckte, als ich es in meinem Bemühen, jungenhaft zu erscheinen, ohnehin schon tat. Doch ich gab alles, um den Wünschen und Erwartungen dieses Mannes gerecht zu werden, ganz so, wie ich es mir vorgenommen hatte, auch wenn es immer schwieriger wurde. Wie beneidete ich insgeheim meinen Bruder Armin, der die Hauptschule besuchte, an den keine astronomisch hochgesteckten Erwartungen gestellt wurden und der sich so ein schönes Leben machen konnte! Wie gern hätte ich mit ihm getauscht, hätte ich unbesorgt in den Tag gelebt und getan, wozu ich Lust hatte! Stattdessen blieb für meine eigenen Bedürfnisse immer weniger Zeit. Obwohl ich zu gern einfach mal was gelesen, Musik gehört oder mir Bilder angesehen hätte, ohne dabei gleichzeitig etwas leisten zu müssen, blieben diese Wünsche unerfüllt.

Vielleicht träumte ich deswegen so viel. Nicht nur nachts, sondern auch tagsüber. Ich träumte im Unterricht, konnte mich immer weniger konzentrieren und schrieb dementsprechend immer schlechtere Noten – und die waren ja seit der Grundschule ohnehin schon nicht mehr gut gewesen.

»Simon!«, riss mich schließlich auch am 6. Dezember 1978 die strenge Stimme unseres Klassenlehrers aus meinen Tagträumen. Die erste Schulstunde war gerade angebrochen, und draußen war es noch nicht ganz hell. Ich hatte durchs Fenster ins Zwielicht gestarrt und meinen Blick an kahlen farblosen Bäumen vorbei in die trostlose winterliche Leere driften lassen, als Herrn Eckarts Stimme mich in die harsche Realität des neonbeleuchteten Klassenzimmers zurückholte. Der Lehrer neigte den Kopf, sah mich über seine halbrunden Brillengläser hinweg an, und ein halb amüsiertes, halb gehässiges Grinsen erschien auf seinem Gesicht: »Komm her und stell dich vor die Klasse!«

Oh nein, bitte nicht! Wie jedes Jahr war es Zeit für die Gaben des Nikolaus, eine Prozedur, die mich sowohl in der Schule als auch zu Hause mit Grauen erfüllte, hatte ich doch über die Jahre schon allzu oft mit Ruprechts Rute Bekanntschaft machen oder andere Demütigungen über mich ergehen lassen müssen. Vor allem in der Schule wurden diese ausführlich zelebriert, und mit seinen wilden grauen Haaren und einem ebensolchen Bart entsprach Herr Eckart zwar eigentlich dem Klischee des genialen Professors, er konnte aber durchaus auch als der heilige Sankt Nikolaus durchgehen – oder als Knecht Ruprecht, wenn man sich seinen bösen Blick und die schiefen Zähne so ansah. Mir rutschte das Herz in die Hose, ich fühlte mich ertappt und wusste genau, dass ich kein schönes Geschenk erhalten würde.

»Du hast dir in diesem Jahr wahrlich keine Belohnung verdient, mein lieber Simon, wenn ich mir so deine Noten ansehe ...«, sprach dann auch sogleich Herr Eckart, »Latein fünf, Mathe vier minus ...«, er schüttelte missbilligend den Kopf, »aber ist es denn ein Wunder? Du bist ja gar nicht wirklich hier! Wer weiß, wo dein Geist wandelt, doch sicher nicht in unserem Klassenzimmer!« Er sah sich um, als erwarte er zustimmendes Lachen – was nicht lange auf sich warten ließ. »Was auch immer du während deiner Träumereien siehst, muss sehr spannend sein. Vielleicht willst du es ja beizeiten mit uns teilen?« Mir wurde heiß und kalt und ich merkte, wie mir das Blut in den Kopf schoss, als ich langsam nach vorn ging und mich vor die Klasse stellte.

Während ich dort wortlos verharrte, füllte Herr Eckart ein großes Glas mit Wasser, dann reichte er mir ein Rohr, ähnlich einem Fernrohr oder einem Kaleidoskop, durch das ich hindurchschauen sollte. Das Rohr war völlig hohl, ohne Glas oder Linsen darin, und ich wunderte mich noch darüber, als ich auch schon das kalte Wasser in meinem Auge spürte – Herr Eckart hatte es aus dem Glas ins andere Ende des Rohrs gekippt, und der Strahl schoss mit solcher Wucht auf meine Pupille, dass ich das Lid nicht rechtzeitig schließen konnte. Ich zuckte vor Schreck und Schmerz zusammen, schnappte nach Luft, und so geriet Wasser in meinen Mund, was zu einem fürchterlichen Hustenkrampf führte – ich dachte, ich müsse jämmerlich ersticken. Das Wasser lief dann über mein Gesicht und weiter hinunter, über meinen Wollpullover, meine Hose, bis auf die Schuhe: Schließlich war ich klatschnass und stand neben dem Lehrerpult wie ein begossener Pudel, sehr zur Erheiterung der gesamten Klasse, deren schallendes Gelächter man bestimmt noch zwei Räume weiter hören konnte.

Am liebsten wäre ich im Boden versunken oder tot umgefallen, doch ich schlich schweigend und tropfend zu meinem Platz zurück und setzte mich. Das einzig Tröstliche war, dass es zwei meiner Mitschüler, die besonders unordentlich gewesen waren, noch schlimmer traf: Auf sie wartete die Schweinebox, eine mit Mist gefüllte Viehtransportkiste, in die sie hineinkriechen mussten und nach der sie für den Rest des Tages stinken würden.

Nach dieser Schulstunde stahl ich mich, wie schon oft zuvor, in die Schulkapelle. Die Kapelle war kleiner und einfacher als unsere Dorfkirche, aber sie lag direkt neben dem Schulgebäude, und es gab sogar einen Seiteneingang, den man direkt vom Schulflur aus erreichen konnte. So konnte man nahezu unbemerkt abtauchen, kurz verschwinden, und wann immer ich es nicht anders aushielt, kam ich hierher – in der Kapelle fühlte ich mich geschützt vor der Welt, geborgen wie in einem Kokon: Alle irdischen Probleme fühlten sich weit weg an, sie reichten nur gedämpft an mich heran, sodass ich verschnaufen und mich etwas ausruhen konnte.

Doch an diesem Tag kam ich nicht zur Ruhe, und alles fühlte sich besonders unerträglich an. Warum nur war mein Leben so schlimm? Warum war es so schwierig? Und warum war ich denn so, wie ich war? Tränen standen in meinen Augen, den Schmerz der Wasserattacke spürte ich auch noch darin, und ich fragte mich, wie ich so ein Leben überhaupt aushalten sollte – ich war doch erst zwölf, und es schienen noch so unendlich viele Jahre des Schreckens vor mir zu liegen, dass ich mir nichts sehnlicher wünschte als das Ende von allem.

An diesem Tag blieb ich länger in der Kapelle als sonst, ich blieb so lange, dass ich die nächste Schulstunde verpasste, was mir sicher einen Eintrag ins Klassenbuch und eine weitere schlechte Note bescheren würde. Doch ich konnte nicht anders. Ich kniete nieder und betete, sprach mit Jesus und konnte gar nicht mehr aufhören: »Jesus, ich brauche dich!«, flüsterte ich zwischen den Gebeten, »bitte sei bei mir! Steh mir bei!« Ich schloss meine Augen. »Was willst du, dass ich mache? Sag es mir! Was soll ich tun?« Ich atmete mehrere Male tief durch. »Jetzt bin ich ruhiger.« Ich wischte mir die Tränen aus den Augenwinkeln. »Ich fühl mich besser.« Und so fand ich Zuversicht – Jesus wollte nicht, dass ich tot war, das jedenfalls spürte ich ganz deutlich, als ich schließlich die Kapelle verließ.

Ein halbes Jahr später hatte ich dennoch keine Antworten auf die wichtigsten Fragen meines Lebens erhalten. Wer oder was war ich eigentlich? Immer wieder antwortete mir mein Kopf: ein Junge. So sagten es meine Lippen, so sagte es mein Vater, und so sagte es auch die Beule in meiner Hose – mein Penis und meine Hoden – derer ich mich mehr und mehr schämte. Denn mein Herz und mein Gefühl sagten etwas anderes – obwohl ich versuchte, nicht hinzuhören.

Aber auch die Leute sagten ja etwas anderes, sollte ich auf sie denn gar nicht hören? Es war schließlich nicht nur Udo – auch andere, vor allem die Jugendlichen aus den höheren Klassen meiner Schule, stellten mir manchmal eigenartige Fragen. Einmal zum Beispiel, als ich vor meinem Spind im Keller unseres Schulgebäudes stand, um mich für den Sportunterricht umzuziehen, da schlenderte ein Oberstufengrüppchen vorbei, und ein Mädchen aus der Gruppe lächelte mich an. Der junge Mann neben ihr grinste ebenfalls, aber auf einmal kam mir sein verzogener Mund überhaupt nicht mehr freundlich vor: »Bist du nun ein Junge oder ein Mädchen?«, fragte er, dabei warf er seine Haartolle nach hinten und steckte die Daumen lässig in die Gürtelschlaufen seiner eng sitzenden Jeans. Er sah so übermächtig stark und männlich aus! Ich hingegen …

Ich senkte meinen Kopf und sah an mir hinunter, sah meinen dünnen Bauch und weiter unten meine schlabbrige Sporthose, aus der meine Beine wie fehl am Platz hervorguckten, und alles schien irgendwie unförmig und unproportional zu sein. Ich wusste nicht, was ich dem älteren Jungen antworten sollte, er war ohnehin schon weitergegangen, doch das Mädchen an seiner Seite, eine schlanke wohlproportionierte Schönheit mit langen blonden Haaren und tollem Hüftschwung, drehte sich noch einmal zu mir um, und plötzlich wurde mir klar, dass ihr Lächeln voller Mitleid war.

Es war nicht der einzige Zwischenfall dieser Art, obwohl ich nun stets versuchte, mich beim Umziehen hinter der Spindtür zu verstecken, so gut das eben ging. Ich hatte Angst vor den Bemerkungen der anderen und empfand sie als bedrohlich – denn wollte man nicht wissen, wer oder was man war? Und wollte man nicht, dass auch die anderen es wussten? Manchmal fragte ich mich, ob die Leute mich vielleicht verwechselten oder ob sie mich gar ärgern und mir Böses anhaben wollten. In jedem Fall lösten solche

Fragen eine enorme Verwirrung und Unsicherheit in mir aus – und während die anderen Teenager gerade in dieser Phase zu sich selbst zu finden schienen und entdeckten, wer sie waren, wusste ich das immer weniger und fand alles Mögliche, nur nicht mich selbst.

Eines Tages, im folgenden Sommer, veranstaltete unsere Schulklasse einen Wandertag, und es ergab sich, Zufall oder nicht, dass ich im Freibad mit den Mädchen schwamm. Ich fühlte mich wohl und genau richtig zwischen ihnen, obwohl außer mir alle Bikinis oder Badeanzüge anhatten. Ich hingegen trug meine Badehose mit der schrecklichen Beule, meinem Geschlechtsteil, darin, und als Petra, eine burschikose Mitschülerin, völlig unerwartet ausrief: »Hey, dir werd ich's zeigen!«, und mir beide Hände auf den Kopf legte, um mich gleich darauf unter Wasser zu drücken und dort sekundenlang festzuhalten, wurde mir einmal mehr klar, dass irgendwas mit mir nicht stimmte. »Warum hast du das gemacht?«, fragte ich sie keuchend und wasserspeiend, als sie mich wieder auftauchen ließ. »Weiß nicht, vielleicht weil du ein Junge bist und die Jungs so was sonst immer mit mir machen? Ich wollte mal die Rollen tauschen … damit du siehst, wie das ist!«

Die Rollen tauschen – diese Idee gefiel mir!

Und Petra beeindruckte mich auf mehr als eine Art: Sie war furchtlos, groß, sehr stark und kräftig gebaut. Sie war viel kräftiger als ich – obwohl sie ein Mädchen war. Sie war auch mutiger als ich, sie sprang als Erste vom Fünfmeterbrett und nur weil sie sich traute, sprang ich hinterher. Im Klassenzimmer schien sie ebenfalls überlegen, dort war sie ruhig und besonnen und machte niemals einen unsicheren oder nervösen Eindruck.

So wurde Petra zu meinem heimlichen Vorbild, jedenfalls diesen einen Sommer lang. Ich wollte genauso sein wie sie! Und ich zog nun noch unwilliger meine Hosen aus, egal ob in der Kabine der Schuldusche oder zu Hause, da konnte mein Vater noch so oft ausrufen: »Herrgott, Junge, sei doch nicht so gschamig!«, und mein anderthalb Jahre älterer Bruder Armin konnte mich noch so oft necken oder triezen. Meinungsverschiedenheiten gewann Armin natürlich immer, da er mir körperlich haushoch überlegen war – dennoch wusste ich mich zu wehren, und wenn es mir zu bunt wurde oder wir uns allzu heftig stritten, dann begann ich, meinen Bruder zu kratzen und zu beißen, was ihn immer wieder erschreckte und so verwirrte, dass er mich in Ruhe ließ. Kratzen und beißen? So was taten Jungs doch nicht!

Und noch andere Dinge taten Jungs auf keinen Fall: Stricken zum Beispiel. Es war ein wahrer Segen, dass ich seit geraumer Zeit mein eigenes Zimmer hatte, die ehemalige Gästekammer, abgeschieden oben unterm Dach, denn dort konnte ich nun heimlich all jene Dinge tun, die Jungs eigentlich nicht taten.

»Komm, lass uns nach oben gehen!«, sagte ich einmal verstohlen zu meiner Cousine Sigrid, die genauso alt war wie ich, als sie uns mit meinem Onkel, einem Bruder meines Vaters, besuchte. Ich wusste, dass Sigrid sehr gut stricken und häkeln konnte, sie hatte ihren Handarbeitsbeutel immer dabei, und an diesem Tag lotste ich sie in mein Dachzimmer, wo ich schon zwei Stricknadeln und drei verschiedenfarbige Wollknäuel – rosa, gelb und grün – aus dem Handarbeitskorb meiner Mutter versteckt hatte: »Ich will so gut sein wie du!«, sagte ich zu Sigrid, und tatsächlich nahm sie ihr Strickzeug aus ihrem Beutel und zeigte und erklärte mir mit einer Engelsgeduld, wie man verschiedene Farben vereinte, wie man komplizierte Maschenkombinationen ausführte und bunte Strickmuster schuf. »Zwei rechts, zwei links, eine fallen lassen«, sangen wir an jenem Nachmittag im Chor, während unsere Nadeln synchron klapperten, was mich mit einer großen Zufriedenheit erfüllte.

Hier, in diesem Zimmer, ließ ich mir also das Stricken beibringen, und hier las ich manchmal heimlich die Frauenzeitschriften meiner Mutter, nachdem ich sie mir unten stibitzt hatte, um die Strickanleitungen darin zu studieren. Hier schob ich dann auch manchmal heimlich mein Unterhemd so hoch nach oben, dass es aussah und sich anfühlte wie ein Bikinioberteil, so ähnlich wie die, die in den Zeitschriften abgebildet waren, oder ich steckte mir die Haare mit Wäscheklammern nach hinten, sodass es ein bisschen aussah wie eine dieser neumodischen Frisuren aus der Zeitschrift.

Hier konnte ich natürlich auch gänzlich ungestört sein, um mich selbst zu verletzen, denn das tat ich weiterhin. Und weiterhin erleichterte mich der Schmerz, erleichterten mich die Wunden, und weiterhin fragte ich mich, wo das alles herkam, diese Schmerzsehnsucht und die Albträume, die mich auch weiterhin mit gnadenloser Regelmäßigkeit quälten.

Erleichternd fand ich außerdem, dass Armin mich nicht mehr fragen musste, warum ich mich nachts so wild in den Kissen herumwälzte, warum ich so laut schrie und stöhnte. Manchmal redete ich sogar im Schlaf, erzählte mir mein Bruder, und obwohl wir kein schlechtes Verhältnis zueinander hatten, obwohl er meistens zu mir hielt und mich auch manchmal zu seinen Unternehmungen mitnahm, weil er meinte, dass ich nicht immerzu lernen solle – obwohl wir also spielten und stritten, wie Geschwister es eben tun, so war es doch manchmal zu viel für ihn, als wir noch ein Zimmer und ein Etagenbett teilten: Wie er bei meiner Unruhe schlafen solle, wenn es im Bett über ihm so rumorte, hatte er zuweilen wissen wollen, und auch, was mich denn eigentlich so quälte. Die Wahrheit sagte ich ihm nie. Ich kannte sie ja selbst nicht.

KAPITEL 3

GEIST DER FURCHT

Ich sah nur Rot, Rot und noch mehr Rot, und ich glaube, ich hörte mein eigenes Schreien, als ich schweißgebadet in meinem Bett hochfuhr.

Ich hasste dieses Rot. Traumrot. Nicht Karminrot oder Rubinrot. Auch nicht Scharlach-, Ziegel- oder Kardinalrot. Nein, es war *Traumrot.*

Und das Traumrot schmerzte wie die Hölle.

Ich hielt mir die Hand vor den Mund und schluckte. In meinen Ohren dröhnte es. Mein Herz hämmerte. Mein Atem ging schnell und stoßweise, und hektisch ließ ich meinen Blick durchs Zimmer schweifen.

Kein Rot war zu sehen.

Mein Blick wanderte über die Wände mit der altmodischen grün-beigen Streifentapete, die ich überhaupt nicht mochte, weil sie mir regelmäßig Angst einjagte: Wann immer ich zu lange auf einen Punkt starrte, sah ich plötzlich Hexenköpfe darin, die mich hämisch anzugrinsen schienen – dann musste ich schnell woanders hinschauen, mich auf das alte Keramikkreuz über dem Tisch konzentrieren oder auf das Poster, das die Gottesmutter Maria mit dem Jesuskind darstellte: Die Maria auf dem Bild entsprach mit ihren schrägstehenden Augen, der olivfarbenen Haut und dem tiefschwarzen Haar allerdings nicht der typisch europäischen Vorstellung einer Gottesmutter – und das gefiel mir sehr.

Das Poster stammte aus einem Ministrantenheft, und ich hatte es sofort, nachdem ich in das Zimmer gezogen war, über mein Bett gehängt.

Schließlich wanderte mein Blick zum Fenster, durch das ich Äcker, Bäume und unsere Dorfkirche sehen konnte, und von dort über die alte weiße Kommode zur gegenüberliegenden Zimmerwand.

An dieser Wand hing nichts außer einer ganz besonderen Uhr: Sie sah ein bisschen aus wie eine Handsäge und trug keine Gewichte, wie Wanduhren das oftmals taten, sondern jener Teil mit Zeigern und Ziffern selbst war das Gewicht, das an dem gezahnten Sägeblatt nach oben geschoben werden konnte, um dann im Laufe eines Tages an den Zacken langsam bis ganz nach unten zu wandern.

Die Uhr übte eine eigenartige, gruselige und dennoch magische Anziehungskraft auf mich aus. Ich hatte sie von meinem Großonkel geschenkt bekommen, Onkel Karl, einem etwas schrulligen, seltsamen alten Mann, der häufig unangemeldet bei uns auftauchte und über den ich kaum mehr wusste, als dass er der Bruder meiner Oma und Betriebssanitäter in irgendeiner Firma war, außerdem arbeitete er ehrenamtlich als Seelsorger in einer Freikirche.

Ich fand ihn ein bisschen unheimlich, er erzählte oftmals komisches Zeug, und meist gestikulierte er dabei mit den Händen, und seine langen suchenden Finger wanderten hierhin und dorthin, während er sprach. Immer, wenn er mich mit leicht schiefem Blick unter seinen ungleichen buschigen Augenbrauen ansah, standen mir die Nackenhaare zu Berge und ich musste den Kopf abwenden. Ich konnte ihm nicht in die Augen sehen. Und ob man ihm immer alles glauben konnte, was er erzählte, bezweifelte ich.

Aber seine Uhr faszinierte mich, und manchmal konnte ich nicht anders, als meine Fingerkuppen auf die Zacken des Sägeblattes zu legen und so lange zuzudrücken, bis es schmerzte.

»Ich sorge mich ernsthaft um diese jungen Leute!«, sagte Onkel Karl einmal, als unsere Familie bei meiner Oma zu Besuch war und wir alle auf Sofas und Sesseln um den Couchtisch herumgeschart saßen. Ich war vierzehn und saß schräg neben Onkel Karl, als er mit lauter Stimme verkündete, wie gern er sich um junge Männer kümmerte, die auf den falschen Weg geraten waren. Dabei wandte er seinen Kopf ein wenig und sah mich augenzwinkernd an, und sein Mund schien noch schiefer zu grinsen als sonst. Mich schauderte, als ich zusah, wie er seine gelben Zähne entblößte und genussvoll in eines der Metthäppchen biss, die meine Oma herumreichte.

»Ich habe gerade einen jungen Ex-Sträfling frisch aus dem Gefängnis bei mir aufgenommen. Ich bring ihm Manieren bei auf dem Weg zurück ins Leben«, fuhr Onkel Karl fort, und seine Stimme platzte vor Stolz.

»Papperlapapp, ihr müsst ihm nicht alles glauben!«, warf meine Oma ein.

»Ist das nicht gefährlich?«, fragte meine Mutter, die Onkel Karl gegenübersaß und besorgt aussah.

»Oh nein, im Gegenteil!«, entgegnete Onkel Karl. »Der Geist ist willig, nur das Fleisch ist schwach. Oder das Fleisch ist willig und der Geist ist schwach, ha ha-ha …« Laut und schallend lachte er über sein Wortspiel, das ich nicht ganz verstand. Und wie durch Zufall landete plötzlich während des Gelächters seine wild gestikulierende Hand auf meinem rechten Unterarm.

»Nicht!«, schnappte ich und zog meinen Arm zurück, als hätte mich ein Stromschlag getroffen. Doch Onkel Karls Hand war wie festgeklebt und ließ sich nicht abschütteln.

»Nicht was?«, fragte er, dabei kniff und rieb er mein Handgelenk, als hätte ich eine Durchblutungsstörung, die es zu massieren galt. »Beruhige dich, Simon, du bist ja so schreckhaft wie ein Häschen!«

Meine Mutter starrte mit offenem Mund und verstand nicht, was da geschah, und als ich aus einem Reflex heraus mit meiner linken Hand auf Onkel Karls Finger schlug, da entwich ihr nur ein entsetztes »Aber Simon, was tust du denn!«

Von da an hatte ich noch größere Angst vor Männern als ohnehin schon. Gefürchtet hatte ich sie ja bereits zuvor, seit mein Vater mich bewusstlos geschlagen hatte und ich dann ein andermal, kurze Zeit später, von meiner besorgten Mutter gewarnt worden war: »Deswegen sollst du nicht so sein! Böse Männer stellen nämlich am liebsten solchen Jungs wie dir nach, Simon!«, hatte sie gesagt. »Zarte, zierliche und mädchenhafte Jungs werden am ehesten vergewaltigt, ihnen wird auf öffentlichen Toiletten aufgelauert oder in großen Bahnstationen hinterhergejagt. Das musst du dir merken!«

Ich merkte es mir.

Und ich nahm zur Kenntnis, dass in der eigenen Familie am Couchtisch der Oma meine Mutter offensichtlich keine Gefahr witterte – anders konnte ich mir nicht erklären, dass sie Onkel Karl in Schutz nahm und nicht mich. Die panische Angst vor öffentlichen Toiletten und vor großen Bahnhöfen war nun allerdings mein ständiger Begleiter, und meine Flinkheit und zierliche Wendigkeit zahlten sich hier durchaus aus, wenn ich das Gefühl hatte, überstürzt flüchten zu müssen.

Doch es war nicht nur Onkel Karl, der mir Geschenke machte.

»Wenn du es zusammenbaust, dann schenk ich's dir!«, sagte eines Tages, im Sommer 1982, mein Vater zu mir. Wir standen nebeneinander in unserer Kellerwerkstatt, und vor uns auf der

Arbeitsbank thronte ein riesiger Karton, der gerade angeliefert worden war. *Cirrus* stand in großen Buchstaben darauf, und ich spürte die gespannte Vorfreude meines Vaters, genau wie seine fordernde Erwartung an mich, die keinen Widerspruch zu dulden schien, als er mich nun mit leuchtenden und gleichzeitig stechend strengen Augen ansah: Neben der Musik war der Flugzeugmodellbau seine größte Leidenschaft – das Fliegen selbst blieb sein unerfüllter Lebenstraum – und vor uns lag ein gigantischer, unglaublich komplizierter Bausatz eines Segelflugzeugs, das ich nun für meinen Vater bauen sollte: Mit aller Macht wollte er sein Hobby zu meinem machen. Zu sehr wünschte er, dass seine Leidenschaft zu meiner wurde – und dass ich so werden würde wie er.

Ich war sechzehn und kein bisschen wie er, das wusste ich ja inzwischen, dennoch versuchte ich immer noch und immer wieder, ihm zu gefallen und so zu sein, wie er es wünschte.

»Boah!«, war alles, was ich in dem Moment antworten konnte, ich fühlte mich geradezu erschlagen von der bloßen Größe des Kartons, gleichzeitig beschlich mich das Gefühl, dass dies ein Test war, eine Art Reifeprüfung, um meine männlichen, technischen Fähigkeiten auf die Probe zu stellen. »Ja gut, ich will es versuchen …«, sagte ich und starrte auf den Karton wie der Hase in den Scheinwerferkegel: Drei Meter sollte die Flügelspannweite des fertigen Flugzeugs messen, der Rumpf sollte gut einen Meter lang sein, und Bauteile schien es Tausende zu geben. Schweißtropfen perlten von meiner Stirn, als mein Vater seine Arme ausbreitete und ermunternd rief: »Na, dann los, auf, ans Werk!« Ich fühlte mich, als würde ein Berg vor mir aufragen, der unmöglich zu erklimmen war, doch den ich besteigen musste, wenn ich Schlimmerem entgehen wollte.

Und so vollbrachte ich in jenen Ferien die schier unmöglich scheinende *Mission Cirrus*: Ich vertiefte mich in Anleitungen, leimte, klopfte und hämmerte. Ich steckte und schob Bauteile ineinander, legte die Wasserwaage an, maß, feilte und tüftelte, bis auch die kleinsten Details perfekt saßen. Ich konfigurierte und kombinierte, balancierte und passte an – bis mein Vater nach sechs Wochen überglücklich ausrufen konnte: »Du hast es geschafft! Du hast es tatsächlich alleine geschafft, du hast mein Flugzeug gebaut!«

Sein Flugzeug. Groß und prächtig lag es vor uns. Aber es war noch immer sein Flugzeug und es würde auch immer seines sein. Und trotz meiner Genugtuung, diese schwierige Aufgabe gemeistert zu haben, spiegelte *Cirrus* von nun an mein zwiegespaltenes Verhältnis zu meinem Vater wider: Ich hatte Angst vor dem Gerät, blieb immer auf Abstand und duckte mich stets unter ihm hinweg. Ich konnte auch nicht wirklich behaupten, dass ich auf diese Weise meine Sommerferien verbringen wollte, doch immerhin hatte ich bewiesen – zumindest in den Augen meines Vaters – dass ich ein ganzer Mann war.

So näherte ich mich schließlich dem Ende meiner Gymnasialzeit, einer Zeit des Leidens und der Quälerei, während der ich gleich zweimal eine Klasse wiederholte, freiwillig, weil ich mich überfordert fühlte, dadurch oft krank war und mir oftmals jegliche Energie fehlte. Zeit für Erholung oder gar Freizeit blieb mir während der Unter- und Mittelstufe kaum – das unbekümmerte Spiel meiner Kindertage im Wald oder im Schnee war längst und endgültig passé. Überhaupt schien meine Kindheit endgültig vorüber zu sein – das Einzige, was blieb, war die Angst. Die Angst davor, Fehler zu machen. Die Angst vor Strafe und Blamage. Wie Kletten hingen meine Ängste an mir. Und obwohl ich eigentlich gut in Kunst und Musik war, dies sogar als meine Lieblingsfächer bezeichnen würde, saß mir auch hier die Angst im Nacken, dass ich mich zum Beispiel beim Vorspiel blamieren oder ich meinem Vater, dem Musiklehrer, nicht genügen würde.

Meine Angst ging sogar so weit, dass ich mein gesamtes Taschengeld in den Opferstock der Schulkapelle warf, mit der Bitte an Jesus, mich bloß beim nächsten Konzert keine Fehler machen zu lassen, die meinem Vater oder sonst jemandem auffallen könnten. Meistens funktionierte die Bestechung, und ich spielte astrein und fehlerlos. Und so vertraute ich Jesus voll und ganz, ich vertraute mich ihm an, und durch Gebete blieb ich in ständigem Kontakt mit ihm: Er war und blieb mein bester Freund, mein einziger Verbündeter, dem ich von meinen Ängsten erzählen konnte und der mir zuverlässig bei den Lösungen half. Zuweilen ging ich sogar den ein oder anderen Kuhhandel mit ihm ein: »Jesus – bitte, lass mich das Abitur bestehen, dann werde ich nett, gefügig und gehorsam sein und mich außerdem wie ein ordentlicher Mann benehmen!«

Was ich ja ohnehin ständig versuchte. Genäht, gebügelt und gebacken mit meiner Mutter hatte ich schon ewig nicht mehr. Und mit dem Stricken hatte ich auch schon wieder aufgehört, ebenso mit meinen Frisur-Experimenten, aus Angst, mein Vater könnte dahinterkommen. Und so blieb dieses Gefühl das Zentrum von allem: Die anderen aus meiner Klasse hatten die Pubertät – ich hatte Angst.

Nur einmal, da rebellierte ich, indem ich mir ein ganz besonderes Kleidungsstück kaufte. Während ich normalerweise immer die Klamotten meines Bruders auftrug, gelegentlich auch mal was von meinen Cousins weitergereicht bekam, bestand ich mit siebzehn darauf, einmal ein eigenes Paar Hosen zu bekommen. Und tatsächlich fuhr meine Mutter mit mir zum »Versicherungsschadenladen«, einem Geschäft, das Waren verkaufte, die zum Beispiel nach einem Lagerbrand nicht mehr perfekt, aber immer noch brauchbar waren. Der Laden lag etwa eine Autostunde von uns entfernt, und ich war sehr aufgeregt und kam mir vor wie im siebten Himmel, als ich schließlich die bunten Kleiderständer durchsah und in den zahlreichen Hosenstapeln herumwühlte.

Schließlich fiel meine Wahl auf eine wunderschöne Jeans mit einem weinroten Einsatz an den Gesäßtaschen und einer goldenen Borte darüber, direkt unterm Saum. Dazu schmückte den Knopf vorne ein roter gläserner Stein, der blitzte und funkelte, und obwohl es natürlich eine Mädchenjeans war, hatte ich das Gefühl, sie unbedingt besitzen zu müssen. Ich überzeugte mich selbst, dass die Verzierungen so dezent waren, dass man sie kaum bemerkte, und meistens würde ja sowieso der Pulli drüberhängen, und vielleicht trugen auch andere Jungs hin und wieder so eine bestickte Hose.

Als ich die Jeans dann in der Umkleidekabine des Ladens anprobierte, da passte sie mir besser, als irgendein anderes Kleidungsstück, das ich je getragen hatte! Und ich hatte den Eindruck, dass sie diese immer größer werdende Beule vorne zwischen meinen Beinen ein ganz klein wenig kaschierte, was ich gut fand.

Von nun an trug ich die Hose jeden Tag, und weder meine Eltern noch meine Mitschüler oder Lehrer schienen zu bemerken, dass es eigentlich eine Jeans für Mädchen war.

Seit ich die Oberstufe des Gymnasiums besuchte, ging ich im Übrigen auch nicht mehr ins Tagesheim. Ich verbrachte die Nachmittage außerhalb der Schule, und wenn ich nicht gerade in der Kirche, im Chor, beim Musikunterricht oder für mich allein zu Hause war, dann traf ich mich mit Nachbarn oder Bekannten, und wir gingen zum Bolzplatz oder auch zum Weiher, wo wir im Winter Schlittschuh liefen.

Und hier geschah nun Anfang '84 wiederum etwas, was mich völlig aus der Bahn warf und die Frage, wer oder was ich war, erneut entfachte: Wie so oft, wenn meine Kumpel Eishockey spielten, drehte ich ein wenig abseits meine Runden und übte das Rückwärtsfahren und Übersetzen: Die Figuren des Eiskunstlaufes imponierten mir, und so übte ich hin und wieder Drehungen und Sprünge auf dem Eis – ich konnte sogar eine ganz passable Pirouette drehen.

An jenem Tag Ende Februar schien die Sonne, und es lag bereits ein Hauch von Vorfrühling in der Luft, es roch nach Tauwetter, nach nasser Baumrinde, nach pappigen Blättern und altem modrigem Gras, und wir alle gerieten auf dem Eis ins Schwitzen, weswegen ich schließlich nur noch meinen Trainingsanzug zu den Schlittschuhen trug.

»Ey, Simon! Sehr elegant!«, rief mein Kamerad Olli zu mir hinüber, als ich gerade meine Hände über meinem Kopf zu einem Bogen formte und mich dabei um mich selbst drehte. »Geradezu olympiareif!«, er schlug seinen Puck zwischen meinen Beinen hindurch. Dann kratzte er mit seinen Kufen einmal scharf um mich herum. Ich drehte mich noch immer mit erhobenen Armen, schwankte und eierte aber schon und wäre fast gestürzt, als Olli seinen Arm um meine Hüfte schlang, um mich zu stützen. »Oh, und ein richtig gebärfreudiges Becken hast du außerdem, seh ich da etwa eine echte Karriere in der Zukunft?«, fuhr Olli spaßend fort, und natürlich wusste er es nicht, aber seine Bemerkung hatte mich bis ins Mark getroffen. Und als sich die übrigen Jungs wieder aufs Hockeyspiel konzentrierten, da befühlte ich verstohlen meine Seiten und meine Beckenknochen. Und plötzlich wurde mir schwindelig: Olli hatte recht! Es ging bei mir nicht gerade und linealartig hinunter wie bei den anderen jungen Männern. Meine Hüften standen hervor, sie waren breiter als mein restlicher Körper! Ich hatte eine Taille!

KAPITEL 4

ZU DEN WAFFEN

»Aaaaachtung! Stillgestanden!«

Meine Hacken klackten zusammen, während ich meine Brust ruckartig nach vorn wölbte, meine Arme gerade nach unten streckte und meine flachen Hände auf meine Oberschenkel presste. Eine Handbreit sollte eigentlich zwischen meinem Ellenbogen und meinem Körper liegen – so wird die Soldatengrundstellung definiert –, doch ich spürte ihn ganz deutlich, diesen weiten luftigen Raum zwischen meinen Armen und meiner Gürtellinie, meiner Mitte, die offensichtlich schmäler war, als es sich gehörte. Auch mein vorgesetzter Offizier bemerkte das, da war ich mir sicher, denn er starrte eine Schrecksekunde lang auf meine Hüften, dann sah er verdächtig lang in mein Gesicht, dann musterte er mich von oben bis unten, als würde er mich in Gedanken ausziehen und unbedingt wissen wollen, wer oder was unter meiner Uniform steckte: Ich fühlte mich wie in einem dieser Filme, in denen sich Frauen Soldatenkleider anziehen und so tun, als wären sie Männer, damit sie in den Krieg ziehen können. Nur dass ich überhaupt nicht in irgendeinen Krieg ziehen wollte, eigentlich wollte ich noch nicht einmal wirklich hier stehen und mich herumkommandieren und schon gar nicht dermaßen anstarren oder begutachten lassen. Eigentlich hasste ich alle Arten von Waffen, ich hasste das Schießen, ich hasste Panzer und Kanonen und alles Laute und Gewalttätige sowieso. Ich mochte auch die Uniform nicht, sie saß nicht richtig, war oben zu weit und unten zu eng, und ihre Farbe, Graubraungrün, gefiel mir ebenfalls nicht – sie erinnerte mich an solch unschöne Dinge wie Schimmel, Jauche und Galle. Und dann dieses Barett auf meinem frisch geschorenen Kopf – es fühlte sich alles falsch an, beinahe so, als würde ich ein Faschingskostüm tragen, das sich nicht wieder ausziehen ließ. Dabei ging der neue Haarschnitt, dieser Bundeswehr-Buzzcut, gar nicht mal nur mit schlechten Gefühlen einher: Ich hatte mich zwar nur ungern von meinen vollen stufigen Haaren getrennt, auf der anderen Seite war ich froh, dass ich mit dieser Einheitsfrisur – und mit der Einheitskleidung – genauso rüberkam wie alle anderen hier: unauffällig, eingegliedert, angepasst.

Ich spürte einen Kloß im Hals. Urplötzlich fühlte ich mich hundeelend und fürchtete, dass mir vielleicht die Knie zu weich und die Beine unterm Körper wegsacken könnten. *Oh Gott, lass mich jetzt bloß nicht ohnmächtig werden!* Wieso fühlte ich mich trotz allem so verkehrt? So fehl am Platz und irgendwie ertappt? Würde ich denn niemals irgendwo dazugehören? Ich war doch ein Mann. *Ich war ein Mann!*

Ein bisschen kam es mir vor, als wäre ich überrumpelt worden, als wäre ich auf diesen Platz hier geschubst worden, und das gleich zweimal. Zum einen hatte ich mit Jesus verhandelt, hatte ihm vielleicht ein bisschen vorschnell versprochen, mich wie ein ordentlicher Kerl zu benehmen, wenn er mich das Abitur bestehen ließ – und ich schaffte es mit einem Notendurchschnitt von 1,9. Zum anderen hatte mein Kamerad Olli so lange auf mich eingeredet, bis ich seiner Idee, mich für zwei Jahre zum Militärdienst zu verpflichten, überstürzt und halbherzig zustimmte.

»Rührt euch! Ohne Tritt – Marsch!«, brüllte der Offizier in lautem Stakkato. »Zack, zack!«, fügte er noch hinzu und klopfte einigen jungen Soldaten im Vorbeigehen jovial auf die Schultern. Mir allerdings gab er einen Klaps auf den Rücken, und ich wusste die Geste nicht zu deuten, doch ich war heilfroh, als er sich ohne weitere Blicke oder Kommentare abwandte und mich abtreten ließ, wobei ich glücklicherweise weder umkippte noch in Tränen ausbrach.

1986 vor dem Abitur

»Das Abitur ist die schwerste Hürde im Leben«, hatte Olli auf unserem Abiball zu mir gesagt, »jetzt, wo wir das geschafft haben, kann alles nur besser werden!« Ich hatte genickt, als er an seinem Bier nippte und auch sogleich fortfuhr: »Hey, Simon, lass uns doch einfach für ein paar Jahre zum Bund gehen, was meinst du?« Ich nickte wieder und dachte mir, dass Olli sicher betrunken sei – ich selbst mochte kein Bier – und so maß ich seinen Worten keine größere Bedeutung zu. Doch mit ungebrochenem Enthusiasmus redete er weiter, während er seine Krawatte lockerte und sich auf seinem Stuhl so umdrehte, dass er die Tanzfläche im Blick hatte: »Die Mädchen mögen es, glaub mir, sie lieben Uniformen! Dazu ist man abgesichert und aufgehoben. Man gehört dazu. Es ist wichtig, irgendwo dazuzugehören, findest du nicht? Alle für einen, einer für alle. Wir kämpfen zusammen. Was meinst du? Es ist außerdem gar nicht schlecht bezahlt, und beim Bund kannst du wirklich und wahrhaftig ein echter Mann sein!«

Ich weiß nicht, ob Ollis letzter Satz den Ausschlag gab. Oder ob ich einfach nicht wusste, was ich sonst tun sollte, es ging ja alles zu schnell, um überhaupt verschnaufen zu können: Die Aufforderung zur Musterung hatte ich bereits vor Monaten erhalten, ich war für tauglich befunden worden, und direkt nach dem Abi lag plötzlich der Einberufungsbescheid vor mir. So begann im Sommer 1987 mein Wehrdienst, ob ich wollte oder nicht, denn ich hatte es versäumt, das alles abzuwenden, hatte es verpasst, den KDV-Antrag zu stellen, den Kriegsdienst zu verweigern und stattdessen den Zivildienst anzutreten, unter anderem auch, weil mir das entsprechende Verfahren viel zu aufwendig und ermüdend erschien. Ich war zu erschöpft für so was, schließlich musste man lang und breit darlegen, warum man verweigern wollte, warum man den Wehrdienst nicht mit seinem Gewissen vereinbaren konnte: Man musste sein Innerstes nach außen kehren – und das war es wohl, was mir am allermeisten widerstrebte. Daher verpflichtete ich mich schließlich, wie von Olli angeregt, für zwei Jahre – obwohl Olli selbst im letzten Moment absprang, weil er doch lieber früher als später studieren wollte.

Dennoch, ich sah eine Chance, bei der Bundeswehr meine Weiblichkeit hinter mir zu lassen, sie abzustreifen wie eine zu klein gewordene Haut. Vielleicht würde ich jetzt endlich ganz herauswachsen aus diesem alten Ich – mein Körper zumindest hatte sich schon vor geraumer Zeit davon verabschiedet, meine Stimme war längst tief, meine Körperbehaarung sprießte, der Bart wuchs, und mein Adamsapfel war prominent und sichtbar. Ich war ein Mann, zweifelsohne, von außen nun mehr als jemals zuvor.

Und ich wollte ja maskulin sein, da passte es also gut, dass ich bei der Bundeswehr meinen Körper in genau diese Richtung weiter trainieren konnte: Ich wollte stark, breit und muskulös werden, und so rollte ich mich im Schlamm, robbte durchs Unterholz, marschierte endlos, kletterte über Hindernisse und auf Panzer und schulterte Kanonen – gleichzeitig konnte ich mit all diesen Schritten meinem Vater imponieren und ihm einmal mehr meine Männlichkeit beweisen. Und nicht nur meinem Vater. Allen anderen ebenso, meinem Oberst, den Mitsoldaten – und mir selbst. Und Jesus, natürlich, so wie es abgemacht war: Ich musste mein Versprechen halten, denn er hatte schließlich seinen Teil getan.

Einmal, als ich abends erschöpft in meinem Kasernenbett lag und an die Decke starrte, da drifteten meine Gedanken zu meiner Dachstube im Haus meiner Eltern. Mein Zuhause fehlte mir nicht, doch ich vermisste es, unbeobachtet zu sein und Geheimnisse haben zu können. Hier teilte ich das Zimmer mit sieben Kameraden, und obwohl ich fast jedes Wochenende die zweieinhalb Stunden nach Hause fuhr, hatte ich zu wenig Zeit und Raum für mich selbst, zu wenig Zeit und Raum für meine Rituale und für meine Träume, die ich nach wie vor mit niemandem teilen konnte.

Auch an diesem Abend sah ich schon im Halbschlaf diesen Schimmer, schwach rot, *traumrot*, der voll und dunkel wurde, sobald ich im Tiefschlaf versank, und sich zwischen all den Grün- und Brauntönen der Kaserne anschlich, langsam heranschlängelte wie ein Feind, mein Gegner aus dem Hinterhalt, um sich dann gnadenlos in missgestaltetem Horror auf mich zu stürzen, mich zu quälen und zu foltern, bis ich schließlich keuchend und schwitzend im Bett hochfuhr.

Ich wusste weder, wo ich war, noch um welche Zeit ich erwachte – und *wer* ich war, das wusste ich auch nicht, denn im Traum war ich jemand anders gewesen.

Aber wer? Was war das? Wer war ich denn? Ich zitterte wie Espenlaub und schüttelte mich, als säße der rote Dämon noch immer auf mir. Erst nach einer ewig langen halben Stunde gelang es mir, mich wieder einigermaßen zu beruhigen.

Ich sah mich um. Natürlich leuchtete es nirgends rot, nichts Farbenfrohes war zu sehen, nur schattenhafte Düsterkeit. Ich lauschte dem Atem meiner Kameraden: Schliefen sie, oder taten sie nur so? Waren sie aufgewacht, als ich geträumt hatte? Wie laut war ich gewesen? Hatte ich womöglich im Schlaf gesprochen?

Ich wusste nichts, und so legte ich mich auf mein Kissen zurück und versuchte, mich auf das regelmäßige Atmen und Schnarchen der anderen zu konzentrieren. Zumindest die Schnarcher hatte ich nicht geweckt, glaubte ich.

Doch genauso wie mein Bruder Armin mich früher nach den Albtraumnächten gefragt hatte, was denn mit mir los sei, fragten mich am Morgen fast alle meine Zimmergenossen, warum ich im Schlaf geschrien und gestöhnt und geredet hätte. Und wie früher wusste ich die Antwort nicht, obwohl ich mittlerweile ahnte, dass es eine Antwort gab und dass sie irgendwo in meinem Hinterkopf lauerte und nur darauf wartete, hervorzuspringen.

»Keine Ahnung«, sagte ich, »vielleicht bin ich nervös wegen der Prüfung heute!«

Später an diesem Morgen musste ich an Onkel Karl denken. Vielleicht lag es daran, dass der Generalinspekteur Admiral Wellershoff unseren Standort besuchte, um unsere Einheit zu begutachten. Der Admiral sah nicht einmal aus wie Onkel Karl, er war viel jünger und drahtiger, aber sein lautes Lachen, sein »Ha-ha-ha«, das klang genau wie Onkel Karls.

Mich schauderte. Und als wir vor dem General salutierten und exerzierten und unser Können unter Beweis stellten, da fiel mir plötzlich ein Geschicklichkeitsspiel ein, das ich vor Jahren einmal besessen hatte: Es war eines dieser hölzernen Geräte, bei denen man durch das Bewegen verschiedener Ebenen ein paar metallene Kugeln in die dafür vorgesehenen Vertiefungen manövrieren musste. Da ich geschickt und flink war, fiel es mir nie schwer, die Kugeln in die im Dreieck angeordneten Löcher zu versenken. Aber es war gar nicht meine Wendigkeit, an die ich mich nun erinnerte, obwohl ich genau diese gerade unter Beweis stellte, sondern das Spielgerät selbst: Ursprünglich hatte auf der Fläche mit den drei Vertiefungen ein grasgrünes Rasenbild geklebt, das die Fläche eines Golfplatzes imitierte, doch ich hatte dieses Bild eines Tages entfernt und stattdessen ein Foto von Onkel Karl auf der Holzfläche befestigt: Das großformatige Porträtfoto meines Großonkels hatte ich heimlich aus einem alten Familienalbum meiner Eltern herausgelöst, und es passte genau auf die Spielfläche, und zwar in einer Weise, dass seine beiden Augen und der Mund genau über den Vertiefungen lagen, in welche die Kugeln hineingehörten.

Damit die Metallkugeln weiterhin hineinrollen konnten, stach ich damals Onkel Karl sehr sorgfältig mit einer kleinen Nagelschere Mund und Augen aus.

Und als ich nun dem General-Admiral gegenüberstand und er sein lautes, schallendes, jedoch gar nicht mal unfreundliches Lachen lachte, da verspürte ich einen Schock, der sich fast wie ein Lanzenstoß anfühlte: Mein Herz krampfte sich zusammen und schmerzte so stark, dass ich mir an die Brust fassen musste: Warum hatte ich Onkel Karl das angetan?

Einige Wochen später begann für mich dann die Ausbildung an der Modellflugschule der Bundeswehr, für die ich mich gemeldet hatte – und damit ging eine Veränderung einher, eine Wandlung, die ich deutlich und am ganzen Körper spürte: Es ging mir gut! Ich war motiviert und hatte das Gefühl, kompetent und fähig zu sein. Ich wollte unbedingt Drohnenflieger werden, und dieser Wille stärkte mich und ließ mich aufblühen wie eine schlappe Pflanze, die zum ersten Mal seit Langem wieder Wasser bekommt. Möglicherweise spielte *Cirrus* hier eine Rolle, vielleicht war ich durch das Zusammenbauen dieses Flugzeugs und durch meine Fingerfertigkeit und Geschicklichkeit besonders qualifiziert, vielleicht hatte ich aber auch eine besondere Begabung für diese Art der Arbeit: Schulung und Drohnenfliegerprüfung jedenfalls gingen mir leicht von der Hand, und ich liebte es, die Dreimeter-Drohne aufs Katapult zu hieven, ihren Motor anzuwerfen und sie präzise in eine Höhe zu befördern, in der sie als Zielflugkörper für die Schießübungen der Flak diente.

Das Geschehen in der Luft lag mir so sehr, dass ich bald darauf auch Flüge an Bord des Militärhubschraubers absolvieren durfte: Einmal saß ich, genau wie die harten Kerle in den Filmen, in voller Montur bei geöffneter Hubschraubertür lässig schräg vorne auf meinem Sitz, als der Helikopter eine scharfe Wendung ausführte. »Festhalten!«, rief der Pilot mir noch zu, aber es war zu spät, um mit beiden Händen Halt zu suchen. »Wooooo-ho!«, konnte ich gerade noch rufen, als der Helikopter zur Seite kippte, und so flog ich halb sitzend, halb stehend und mich nur mit einer Hand festhaltend in die Kurve – und es fühlte sich absolut großartig an, so gut, dass ich am liebsten einen triumphierenden Urschrei ausgestoßen hätte: Denn ich verspürte keine Angst! Nicht einmal ein flaues Gefühl im Kopf oder ein Unwohlsein in der Magengegend, nein, ich fühlte mich mutig und frei und unantastbar.

In jenem Moment glaubte ich sicher, ein Mann zu sein.

Und ich fragte mich, ob ich nun doch so geworden war wie mein Vater – etwas, was schließlich alle die ganze Zeit über angestrebt hatten, einschließlich mir selbst. Denn hier lehnte ich nun, hoch oben in der Luft, Adrenalin und Testosteron strömten durch meinen Körper, und ich flog und liebte es und hatte alles fest im Griff.

War ich endlich angekommen? Hatte ich mich selbst gefunden? Oder hatte ich doch eher nur die Leidenschaft fürs Fliegen von meinem Vater geerbt – oder auf andere Art und Weise von ihm mitbekommen?

Auf jeden Fall wollte ich glauben, dass ich meine männliche Bestimmung hier gefunden hatte, dass diese Suche beendet war, und um meine maskulinen Ambitionen weiter zu untermauern, machte ich beim Bund auch noch den Lastwagenführerschein.

Außerdem brachte es meine zweijährige Verpflichtung in der Stammeinheit mit sich, dass ich nach elf Monaten zur Wacheinteilung abkommandiert wurde. Das bedeutete, dass ich früh morgens die Anwesenheit der anderen Soldaten kontrollieren und jeden Namen laut ausrufen musste.

»Vooogel?«, schmetterte ich also im zweiten Dienstjahr allmorgendlich in meinem besten Befehlston, während ich Selbstsicherheit vortäuschte und hocherhobenen Hauptes vor der Truppe stand.

»Hier!«, bellte Soldat Vogel.

»Mertens?«

»Hier!«

»Schmidt?«

»Jawohl!«

»Sedlmayer?«

»Ja!«

Und so fand ich mich als Zeitsoldat plötzlich in der Rolle des kommandierenden Vorgesetzten wieder, der die anderen einschüchtern konnte und bestimmte, wer mit wem und wann die Wache übernahm. Niemals hätte ich gedacht, dass ich so etwas einmal tun würde, dass ich es überhaupt könnte, eigentlich lag mir dieser Posten ganz und gar nicht, und ich nutzte meine Macht nie aus – doch meine Position bot mir einen gewissen Schutz vor dummen Bemerkungen, niemand wollte es sich schließlich mit mir verscherzen, und so spielte ich den Boss und überspielte etwaige Selbstzweifel – darin zumindest hatte ich ja jahrzehntelange Übung.

»Danke, Jesus, dass du bei mir bist und mir zur Seite stehst, danke, dass du mich gestärkt und mir den Weg gezeigt hast! Bitte führe mich auch weiterhin und zeige mir, wo ich hingehn soll«, betete ich abends, denn trotz aller Veränderungen und trotz meines Rollenwechsels vergaß ich Jesus nie. Im Gegenteil, ich glaubte, dass ich meine Entwicklung, meine Erstarkung ihm verdankte, und um ihn noch weiter in mein Soldatenleben zu integrieren, gründete ich mit einigen Kameraden einen Bibelkreis, zu dem wir uns wöchentlich im Gemeinschaftsraum der Kaserne trafen: Dort beteten wir, redeten über Gott und die Welt und lasen aus der Heiligen Schrift.

Natürlich war ich auch weiterhin festes Mitglied der Pfarrei unseres Dorfes, ging an den Wochenenden zum Gottesdienst und sang weiterhin im Kirchenchor. Und ich war überglücklich, als ich im Sommer 1988 an der alljährlichen Soldatenwallfahrt nach Lourdes teilnehmen durfte: Die Reise brachte mich mit Rekruten aus aller Welt zusammen, bescherte mir neue Begegnungen, Gebete und eindrucksvolle spirituelle Momente – vor allem die abendlichen Prozessionen, bei denen sich endlose Mengen von Kerzenträgern wie Lavaströme über das Gelände ergossen, beeindruckten mich tief: So etwas hatte ich noch nie zuvor gesehen, noch nie war ich mit so vielen Gleichgesinnten an einem Fleck zusammengekommen! Und obwohl die Menschenmengen mich auch anstrengten, manchmal geradezu überwältigten – die Intensität unseres Glaubens, die Präsenz Gottes lag wie ein elektrisches Sirren, wie ein statisches Flimmern in der Luft, und so war die Lourdes-Reise sicher der unangefochtene Höhepunkt meiner Wehrzeit, auch wenn ich keine der Spontanheilungen, für die der Wallfahrtsort berühmt war, mit eigenen Augen sah.

»Heeey, volle Kanne durch!«, brüllten nur ein paar Tage nach meiner Rückkehr meine Mitsoldaten, als wir mit den Lastwagen auf den unebenen Straßen unterwegs waren. »Ju-huuu, los, Mann, mach Tempo!« Ich spürte den Unterschied zwischen den Welten ganz deutlich, und obwohl hier alle nur zu gerne ihre Rauheit und ihre Schmerztoleranz unter Beweis stellen wollten, bremste ich instinktiv ab und fuhr ganz sanft und vorsichtig durch die Schlaglöcher oder um sie herum, damit niemand durchgeschüttelt wurde oder gar von der Ladefläche flog.

»Simon, was machst du denn?«, lachten die Kameraden, während die anderen Fahrer draufgängerisch und rüpelhaft über die größten Unebenheiten und durch die tiefsten Löcher bretterten.

»Ich rette eure Ärsche, weiter nichts!«, gab ich scherzhaft zur Antwort, »damit ihr heut noch rumsitzen und Party machen könnt!«

Mir selbst war das alles viel zu grob und zu derb, ich hielt mich auch beim Feiern zurück, und vor allem das Kampftrinken lehnte ich ab. »Komm, sei doch kein Weichei«, riefen meine Kameraden mir manchmal zu, während sie sich ungeniert volllaufen ließen und dabei angesagte Lieder zum Besten gaben, wie zum Beispiel den Titelsong des gerade erschienenen Kinofilms »Die Waffen der Frauen« mit Harrison Ford und Melanie Griffith: Ausgelassen legten sie sich dazu die Arme um die Schultern und schunkelten im Takt. »*Come ooohon, Baby!*«, hörte ich sie grölen, und ich fragte mich, ob ich wirklich nur so ein Softie war, wie sie sagten, oder ob da doch noch etwas anderes in mir schlummerte. Dieses andere von früher.

Meistens verbat ich mir, diese Gedanken weiterzudenken. Ich unterdrückte den Ballast aus meinem alten Leben und stürzte mich, so gut ich es vermochte, in diese neue, von Männlichkeit dominierte Welt. Und zu dieser gehörte natürlich auch, mit Mädchen auszugehen, Mädchen zu küssen und eine Freundin zu haben.

KAPITEL 5

DER WEG, DIE WAHRHEIT UND DAS LEBEN

»Komm her!«, flüsterte Franziska, während sie ihre Hand auf meinen Nacken legte und mein Gesicht zu sich heranzog. Sekunden später spürte ich ihre salzigen Lippen auf meinen, spürte ihre weiche warme Zunge in meinem Mund, während ihre Haare und der süße Geruch ihres Shampoos meine Nase kitzelten. *Oh mein Gott!* Eine heiße Welle überrollte mich, gleichzeitig bekam ich eine Gänsehaut, und es verschlug mir den Atem.

Das war es also? So fühlte es sich an, eine Frau zu küssen?

Wir waren auf einer Geburtstagsparty eingeladen, und obwohl das Feiern an sich nicht meine Sache war, so genoss ich doch das Zusammensein mit Franziska sehr. Es war so anders als das Zusammensein mit meinen Wehrdienstkameraden! Es fühlte sich so sanft und leise und dennoch aufregend schön und auf wundersame Weise natürlich an.

Ich hatte Franziska durch einen Bekannten aus dem Kirchenchor kennengelernt, und an diesem Wochenende nun kamen wir uns zwischen Erdnusssnacks und Cola zum ersten Mal so richtig nahe: Franziska ließ gar nicht mehr von mir ab, sie küsste mich wieder und wieder, schmiegte sich an mich, und ich spürte, wie mich das erregte. Doch es verunsicherte mich auch – obwohl ich mir nun zumindest sicher sein konnte, dass ich nicht schwul war. Was mich wiederum ungemein beruhigte.

An diesem Abend verliebte ich mich heftig in Franziska. Ich spürte Schmetterlinge im Bauch und ein Stechen in der Brust, meine Beine waren aus Watte und mein Kopf voller Wolken, und in der Nacht konnte ich nicht schlafen, weil ich immerzu an sie denken musste. Mir wurde klar, dass ich mich noch niemals zuvor in der Nähe eines Menschen so wohlgefühlt hatte.

Wir verbrachten fortan jede freie Minute zusammen, und wenn ich am Wochenende aus der Kaserne kam, gingen wir in die Dorfdisco, schwammen gemeinsam im See oder trafen uns mit anderen jungen Leuten, ehemaligen Ministranten, Nachbarn und Nachbarinnen – und so lebte ich für eine Weile das typische Bilderbuchleben eines ganz normalen jungen Mannes. Lediglich vor Sex schreckte ich zurück, obwohl ich inzwischen über zwanzig war und die meisten meiner Bekannten längst intime Erfahrungen gesammelt hatten, von denen sie erzählten und mit denen sie prahlten – für mich kam Sex vor der Hochzeit nicht infrage, mein Glaube verbot mir das und mein Vater hatte mir stets vermittelt, dass ich dieser Vorgabe der katholischen Kirche folgen müsse.

»Ich möchte mit dem Geschlechtsverkehr bis zur Ehe warten!«, sagte ich zu Franziska, als wir eines lauschigen Sommerabends auf der Bank am Weiher saßen und die untergehende Sonne betrachteten. Ich spürte, wie Franziska ihren Körper an meinen drückte, wie sie ihren Arm immer fester um meine Hüfte schlang, während ihre andere Hand über meine Oberschenkel strich, erst sanft, dann immer energischer – und wie ich eine Erektion bekam.

»Oh. Wirklich? Das ist schon ziemlich altmodisch, findest du nicht? Aber okay!«, sagte Franziska. Sie zog Hand und Arm zurück und lehnte ihren Kopf an meine Schulter.

»Weißt du, es ist doch so ein großer und wichtiger Schritt, ich will mir wirklich sicher sein, also …, bevor …«, fuhr ich stotternd fort und fühlte mich äußerst unbehaglich, doch hatte ich das dringende Bedürfnis, ihr meine Einstellung zu diesem Thema zu erklären. Franziska allerdings wollte nichts weiter hören, sie warf nur lachend ihre Haare zurück und legte ihren Zeigefinger auf meinen Mund. »Pssst. Es ist okay!«, flüsterte sie mir ins Ohr, und dann gab sie mir einen langen und warmen Kuss, während ich sie umarmte und die Sonne hinter den Bäumen verschwand.

Ob es wirklich so okay für sie war, das bezweifelte ich allerdings, denn obwohl wir weiterhin miteinander ausgingen, Händchen hielten und uns küssten, wuchs eine Distanz zwischen uns, eine *Diskrepanz*, irgendeine Unstimmigkeit, die nicht zu überwinden war, die stattdessen immer größer wurde. Und so wäre Franziska nur fast meine erste feste Freundin geworden – ein richtiges Paar wurden wir nie.

Das Ende unserer Romanze schmerzte mich, für eine Weile saß der Liebeskummer wie ein lähmender Muskelkater in jeder Faser meines Körpers fest, und als ich kurz darauf Ulrike kennenlernte, nahm ich mir vor, die Dinge anders anzugehen. Ulrike schwärmte schon seit geraumer Zeit für mich, wie sie bei unserem ersten Gespräch zugab, und natürlich schmeichelte es mir, dass sich mehr als ein Mädchen für mich interessierte. Es stärkte mein Selbstbewusstsein, und ich glaubte, nun sicher auf dem richtigen, dem *mannhaften* Weg zu sein. Bestimmt würde sich irgendwann eine Frau finden, die zu mir passte, mit der ich zusammen sein und die ich schließlich heiraten konnte. Ich war voller Zuversicht.

Ulrike war mir von unserer Nachbarstochter vorgestellt worden, und ich mochte sie gern und fand sie interessant. Ich konnte mir durchaus vorstellen, mit ihr auszugehen, doch als sie mich schon am ersten Tag küssen wollte, hob ich die Hand. »Moment. Stopp! Nicht so schnell!«, sagte ich, denn ich wollte nicht schon wieder mit falschen Hoffnungen und Erwartungen konfrontiert werden und mich rechtfertigen müssen für das, was ich wollte oder nicht wollte. Außerdem empfand ich längst nicht das Gleiche für sie wie für Franziska. In Ulrikes Gegenwart spürte ich eher so etwas wie eine beruhigende Vertrautheit, weniger Aufregung, vielmehr Entspannung. »Lass uns erst mal Freunde sein, gemeinsam ein paar Dinge unternehmen, Zeit miteinander verbringen. Und dann gucken wir, was draus wird.«

»Okay.« Ulrike schien einverstanden. »Hast du vielleicht Lust, mit mir zur Tanzstunde zu gehen?«

Die Frage überrumpelte mich ein bisschen, doch da ich gerade eben selbst und als Erster vorgeschlagen hatte, gemeinsame Dinge zu unternehmen, blieb mir nun nichts anderes übrig, als zuzustimmen. Und so wurde Ulrike meine Tanzpartnerin – und ich entdeckte meine Liebe zum Tanzen.

Derweil ging meine zweijährige Dienstzeit bei der Bundeswehr ihrem Ende entgegen, und ich machte mir natürlich Gedanken darüber, was beruflich folgen könnte und was aus mir werden sollte. Dass ich studieren würde, stand für meine Eltern fest, schließlich hatte ich Abitur gemacht, wofür sollte das gut sein, wenn nicht für ein Studium? Und dass ich »was Gescheites«, also am besten ein solides männliches Fach, anstreben würde, stand vor allem für meinen Vater außer Frage.

»Wie wäre es, wenn ich mich für Elektrotechnik einschreibe?«, schlug ich ihm daher eines Abends beim Essen vor, als wir um den Tisch herumsaßen, in jenem Zimmer, in dem er mich vor über zehn Jahren bewusstlos geprügelt hatte. Nichts hatte sich hier verändert. Ich drehte meinen Kopf und blickte aus dem Fenster, über Äcker und Bäume, auf die Berge in der Ferne. Das Abendlicht schien golden, und durch die großen Scheiben bot sich mir ein wunderbares Landschaftsbild. Ich senkte den Kopf. Wie gerne hätte ich etwas Künstlerisches oder irgendwas mit Musik oder Tanz gemacht! Wehmütig wandte ich mich vom Fenster ab und ließ meinen Blick über die Gemälde an den Wänden und über die Instrumente schweifen, die dieses Zimmer noch immer schmückten.

»Eine gute Idee, Simon, eine sehr gute Idee!«, sagte mein Vater wohlwollend und klopfte mir auf die Schulter, bevor er sich seinen Teller mit Kartoffelstampf belud. »Elektroingenieur ist ein ausgezeichneter Beruf für dich!« Er begann zu essen, und damit war die Frage beantwortet und mein Schicksal einmal mehr besiegelt. Ich sah noch kurz zu meiner Mutter hinüber. Sie nickte und lächelte und reichte mir dann mit einer aufmunternden Geste die Erbsenschüssel.

Ein Teil von mir hätte heulen können. Der andere Teil war erleichtert, denn wieder einmal war es mir geglückt, meinen Vater zufriedenzustellen, ihm zu gefallen und Strafe zu vermeiden, und das war mir nun schon über so viele Jahre so gut gelungen, dass es mir fast wie ein Wunder erschien.

Im September 1989 schrieb ich mich also für das Studium der Elektrotechnik an der Technischen Universität München ein, und ich dankte Jesus jeden Tag, dass mein Leben nun in geregelten Bahnen zu verlaufen schien: Bereits an meinem ersten Tag fühlte ich mich wohl in der Stadt, und oftmals legte ich einen Zwischenstopp in der Benediktinerabtei Sankt Bonifaz am Königsplatz ein: Die rote Backsteinkirche mit ihren hellen korinthischen Säulen lag direkt auf meinem Weg vom

Bahnhof zur TU, und ihr offener heller Innenraum lud geradezu ein zum Innehalten für ein kurzes Gebet oder Zwiegespräch mit Jesus.

Auch ansonsten gefiel mir die Stadt, vor allem, weil sie mir die Möglichkeit bot, zwischendurch immer wieder meiner Liebe zur Kunst zu frönen, in Ausstellungen und Museen oder auch ins Theater oder in die Oper zu gehen. Da ich mir kein Zimmer in München leisten konnte und die Zugfahrt kaum mehr als eine halbe Stunde betrug, wohnte ich nun wieder permanent bei meinen Eltern auf dem Dorf, in meiner alten Stube unterm Dach, obwohl mein Bruder inzwischen ausgezogen und sein Zimmer frei war.

So kam es, dass ich nun wieder reichlich Zeit in meinem Jugendzimmer verbrachte, jenem Raum mit der grün-beige gestreiften Hexenkopftapete, mit der orientalischen Mutter Gottes und mit der Sägeblattuhr von Onkel Karl. Und mit meinen Träumen, deren Inhalte seit damals kaum variierten, obwohl ich immer klarer erkannte, dass sie sexueller Natur waren. Parallel zu dieser Erkenntnis nahm auch die Art meiner Selbstverletzung immer sexuellere Züge an: Ich verletzte mich im Genitalbereich, und ich spürte, dass es irgendeine Verbindung zu tatsächlichen, zu realen sexuellen Handlungen gab. Doch zu welchen?

Ich hegte außerdem den immer stärker werdenden Verdacht, dass meine Träume und meine Selbstverletzung in direktem Zusammenhang miteinander standen, dass sie womöglich sogar demselben Ereignis entsprangen. Aber welchem?

Geschah das alles, weil tief in mir drin doch immer wieder etwas sagte, dass ich in Wirklichkeit kein Mann war? Oder war es eine Folge von irgendetwas Schlimmem, was mir widerfahren war? Etwas, das ich verdrängt hatte, an das mir jegliche Erinnerung fehlte?

Ich wusste es nicht, ich wusste nur, dass alles wie vorher war, nein, schlimmer noch, die Albträume, mein Verlangen, mich selbst zu verletzen, und mein ganzes Unglück. Auch war ich jetzt wieder häufiger krank, mich plagten alle möglichen Infekte, ich war ständig erschöpft, und eine Nasennebenhöhlenentzündung, die mich schon während der Schulzeit immer wieder gequält hatte, flammte erneut auf. Ich empfand mich als schwach und gebrechlich, und ich fragte mich, ob mein ständiges Kranksein mit irgendeinem inneren Kampf zu tun haben könnte, mit einem inneren Konflikt, der in mir ausgetragen wurde und der mich derartig schwächte. Auch wenn mich während des Wehrdienstes keiner auf meine weibliche Seite angesprochen hatte, so glaubte ich immer weniger, dass sie tatsächlich verschwunden war. Ein bisschen fühlte es sich an, als hätte ich eine schwere Krankheit bekämpft, aber nicht vollständig besiegt – wie ein bösartiges Geschwür, das nicht komplett herausgeschnitten wurde, dessen Heilung sich als zu mühselig erwies und nun von der zermürbenden Angst vor einem Rezidiv durchsetzt war: Ich hatte nicht vergessen, was die anderen früher zu mir gesagt hatten, allen voran mein Freund Udo aus Kindertagen. Mein Steißbein, in das er damals mit seinem Schlitten gekracht war, erinnerte mich auch heute noch hin und wieder schmerzlich daran. Aber der Schmerz rief mir auch sofort wieder ins Gedächtnis, wer ich sein wollte – und wer nicht. Wer ich *war* – und wer nicht. Und so unterwarf ich mich einmal mehr den Regeln und Konventionen und presste mich noch entschlossener in das mir auferlegte Leben als Mann.

Eines Tages, ein paar Monate nachdem ich mein Studium aufgenommen hatte und mit Ulrike bereits den Rock'n'Roll-Kurs für Fortgeschrittene belegte – die Kurse »Jazz-Dance« und »Boogie-Woogie« hatten wir bereits absolviert –, nahm sie mich während der Tanzstunde zur Seite. »Weißt du, es ist merkwürdig!«, sagte sie, noch etwas außer Atem von unserem letzten Tanz, dabei schüttelte sie ihre kurzen lockigen Haare in einer Art, die mich an nasse Hunde erinnerte. Der Duft von Deo, Schweiß und Bohnerwachs wehte mir ins Gesicht, und im Hintergrund sang Elvis *»I'm all shook up«*, während um uns herum die Paare im Rhythmus der Musik übers Parkett fegten. Ich hielt inne und sah nach draußen, durch die Oberlichter des Tanzsaals, auf die Baumkronen, die von heftigem Wind durchgeschüttelt wurden.

»Seit ich dich zum ersten Mal gesehen habe, weiß ich, dass du etwas ganz Besonderes bist!«, fuhr Ulrike fort, strich sich die Locken hinter die Ohren und ergriff meine Hände. Dann sah sie mir geradewegs in die Augen.

Oh Gott, wollte sie mir jetzt etwa einen Heiratsantrag machen? Mein Herz sackte in die Hose und Blut stieg in meinen Kopf. Mir brach der Schweiß aus allen Poren, und ich fühlte Euphorie und Panik zugleich: Hatte ich es geschafft, war ich nun doch ein echter Mann? Aber so weit war ich doch noch gar nicht! Ich wollte ja heiraten, natürlich – aber Ulrike? Ich wusste doch überhaupt nicht, ob sie die Richtige für mich war!

»Ich habe vom ersten Augenblick an bestimmte Gefühle für dich entwickelt …«, sagte Ulrike, und dabei sah sie ein wenig verlegen zur Seite.

Hilfe!

»… aber eine Beziehung mit dir kann ich mir nicht vorstellen, das würde niemals gut gehen!«

Oh. Was?

»Und weißt du auch, warum nicht?«

»Warum nicht?«, echote ich tonlos.

»Weil ich die Verbundenheit mit dir, diese Vertrautheit, die ich empfinde, wenn wir zusammen sind, mit Männern nie hatte.

Ich glaube, so was kann ich mit Männern gar nicht haben, und das ist wirklich komisch: Es fühlt sich an, als wärst du meine beste Freundin.«

Bäng. Das fühlte sich an wie ein Schlag in die Magengrube! Mir verging Hören und Sehen. »Oh … was?«, konnte ich gerade noch stammeln, »… beste Freundin? Ja wie denn das?« Danach versiegten mir die Worte, und auch Ulrike sagte nichts weiter. Ich musste mich hinsetzen und sank auf die Seitenbank des Saals, auf der normalerweise die Mädchen saßen, um von den Herren zum Tanz aufgefordert zu werden. Ulrike setzte sich neben mich. Wir sahen uns nicht an, sondern blickten zusammen in Richtung Fenster. Ein Blitz zuckte über den Himmel, und es hatte zu regnen begonnen. Dicke Tropfen rannen an den Scheiben hinunter wie Tränen.

Doch ich sah das Gewitter nicht. In mir tobte ein anderer Sturm, der alles übertönte und auslöschte, und meine Gefühle und Gedanken wirbelten dermaßen durcheinander, dass ich glaubte, den Halt zu verlieren. Denn da war er wieder, dieser Widerspruch! In voller Stärke! Das war es, was nicht stimmte: Ich hatte das alles nicht hinter mir gelassen. Trotz all meiner Bemühungen, trotz meines durch und durch männlichen Lebens hatte ich diese Haut nicht ausgezogen, diesen Kokon nicht abgeschüttelt, war ich diesen weiblichen Teil von mir nicht losgeworden.

KAPITEL 6

LICHT UND FINSTERNIS

»Christina! So hießen Sie aber nicht immer, oder?«

»Das ist richtig.«

»Sie sind eine Frau, doch das war nicht immer so.«

»Stimmt. Früher hieß ich Christian …«

»… und Sie waren ein Mann?«

»Von außen war ich ein Mann, ja.«

Mir fiel die TV-Fernbedienung aus den Händen, als ich diese Worte vernahm. Ich dachte, ich hätte mich verhört. Mit zittrigen Fingern hob ich das Bedienungsgerät wieder auf und stellte den Ton lauter.

»Und Sie haben sich einer Operation unterzogen, um vom Mann zur Frau zu werden?«

»Ja und nein. Die Operation hat mich komplett zur Frau gemacht.«

»Okay, wir sehen jetzt hier in dieser Dokumentation, wie es dazu kam, was der Operation vorausging, wie Ihr männlicher zu einem weiblichen Körper wurde und wie Sie jetzt als Frau leben …«

Ich traute meinen Augen nicht und starrte wie hypnotisiert auf den Bildschirm unseres alten klobigen Röhrenfernsehers, der die Sendung aber immerhin schon in Farbe zeigte.

»Begonnen hat alles mit der Gewissheit, trotz dieses Jungenkörpers ein Mädchen zu sein …«

Es war ein Sonntagnachmittag, meine Semesterferien hatten gerade begonnen, und eigentlich wollte ich mir nur die Zeit vertreiben. Draußen regnete es, und weil mir nichts anderes eingefallen war, hatte ich schließlich das Näh- und Bügelzimmer meiner Mutter aufgesucht, in dem neben der alten Tretnähmaschine auch unser Fernseher stand. Vor lauter Langeweile hatte ich mich in den rotsamtenen Fernsehsessel fallen lassen, um durch die wenigen Programme zu zappen, obwohl um diese Zeit das Hauptprogramm noch nicht einmal begonnen hatte.

»... doch der Weg von dieser Gewissheit bis zu dem heiß ersehnten Moment, endlich den richtigen Körper zu haben, der war lang und mühsam und sehr steinig ...«

Auf einen Schlag änderte sich alles. *Oh mein Gott! Das könnte ich sein! Das war ich! Ganz genauso ging es mir doch auch!*

Noch niemals hatte ich vor diesem Sonntag im Frühjahr 1990, an dem ich vierundzwanzig Jahre alt war, davon gehört, dass es möglich war, mit einer Operation das angeborene körperliche Geschlecht zu ändern. Dass es so etwas überhaupt gab, hätte ich mir in meinen kühnsten Träumen nicht vorstellen können, und auch nicht, dass Menschen existierten, die so fühlten wie ich, die so *waren* wie ich, und die einen Weg beschritten hatten, der mir noch gänzlich unbekannt war.

Wie gebannt saß ich vor dem Fernseher. Mein Körper fühlte sich taub an, und meine Haut kribbelte, als ich den Beschreibungen lauschte und zusah, wie sich die Bilder eines jungen Mannes mit den Aufnahmen einer hübschen, dezent geschminkten Frau abwechselten. Und während mich grenzenloses Erstaunen und eine schockierend befreiende Erkenntnis durchfuhren, begann es in meinen Ohren zu rauschen. Es fühlte sich an, als würde mir der Boden unter den Füßen weggerissen. Denn im Moment der Erleuchtung tat sich ein schwarzes Loch vor mir auf, in das ich im Begriff war, hineinzustürzen: Niemals. NIEMALS würde ich so was überhaupt auch nur in Erwägung ziehen. Mein Leben wäre zu Ende, sollte irgendjemand davon Wind bekommen. Mein Vater würde mich umbringen, die Welt würde untergehen.

Ich drückte den roten OFF-Knopf der Fernbedienung und blieb zentnerschwer im Sessel sitzen, unfähig, mich zu bewegen. Ich starrte auf die dunkle Mattscheibe. Dann auf die Nähmaschine, an der ich als Kind so gern mit meiner Mutter gearbeitet hatte.

Nein. Nein, nein, nein!

Ich wandte den Kopf in die andere Richtung. Sah das Bügelbrett, darauf Schnittmuster und ein Sommerkleid. NEIN!

Ich musste das vergessen. Sofort. Ich durfte nicht mal irgendwem davon erzählen. Stattdessen würde ich noch härter, noch gewissenhafter, noch intensiver daran arbeiten, ein Mann zu sein.

»Jesus, bitte vergib mir meine Gefühle, vergib mir, was ich ganz kurz dachte – dass ich diese Frau sein könnte, dass ich auch nur eine Sekunde erleichtert war über das, was ich im Fernsehen gesehen habe!« Eine Woche war vergangen, und ich hatte gerade am Gottesdienst teilgenommen. Nun kniete ich in unserer Dorfkirche auf der Gebetsbank direkt vor dem Altar, vor Jesus Christus am Kreuz. Ich schloss die Augen und senkte den Kopf. Ich hatte schreckliche Tage hinter mir, war aus diesem Loch nicht hinausgekommen, fühlte mich vollständig zerrissen und am Boden zerstört. Ich schämte mich mehr, als ich in Worte fassen konnte, und flüchtete mich ins stille Gebet, so weit und so tief es nur ging.

Über eine Stunde lang kniete ich auf der Bank, abgrundtief versunken, bis meine Schienbeine so höllisch schmerzten, dass ich Mühe hatte, wieder auf die Füße zu kommen.

Doch sobald ich zu Hause war, betete ich weiter, ich betete und betete und hatte das Gefühl, ohne Unterlass beten zu müssen, damit ich gerettet und geheilt würde, damit Jesus mich befreien konnte von meinem Schmerz und meiner Scham.

Aber ich betete auch, um mich abzulenken, um meine Gedanken umzuleiten und wegzubringen von dieser Fernsehsendung, die mir nicht mehr aus dem Kopf ging.

Als dann im Herbst das nächste Studiensemester begann, hatte ich es immer noch nicht geschafft, die Sendung zu vergessen. Die hübsche Frau, die einst in einem männlichen Körper steckte, hatte sich in mein Gedächtnis eingebrannt, so als wollte sie mich Tag für Tag daran erinnern, wer ich sein könnte: Sie war da und ließ sich nicht wegschieben, nicht ausradieren oder wegzappen. Ich musste immer wieder an sie denken – und entsprechend schwer fiel mir auf einmal das Studium. Es bereitete mir größte Mühe, mich zu konzentrieren, mit all den Zahlen und mathematischen Formeln klarzukommen, abstrakt zu denken und diese theoretischen und rechnerischen Themen zu bewältigen.

In meiner Not betete ich auch während des Studiums, vor allem in der Mittagspause. Jeden Tag reihte ich mich mit meinen Kommilitonen in die Schlange an der Theke der TU-Mensa ein und wartete darauf, dass ich mein Essen bekam, um mir dann einen möglichst ungestörten Platz an einem der noch leeren Tische zu suchen.

So stellte ich auch an jenem Mittag im November mein Tablett mit dem Stück Kotelett in Soße, den grünen Bohnen und Salzkartoffeln vor mich, schloss die Augen und senkte den Kopf. Ich faltete die Hände und versank im Gebet, klinkte mich aus und nahm nichts um mich herum mehr wahr, weder das entfernte Klappern des Geschirrs noch die gedämpften Gespräche der übrigen Studenten. Ich war mit Jesus und niemandem sonst, minutenlang, und als mein Essen bestimmt schon kalt war, spürte ich eine Hand auf meiner Schulter.

Ich öffnete die Augen und blickte nach oben, direkt ins Gesicht eines Kommilitonen, den ich flüchtig aus einigen Kursen kannte.

»Alles in Ordnung?«, fragte er, und ich hörte einen besorgten Unterton in seiner Stimme.

»Ja. Ja, natürlich!«, antwortete ich, löste meine Hände voneinander und griff schnell zu Messer und Gabel.

»Du betest, oder?«, ließ der Kommilitone nicht locker, und ich überlegte, ob er das vielleicht komisch oder irgendwie blöd fand und ob er jetzt irgendwas Lautes zu seinen Freunden am Nebentisch sagen würde, um mich in Verlegenheit zu bringen.

»Ja«, sagte ich nur.

»Wir waren uns nicht sicher, ich dachte mir das, die anderen meinten, dass du vielleicht Atemübungen machst zur Stressbewältigung oder so was.«

»Nein.«

»Du machst das jeden Tag! Und so lange und intensiv – du gehst bestimmt mal ins Kloster, oder?«

Jetzt wollte er sich doch über mich lustig machen, hoffentlich folgten nicht noch weitere Witze übler Art!

»Alles klar, wir respektieren das total und warten mit dem Essen von jetzt an, bis du mit dem Beten fertig bist.«

Damit hatte ich nicht gerechnet!

»Du kannst dich also ruhig auch zu uns an den Tisch setzen, kein Problem. Und wenn du Stress mit dem Studium hast oder Hilfe brauchst, sag mir Bescheid, ich kann dir gerne Nachhilfe geben …« Der junge Mann klopfte mir freundschaftlich auf die Schulter und ging dann wieder zu seinem Tisch zurück. Und während ich mein zähes Kotelett kaute, ohne den Geschmack überhaupt wahrzunehmen, hallten seine unerwarteten Worte in meinem Kopf nach.

»Was meinst du, sollte ich ins Kloster gehen und Mönch werden?«, fragte ich halb im Scherz bei der nächsten Tanzveranstaltung, während ich Ulrike im Foxtrott übers Parkett führte.

»Was?« Sie begann zu glucksen und zu kichern und konnte sich kaum wieder einkriegen.

»Zwei, drei, vier …«, zählte ich im Takt, um den Schritt nicht zu verlieren, denn Ulrike geriet vor Lachen völlig aus dem Rhythmus.

»Wie kommst du bloß auf so was?«, prustete sie.

»Weil …, ich weiß nicht, nur so …«, plötzlich bereute ich, sie gefragt zu haben, »vergiss es, komm, jetzt konzentrier dich: eins, zwei, drei, vier …«

Wir vollendeten unseren Tanz elegant und im Takt und unterhielten uns danach über andere Dinge – das Kloster erwähnte ich Ulrike gegenüber nie wieder, dennoch saß von nun an irgendwo in meinem Gehirn dieser Gedanke fest und nagte immer mal wieder, nagte genauso an mir wie meine Zweifel, vor allem, als es mit dem Studium zunehmend schlechter lief: Als die Vorprüfungen fürs Diplom anstanden, fiel ich mit Pauken und Trompeten in der Hälfte der Fächer durch, was ich als absolute Katastrophe empfand – und nicht nur ich, auch meine Eltern waren natürlich restlos enttäuscht: Wie hatte das passieren können? Wie hatte ich nur dermaßen versagen, *schon wieder* so versagen können?

Meine Zweifel, ob ich den richtigen Weg eingeschlagen hatte, verstärkten sich. Obwohl ich das Hilfsangebot jenes Kommilitonen aus der Mensa angenommen, mich sogar mit ihm angefreundet und mich seiner Lerngruppe anschlossen hatte, blieb jeglicher Erfolg aus. Ich packte dieses Studium einfach nicht, und vor allem nach den verpatzten Prüfungen ließ mich der Gedanke nicht mehr los, dass meine Bestimmung woanders lag und mein Weg ein anderer sein sollte.

So begann ich, Theologievorlesungen zu besuchen – das schien naheliegend, und ich wollte herausfinden, ob ein Wechsel das Richtige für mich sein könnte und welche Berufswünsche sich mit einem katholischen Theologiestudium verfolgen ließen: Sollte ich Religionslehrer, Seelsorger oder Priester werden? Oder gar wirklich in ein Kloster gehen? Doch als ich mit verschiedenen Professoren sprach, um mich beraten zu lassen und Klarheit zu bekommen, stifteten diese Gespräche nur noch mehr Verwirrung. »Die Geschichten des Alten Testaments sind aufgebaut wie Märchen – also sind es Märchen!«, meinte zum Beispiel der Professor im Fach ›Auslegung Altes Testament‹, und seine Meinung verstörte mich zutiefst: Ich empfand das ganz und gar nicht so! Wie sollte ich so was lernen können – oder wollen? Auch im Fach ›Kirchengeschichte‹ wurde anderes gelehrt, als ich gedacht und erhofft hatte: »Fakten? Es gibt da keine Fakten«, informierte mich ein Student, »es kann alles manipuliert werden, je nachdem, was man hervorhebt oder weglässt!« *Himmel hilf.* Nein – das war nichts für mich! Noch mehr Instabiles, Wackeliges, Zweifelhaftes … Davon gab es ja schon so viel in meinem Leben, da studierte ich doch lieber Elektrotechnik weiter, das war wenigstens solide, auf rechnerischen Formeln und Tatsachen aufgebaut und insofern fest, zuverlässig und unumstößlich.

Ich war zu jenem Zeitpunkt, im Herbst 1991, auch bereits dermaßen ausgepowert, dass ich eine Umorientierung gar nicht verkraftet hätte: Zum Studienstress und dem pausenlosen Lernen für die Nachprüfungen kamen schließlich auch noch alle meine kirchlichen Verpflichtungen hinzu – ich leitete den Jugendchor, half ehrenamtlich bei einem christlichen Radiosender mit, für den ich an den Wochenenden Bibeltexte und Gebete einsprach, und für unsere Dorfgemeinde bereitete ich außerdem die Waldweihnacht vor. Ich lud mir extra viel Arbeit auf, auch, damit ich endlich diese vermaledeite Fernsehsendung vergaß.

Und eines Tages konnte ich nicht mehr. Als würde ein gigantischer Hammer auf mich niedersausen, als würde ich mit Hundertachtzig vor die Wand rasen, so schlug es mich von den Füßen, und ich erlitt einen Zusammenbruch, wie er heftiger kaum sein könnte.

Ich lag wochenlang im Bett, konnte mich kaum rühren und bekam zahlreiche Medikamente, doch trotz aller medizinischen Bemühungen ging es mir immer schlechter: Zu meiner Sinusitis gesellte sich eine schlimme Neurodermitis, dazu litt ich unter Schmerzen und unter einer stetig zunehmenden Schwäche und Erschöpfung – und so schickten mich die Ärzte schließlich zur Kur in die Schweiz: Eine Woche lang tat ich dort nichts anderes als meditieren und malen und zeichnen: Ich flüchtete in die Kunst, verschwand durch meine Bilder in eine andere Welt, tauchte in sie ein und ab, befreite mich und ließ meinen Geist woanders sein.

Nur dadurch, dass ich alles hinter mir ließ, mein ganzes altes Leben zumindest für eine Weile von mir loslöste, überstand ich diesen Abschnitt meines Lebens.

KAPITEL 7

WAS DEIN HERZ BEGEHRT

Etwa ein Jahr später – ich war mittlerweile sechsundzwanzig – geschah etwas, was meinem Leben eine weitere entscheidende Wendung gab: Ich lernte Daniela kennen.

Daniela studierte wie ich Elektrotechnik, und wie ich kam sie mit dem Studium nicht klar, war frustriert und zweifelte an ihrer Berufswahl. Genau wie ich schien sie unzufrieden mit sich und der Welt, und so gab es von Anfang an jede Menge Gemeinsamkeiten zwischen uns.

Im Januar 1993 reisten wir zusammen mit einer Gruppe junger Leute zum Skifahren in die französischen Alpen, die Fahrt war von einigen ehemaligen Klassenkameraden organisiert worden: Eine Woche würden wir hier gemeinsam in einem Ferienhaus zubringen, zusammen kochen, Spaß haben und natürlich draußen sein und Ski fahren. Und bereits am ersten Tag funkte es zwischen Daniela und mir: Ich fand diese burschikose Frau mit dem markanten Gesicht auf Anhieb sympathisch und außerordentlich attraktiv, und ich spürte, dass die Gefühle auf Gegenseitigkeit beruhten.

»Komm Simon, wir nehmen den Lift zusammen!«, sagte Daniela zum Beispiel, oder: »Lass uns nebeneinander abfahren!« Beim Essen in der Hütte setzte sie sich stets neben mich, und als ich am zweiten Tag auf der Piste meine Sonnencreme auspackte, nahm sie mir die Tube aus der Hand und begann, zärtlich mein Gesicht einzureiben. Daniela cremte und streichelte mich gleichzeitig, und es fühlte sich so wunderbar und sanft an, dass ich nicht anders konnte, als die Augen zu schließen und mich ihren Liebkosungen vollständig hinzugeben. »Gib mir die Tube!«, sagte ich nach einer Weile, und ich drückte einen dicken Cremeklecks auf meine Fingerspitzen und berührte vorsichtig ihre Wangen. Dann verteilte ich die Creme sachte auf ihrer Nase und ihrer Stirn. »Hmmmmm«, schnurrte sie wohlig, als ich ihr mit dem Daumen über die Lippen strich.

»Was? Du hast auch *Raider* dabei?«, staunte ich kurz darauf, als wir eine kurze Pause am Hang einlegten, unsere Pistenverpflegung auspackten und feststellten, dass wir beide die gleichen Schokoriegel im Gepäck hatten.

»Klar, mag ich am liebsten!« Sie lächelte und sah absolut bezaubernd aus, wie sie dort unter den weiß gepuderten Tannenzweigen stand mit ihrer hellen Mütze, die farblich perfekt zum Schnee auf den Bäumen passte.

Ich schmolz dahin und biss ein Stück von meinem Riegel ab, und zwar so, dass ein kleines Stück aus meinem Mund herausragte. Ich sah Daniela in die Augen und näherte mich ihrem Gesicht. Lachend ging sie auf das Spiel ein, biss das Ende des Riegels ab, wobei sich unsere Lippen berührten – und es war, als würde mich ein Blitzschlag treffen! Als würde Hochspannung durch meine Glieder fahren, stellten sich meine Haare auf und ich zuckte zusammen, sodass ich mich am *Raider* verschluckte und zu husten begann – es war vollends um mich geschehen! Wir mussten beide lachen, die Münder voller Schokoladen- und Karamellgeschmack, und von da an waren wir unzertrennlich: Mir kam es vor, als würde eine magnetische, eine elektrisierende Kraft zwischen uns bestehen, als würden wir uns magisch anziehen: Wir kochten und aßen miteinander, fuhren auf der Piste nebeneinander und unternahmen abends lange Spaziergänge, eng umschlungen, voller Nähe und Zärtlichkeit. Ich war Hals über Kopf verliebt und glaubte fest, die richtige Frau gefunden zu haben.

Auch nach dem Skiurlaub trafen wir uns oft und regelmäßig – Daniela wohnte in München und hatte dort eine eigene Wohnung, in der ich sie fast jeden Tag besuchte. Wir verbrachten wunderbare Stunden miteinander und unternahmen viel, fuhren Rad, wanderten in den Bergen und surften sogar auf dem Starnberger See – das war Danielas Leidenschaft.

Daniela wurde meine allererste richtig feste Freundin, und wieder einmal dachte ich, dass ich angekommen sei. Angekommen im richtigen, im ganz normalen Leben. Daniela akzeptierte sogar sofort, dass ich keinen Sex vor der Ehe haben wollte, es war für sie kein Thema und erst recht kein Grund, die Beziehung zu beenden.

»Also, ich finde das schon echt ungewöhnlich in deinem Alter, aber weißt du was, Simon? Ich finde es gut. Ja. Ich bin eigentlich wirklich dankbar und froh darüber!«

»Was?« Ich staunte nicht schlecht. »Du bist froh darüber?« Für eine Sekunde war ich mir nicht sicher, ob ich mich durch ihre Worte in meiner männlichen Eitelkeit gekränkt fühlen sollte, doch ich empfand nichts als reine Erleichterung.

»Ich hatte schon so viel schlechten Sex in meinem Leben, dass eine Pause nicht verkehrt ist, sie wird mir guttun!«, sagte Daniela. Wir saßen aneinandergeschmiegt auf ihrem Sofa in ihrer kleinen Einzimmerwohnung, und sie hielt meine Hand und strich mir sanft über die Finger.

»Ehrlich?« Ich wusste nicht, was ich sonst sagen sollte.

»Ja, ehrlich. Mein letzter Freund hat Sachen von mir verlangt, die ich furchtbar fand. Er hat mir wehgetan, es war überhaupt nicht schön, und ich hab eigentlich echt erstmal genug vom Sex. Ich warte wirklich gerne!«

»Wir können aber so lange auf jeden Fall andere Sachen machen, küssen, uns streicheln – *Petting* eben, all so was …« Ich war ein bisschen verlegen und hätte ihr gerne etwas für sie Befriedigendes angeboten, gleichzeitig fühlte ich mich jedoch auch ungeheuerlich erlöst, entspannt und wie befreit von einem schweren Druck.

»Ja, klar, können wir«, sagte Daniela und umarmte mich.

Und so ging es uns viele Monate gut miteinander, obwohl ich manchmal den Eindruck hatte, dass unsere Rollen vertauscht waren – oder dass wir die gleiche Rolle innehatten. Denn nicht nur war Daniela forscher und draufgängerischer als ich – ich fand ihr Benehmen, ihre Reaktionen oft viel jungenhafter als meine, was mich irritierte und uns immer wieder in ungewöhnliche Situationen brachte.

Einmal saßen wir, ganz gewöhnlich, im Kino und sahen uns den Film »Das Piano« mit Holly Hunter und Harvey Keitel an. Wir lehnten entspannt nebeneinander in unseren Theatersesseln, aßen Popcorn und hielten Händchen, als jene Szene über die Leinwand flimmerte, in welcher der harsche Ehemann der stummen Ada den Finger abhackt, damit sie nicht mehr auf ihrem geliebten Klavier spielen kann.

Instinktiv zog ich meine Hand zurück und spürte, wie ich mich verkrampfte. Mein Brustkorb zog sich zusammen. Meine Kehle wurde eng, und ich musste hart schlucken, und dann sah ich die Leinwand nur noch durch einen nassen Schleier.

Ich versuchte, das alles zu unterdrücken, mir unauffällig die Tränen wegzuwischen, die bereits an meinen Wangen hinunterliefen, dennoch konnte ich nicht verhindern, dass ein Schluchzen aus mir herausbrach, und zwar so laut, dass es Daniela, die keine einzige Träne verdrückte, peinlich war. »Pssst!«, zischte sie und reichte mir die Papierserviette, die sie mit dem Popcorn erhalten hatte. Doch meine Tränen rannen frei und ohne Unterlass, ich schniefte und wimmerte und konnte bis zum Ende des Filmes nicht mehr aufhören zu weinen: Zu tief traf mich das Schicksal von Ada, die auf ihre innere Stimme hörte, die ihrer wahren Leidenschaft, ihrer echten Bestimmung folgte, die sich von allen Erwartungen löste und befreite und sich so schließlich selbst fand, obwohl sie dafür so viel erleiden und ertragen und opfern musste.

Vielleicht war das der Zeitpunkt, an dem meine Beziehung zu Daniela den ersten Knacks bekam. Kurze Zeit später jedenfalls schenkte sie mir ein Buch, das von einem schwulen Mann handelte, der mit einer Frau schlafen musste. Ich verstand das als eindeutigen Wink mit dem Zaunpfahl, ich war mir eigentlich sicher, dass Daniela dachte, dass ich schwul sei – nur schwule Männer konnten ihrer Meinung nach so sensibel, so weinerlich und *feminin* sein wie ich. Ich selbst wusste zwar, dass es nicht so war, doch hatte ich keine Ahnung, wie ich auf Danielas Geste reagieren sollte: Ich wollte doch einfach nur ein ganz normaler junger Mann sein, sonst nichts. Ich wollte normale Pläne schmieden und mir normale Ziele stecken. Ich wollte mein Studium beenden, Karriere machen, ein ganz normales Haus bauen, eine Familie gründen … Jedenfalls dachte ich, dass ich das wollte, denn schließlich war das alles doch normal, so machten es die anderen, so hatten es meine Eltern gemacht, und so wurde es nun von mir erwartet. In dieses völlig normale Konzept passten Bücher über schwule Männer nun wirklich überhaupt nicht hinein.

Dass ich trotz aller Normalität kein »normaler« Mann war, daran wurde ich allerdings immer wieder erinnert, das nächste Mal schon gleich ein paar Wochen später, nach Danielas Buchgeschenk, als wir bei ihrer Tante zum Tee eingeladen waren: Wir saßen im Wohnzimmer, aßen Schwarzwälder Kirschtorte und unterhielten uns, als plötzlich der Hund der Tante auf meinen Schoß sprang. Mit dem fluffigen Stummelschwänzchen wedelnd schmiegte sich die kleine weiße Pudeldame an mich und schleckte mir die Tortenkrümel vom Finger, während ich beobachtete, wie die Augen unserer Gastgeberin immer größer wurden, ihre Teetasse sich immer weiter zur Seite neigte und ihr schließlich fast aus der Hand fiel: »Sie müssen wirklich etwas ganz Besonderes sein, Simon!«, sagte sie mit fassungslosem Staunen in der Stimme, während sie sich wie ein witterndes Tier zu mir hinüberbeugte. Kurz herrschte betretene Stille, und man hörte nichts als das Hecheln des Pudels und das Schnüffeln der alten Dame. Daniela nickte unmerklich und sah schweigend auf ihre Teetasse, und ich starrte mit tortengefülltem Mund auf die Tante, deren Gesicht immer näher kam, so als wolle sie mich beschnuppern oder belecken wie ihr Hund. Ihre Nasenflügel bebten, als sie schließlich fortfuhr: »Das ist unglaublich! Völlig unfassbar … Trixie mag nämlich keine Männer! Sie *hasst* Männer! Noch nie, niemals ist sie bei einem Mann einfach so auf den Schoß gesprungen! Wer sind Sie, Simon?«

1993 während des Studiums der Elektrotechnik

Nach zweieinhalb Jahren ging meine Beziehung mit Daniela so ihrem Ende entgegen: Es wurde immer komplizierter zwischen uns, Daniela glaubte immer weniger an mich, wurde dabei aber gleichzeitig selbst immer kränker, bekam ernsthafte psychische Probleme, auch weil sie, genau wie ich, keine Anerkennung vom Vater bekam, von Selbstzweifeln zerfressen war und in einen selbstzerstörerischen Strudel geriet, mit dem ich nicht umzugehen wusste – schließlich war ich selbst fix und fertig und steckte ebenfalls in einer ähnlich tiefen Krise: Auch ich wurde wieder kränker, funktionierte immer schlechter und wurde aufs Neue von schlimmsten Albgedanken gequält und von Horrorvisionen heimgesucht – roten Träumen, in denen ich von gesichtslosen Teufeln vergewaltigt wurde.

Da half es auch nicht, dass Onkel Karl, der erfahren hatte, wie schlecht es mir ging, mir eine Stereoanlage schenkte, damit ich jederzeit Musik hören und mich entspannen konnte. Im Gegenteil. Onkel Karls Zuwendung machte auf eigenartige Weise alles nur noch schlimmer, und sein wiederholtes Drängen, dass ich ihn doch besuchen und mich bei ihm erholen solle, jagte ein zusätzliches Grauen durch meine ohnehin schon schmerzenden Glieder. So schob ich das nicht enden wollende mühsame Studium vor oder fand andere Vorwände – zu einem Besuch bei Onkel Karl kam es jedenfalls nie.

Stattdessen sprach ich mit Daniela, die mir sagte, dass sie zu einer Beziehung nicht mehr fähig sei. Sie befand sich zwar auf dem Pfad der Besserung, kam langsam aus ihrem Tief heraus, doch wollte sie diesen Weg nicht mit mir gehen, und ich wiederum konnte meinen Weg nicht mit ihr teilen, und so trennten wir uns, wenngleich das wehtat wie ein Schuss ins Herz.

KAPITEL 8

MIT LEIB UND SEELE

»Hier wird gekocht und da drüben sind die Toiletten. Es gibt auch noch eine Teeküche. Und da hinten treffen sich die Brüder morgens, mittags und abends mit uns allen zum Gebet.«

»Ah!« Ich sah mich um, sah an Martina vorbei aus dem Fenster der Großküche auf mehrere Gebäude und aufs umliegende Gelände, das sich weitläufig inmitten von uralten Steinhäusern und Weinhügeln erstreckte.

Die Räumlichkeiten selbst waren schlicht und einfach und angefüllt mit dem typischen Geruch nach Jugendherberge, dieser Mischung aus Pfefferminztee, Kantinenessen, Reinigungsmittel und vielen Menschen, und Martina war die Leiterin einer kirchlichen Gruppe, die von München aus hierher, ins burgundische Dörfchen Taizé, gereist war. Nun führte sie mich herum und zeigte mir alles.

»Das hier ist die Essensausgabe, du nimmst also deinen Teller und gehst dann da rüber ins Speisezelt oder in den Gruppenraum dort drüben.«

»Okay!« Ich nickte und trottete hinter ihr her, und immer, wenn sie plötzlich und unerwartet stehen blieb, um mir noch dieses oder jenes zu erklären, lief ich in sie hinein. Und jedes Mal, wenn ich zu nah an sie herantrat, übertönte der Duft ihres Parfüms den vielschichtigen Herbergsmief. Ich fand es schön, ihr nahe zu sein.

»Geschlafen wird in den Hütten da drüben, es gibt Sechser- und Achter-Zimmer – oder Zelte, falls du einen guten Schlafsack dabei hast, also einen für Minusgrade …«

»Hab ich nicht.«

»Macht nichts, komm, ich zeig dir die Schlafräume. Und dann gehen wir zu den Kirchen, es gibt die alte Dorfkirche und eine neue, die Kirche der Versöhnung. Es gibt auch einen See! Leider ist es jetzt zu kalt zum Baden.« Sie lachte laut, offen und herzlich.

Ich war Martina zum ersten Mal vor ein paar Wochen in ihrer Münchener Gemeinde begegnet, bei einer kirchlichen Jugendveranstaltung, an der ich als Chorleiter teilnahm. Wir unterhielten uns über ihre und meine Kirchenarbeit, und als sie mir erzählte, dass ihre Gemeinde im November über Allerheiligen eine Jugendreise nach Taizé plante, war ich Feuer und Flamme: In dem kleinen französischen Ort begrüßten die Ordensbrüder jedes Jahr zehntausende Jugendliche und junge Erwachsene aus ganz Europa, um gemeinsam mit ihnen zu singen, zu beten und zu meditieren. Schon immer wollte ich dorthin fahren, und als ich erfuhr, dass Martina die Fahrt leiten würde, entschied ich mich spontan, mich der Gruppe anzuschließen und sie zu begleiten.

Hier hoffte ich nun, meine Trennung von Daniela zu verarbeiten, Enttäuschung und Schmerz hinter mir zu lassen und zumindest einen Teil von mir selbst wiederzufinden. Ich wollte mich durch Gebete und Gespräche mit anderen Gläubigen neu orientieren, vielleicht auch meinen Schlingerkurs begradigen und herausfinden, was Gott mit mir vorhatte, wohin mein Weg von hier aus führen sollte. Denn ich zweifelte immer noch, schwankte und wusste keinesfalls endgültig, wie es weitergehen sollte, ob ich nun auf dem weltlichen Weg bleiben oder doch lieber eine religiöse Berufslaufbahn einschlagen sollte, statt mich weiter durch mein Studium zu quälen – obwohl zu meinem Abschluss als Elektroingenieur jetzt nur noch die Diplomarbeit fehlte.

Aber wollte ich überhaupt Ingenieur sein? Sollte ich nicht möglicherweise doch lieber den Weg ins Kloster in Erwägung ziehen? Schon vor meinem Besuch in Taizé hatte ich über die Jahre einige Klöster und Ordensgemeinschaften kennengelernt, hatte zum Beispiel die Jesuiten, die Benediktiner und Franziskanerinnen besucht, um mit ihnen an Exerzitien teilzunehmen, jenen geistlich-religiösen Übungen, die mich Gott und Jesus so nahe brachten wie kaum etwas sonst. Auch das Klosterleben selbst hatte ich schon mal in den Ferien für ein paar Tage ausprobiert – es gab einige Klöster, die das anboten – und ich hatte dort mit den Mönchen gebetet und gearbeitet und war beseelt von der Idee, dass es im Kloster keine Rolle spielte, wer oder was ich war – und wie ich war. Tatsächlich hatte ich auch schon Texte und Bücher über die Berufung zum Klosterleben gelesen und überlegt, ob der Übertritt ins Kloster eine würdige Alternative, ein kraftvoller Gegenvorschlag zu jener Fernsehsendung sein könnte, die ich immer noch versuchte wegzudrücken – oder eben mit irgendetwas Mächtigerem zu überrumpeln und plattzuwalzen.

Doch ich hatte Angst davor, mein Studium abzubrechen, Angst davor, meinen Vater zu erzürnen – irgendetwas hielt mich immer wieder davon ab, mich ganz fürs Kloster zu entscheiden.

»Gebetet wird also dreimal am Tag, die Gebete fangen mit einer Bibellesung an, und zwar in verschiedenen Sprachen, um allen Leuten hier gerecht zu werden, danach wird gesungen, und es gibt eine Zeit der Stille«, wies mich Martina ein, während wir durch die frische Burgunder Herbstluft liefen.

»Das klingt gut!«, sagte ich.

»Dann gibt es noch Bibelkreise und verschiedene Arbeitsgruppen, je nachdem, worauf du dich konzentrieren willst …«

»Worauf würdest du dich denn am liebsten konzentrieren wollen?«, fragte ich und sah sie mutig an.

»Hmmm. Hm-hm. Auf dich vielleicht? Unter anderem?« Sie grinste verschmitzt. Ich lächelte zurück, und dann umarmten wir uns und gaben uns einen langen innigen Kuss.

Ich verbrachte eine unvergessliche Zeit in Taizé, in so vieler Hinsicht. Wir sangen, beteten und musizierten miteinander – ich hatte meine Gitarre dabei – und wir ließen los, fanden und verloren uns ineinander, Martina und ich. Zu zweit unternahmen wir lange Spaziergänge am See, führten tiefgründige Gespräche, manchmal bis in die frühen Morgenstunden, und sahen uns dann den Sonnenaufgang an, und wir spürten eine Nähe, körperlich und im Geiste, die ich so noch nicht kannte und die in brennende Liebesschwüre mündete, die wir mit uns zurück ins vorweihnachtliche Deutschland nahmen.

Und dann traf ich Paul.

Paul war mir von einem Gebetsteilnehmer in Taizé empfohlen worden, nach einem Bibelkreis, zu dem mich Martina mitgenommen hatte. Ich wirkte wohl während des Betens sehr müde und erschöpft, weswegen wir auf meine vielschichtigen gesundheitlichen Probleme zu sprechen kamen, und dieser Mitbetende riet mir schließlich, einen gewissen Seelsorger Paul aufzusuchen, der im Großraum München praktizierte und heilende Körperarbeit »für spezielle Fälle« wie mich anbot.

Als ich Paul an einem Freitagabend zum ersten Mal zu einer spirituellen Gruppensitzung besuchte, fand ich etwas anderes vor als erwartet: Paul lebte mit einem Freund in einer alten Sauna, die zwar nicht mehr in Betrieb war, deren Einrichtung aber noch den ursprünglichen Zweck erkennen ließ – und hier hielt er auch seine heilenden Gruppen- und Einzelsitzungen ab. Der Lattenboden des ehemaligen Dampfraums war mit Matratzen ausgelegt, auf denen die Gruppenteilnehmer im Kreis saßen, während Paul über allen auf der Schwitzbank thronte. An den Holzwänden waren weitere Matratzen befestigt, an denen man sich abreagieren und auf die man einschlagen und hemmungslos boxen konnte, wenn man bestimmten Gefühlen freien Lauf lassen wollte.

Die Aussicht auf Heilung durch den Seelsorger Paul hatte ich als Hoffnungsschimmer gesehen, als Strohhalm, den ich ergreifen musste, um meine Gesundheit wieder in den Griff zu bekommen, doch als ich an diesem Abend die alte Sauna betrat, da war mir schon etwas mulmig zumute: Was war das für ein seltsamer Ort, um spirituelle und körperliche Heilung zu vollführen? Dennoch, ich war neugierig und verzweifelt genug, um mich darauf einzulassen und schließlich auch den nächsten Schritt zu gehen: Schon bald nach der Gruppensitzung, in der ausführlich über die Probleme der einzelnen Teilnehmer gesprochen wurde, fuhr ich wieder zu Paul – seine Sauna lag etwa eine Zugstunde entfernt von meinem Zuhause –, um mich bei ihm einer individuellen körperlichen Einzelbehandlung zu unterziehen.

Bei diesem zweiten Treffen saßen wir uns erst einmal auf den Matratzen am Boden gegenüber und unterhielten uns unverfänglich, um Vertrauen zueinander zu gewinnen.

»Ich habe schon unzählige junge Männer von ihren vielfältigen Leiden geheilt, es wird mir auch bei dir gelingen, Simon, da bin ich mir sicher«, sagte Paul und lächelte mich an.

»Das wünsch ich mir so sehr!«, sagte ich.

»Ich spüre und sehe, dass du Schlimmes durchgemacht hast, dass du gequält, geschlagen und gepeinigt wurdest.«

Woher wusste er das?

»Du musstest dich stets unterordnen und konntest nie du selbst sein!«

Konnte er etwa in meine Seele schauen?

»Schon als Kind wurdest du gebrochen …«

»Woher wissen Sie das alles?«

»… wir wollen also nicht nur deinen Körper, sondern auch deinen Geist heilen! Das geht Hand in Hand.« Er zog die Oberlippe hoch und kräuselte seine kleine knollige Nase, sodass seine Hornbrille ein Stückchen aufwärts rutschte. »Ich habe jahrzehntelange Erfahrung, und als Prediger in der Freikirche bekomme ich viel mit von den Sorgen junger Leute, glaub mir das!«, fuhr er fort.

»Oh, Sie sind in einer Freikirche? Etwa in München? Ich habe einen Großonkel, Onkel Karl – Karl Wendler, der ist da auch!« Paul war um einiges jünger als Onkel Karl, aber ich konnte mir sofort vorstellen, dass die beiden gut miteinander klarkamen.

»Was? Karl Wendler ist dein Onkel?« Pauls Augen weiteten sich. »Ich kenne ihn, ja, in der Tat! Wir haben öfters zusammengearbeitet, meist bei den Jugendgottesdiensten …«

Das konnte ich kaum glauben! Wie klein war denn die Welt? Das *musste* doch ein Zeichen, irgendeine göttliche Fügung sein! Hier schloss sich ein Kreis, und Gott hatte mich hierher geführt!

»So, jetzt lass uns anfangen, zieh dich aus!«, sagte Paul, bevor er aufstand und sich die Hände an einem Handtuch abrieb.

Und so gab ich mich seiner Körperarbeit hin, glaubte ich doch fest, dass er mir helfen können würde, vor allem, da er mich so gut kannte, ohne dass ich ihm irgendwas erzählt hatte. Ich sah dabei darüber hinweg, dass Paul trotz seines Wissens, trotz seines

Bemühens und seiner konzentrierten Zuwendung und Aufmerksamkeit etwas verschwommen Undurchsichtiges an sich hatte, etwas, das mich schaudern ließ.

Einmal in der Woche fuhr ich von nun an zu Paul, und in der Tat schöpfte ich durch unsere Sitzungen und die Körperarbeit neue Kraft. Ich schaffte meinen Studienabschluss und besaß genug Energie, um von zu Hause auszuziehen, erst zu meinem Opa, dann in eine WG. Motiviert und gefestigt wollte ich mir mein neues Leben einrichten, mit Martina als Frau an meiner Seite.

Mit der Zeit gewöhnte ich mich auch an Pauls eher ungewöhnlichen Ansatz, an seine Art der Körperarbeit, von der ich zuvor noch nie gehört hatte: Vor jeder Sitzung musste ich mich splitternackt ausziehen, und sobald ich völlig entblößt vor ihm stand, begann er, meinen Körper zu massieren und an verschiedenen Körperstellen herumzudrücken und zu pressen, um alte Schmerzen und Emotionen wieder hervorzuholen, wie er sagte, die dann durchs Schlagen auf die Matratzen an der Wand ausagiert wurden. Danach folgte eine zehn- bis zwanzigminütige Ruhephase, während der ich nackt auf den Matratzen lag. Manchmal legte Paul sich neben mich, manchmal sah er mich von der Saunabank aus schweigend und nickend an.

Paul erzählte mir, dass er nach einem Ansatz des Psychoanalytikers und Sexualforschers Wilhelm Reich arbeitete, der davon ausging, dass verdrängte Kindheitskonflikte zu muskulären Verspannungen führten, die es mit körperlichen Berührungen und Massagen zu lösen galt. Wie Reich, der bereits zu Lebzeiten unter seinen Kollegen umstritten war, setzte auch Paul schamanische Praktiken ein, zum Beispiel Beschwörungen und Séancen. Und obwohl ich mich schon hin und wieder über seine Methoden wunderte, zählte für mich letztendlich der Erfolg, und zweifelsohne schaffte Paul, was sonst noch keinem gelungen war: Binnen kürzester Zeit ging es mir wirklich sehr viel besser. Auch psychisch schien ich mich zu erholen, und ich genoss es, dass mir endlich jemand zuhörte, dass sich endlich jemand Zeit für mich nahm, und Paul nahm noch nicht einmal Geld dafür, denn er arbeitete auf Spendenbasis.

»Bist du als Kind sexuell missbraucht worden?«, fragte er mich einmal während einer Sitzung, und ich zuckte unwillkürlich zusammen. Paul stand direkt hinter mir, und seine Hände lagen auf meinen Hüften, und er massierte von dort aus meine Seiten abwärts. »Ich spüre da was!«, fuhr er fort, während seine Hände über mein Gesäß wanderten, und obwohl mir das unangenehm war, rührte ich mich nicht und hielt seine Berührungen mit zusammengekniffenen Pobacken aus.

»Nein, … nein, ich weiß von nichts«, sagte ich unbehaglich.

»Ich glaube doch!«, sagte Paul, und das verwirrte mich: Hatte ich denn nicht selbst schon seit einer Weile das Gefühl, dass es da etwas gab, einen Grund für meine Albträume, meine Selbstverletzung, eine Ursache, die sich irgendwo in meinem Unterbewusstsein versteckte? Sah Paul etwas, was ich nicht sah? Wusste er mehr als ich selbst? Kannte er Wahrheiten, die mir verborgen blieben? Fast schien es so.

Ich bewunderte Pauls Weisheit, seine Einsichten und Erkenntnisse, und ich glaubte, dass er vielleicht hervorholen könnte, was so tief in mir vergraben war.

Und weil ich ihm so bedingungslos vertraute, erzählte ich ihm schließlich auch von meinem allerinnersten Empfinden: »Ich glaube, dass ich weiblich bin«, sagte ich gegen Ende jener Sitzung. »Ich fühle mich wie eine Frau in einem Männerkörper, so, als wäre ich mit dem verkehrten Geschlecht auf die Welt gekommen.«

Wie ein Fallbeil fiel etwas zwischen uns. Paul trat zwei Schritte zurück, nahm Abstand, als könne er die Nähe zu mir plötzlich nicht mehr ertragen. Er schüttelte seine Hände, als hätte er sich verbrannt, dazu stieß er merkwürdige Brummlaute aus. Dann erhob er seine Stimme in eine Art Singsang, und er reckte die Arme mit ruckartigen fingerspreizenden Handbewegungen in meine Richtung, als wollte er mich mit einem Bannfluch belegen – halb fürchtete ich, dass Blitze aus seinen Fingerspitzen zucken oder seine Bewegungen andere Zauberkräfte entfesseln könnten, die mich auf der Stelle vernichteten. Dazu gab er hochstimmige, kaum verständliche Beschwörungen von sich, und ich hatte das Gefühl, dass er meine Worte als die schlimmste Häresie, die unverzeihlichste Sünde empfand, die es geben konnte.

Nach einer Weile beruhigte er sich, und gewissermaßen als Lösungsvorschlag bestand er schließlich darauf, dass ich schwul sei, dies aber nicht anerkennen könne oder wolle. »Eine Frau im Männerkörper, so etwas gibt es nicht!«, sagte er laut und bestimmt. »Ebenso wenig wie es Bisexualität gibt!« Ich hatte tatsächlich schon einmal vorsichtig überlegt, ob ich möglicherweise bisexuell sein könnte – darüber hatte ich mal ein Buch gelesen, und ein paar Dinge passten, andere jedoch nicht – warum zum Beispiel verliebte ich mich immer nur in Frauen? Paul hatte ich von diesen Überlegungen jedoch nie etwas erzählt – und trotzdem schien er davon zu wissen, was mich einmal mehr mit Bewunderung erfüllte. »Aber oft kommt es mir vor, als hätte ich zwei Seelen in mir, eine weibliche und eine männliche …«, sagte ich zu Paul in einem verzweifelten Versuch, ihm meine Gefühle vielleicht doch noch nahezubringen, »oft gibt es für mich ein ›Sowohl-als-auch‹ und kein ›Entweder-oder‹ – und das macht mir Entscheidungen so schwer!«

»Was für einen teuflischen Unfug du da redest, Simon, das ist ja krank, du bist verwirrt! Herr, guter Gott, das sind doch alles nur fließende Übergangsformen zwischen Hetero- und Homosexualität, was anderes als diese beiden Formen gibt es nicht, und was du da redest, ist schändlich und abscheulich!«

Obwohl ich seinen Worten nicht glauben wollte, nicht glauben *konnte*, suchte ich Paul weiterhin auf. Denn er half mir schließlich, er wollte mein Bestes, und er schaffte es wie kein anderer, dass es mir besser ging, und dafür war ich ihm unendlich dankbar. Und ich war froh, dass ich weiterhin zu ihm kommen durfte, dass er mich weiterhin behandelte und weiterhin bereit war, seine Körperarbeit, seine besonderen Methoden bei mir zum Einsatz zu bringen. Das heikle Thema meiner Identität erwähnte ich einfach nicht wieder.

KAPITEL 9

HIMMEL UND HÖLLE

Dunkle Wolken zogen über den Himmel, und der Wetterbericht hatte für den Abend Eiseskälte und Schnee vorausgesagt, dennoch würde ich mich genauso anziehen wie geplant. Vor dem großen Flurspiegel unserer WG-Wohnung drehte ich mich hin und her und ließ mein prachtvolles ausladendes Kleid fliegen. Nun, eigentlich war es nicht mein Kleid, sondern das meiner guten alten Freundin und Tanzpartnerin Ulrike – sie hatte es mir für die Faschingsparty ausgeliehen, die heute bei ihr stattfinden würde.

Es war Ende Februar, Samstagnachmittag, und ich hatte mich schon fast fertig kostümiert für den großen Abend, obwohl ich ahnte, dass ich in dem Ballkleid und der dazugehörigen Strumpfhose bitterlich frieren würde. Egal. Vor allem die schwarze blickdichte Damenstrumpfhose fühlte sich so gut an, so seidenweich auf meinen Beinen, dass ich sie um keinen Preis wieder ausgezogen hätte. Schon beim Überstreifen war mir ganz wohlig und warm geworden, und ich hatte mich ganz eigenartig gefühlt: richtig. Ich hatte mich eigenartig richtig gefühlt. Die Strumpfhose saß makellos, und es fühlte sich alles so natürlich und selbstverständlich an, dass ich dachte: So sollte es sein, so *müsste* es sein – das war ich! Doch sogleich fuhr mir der Schreck in die so herrlich perfekt gekleideten Glieder: *Oh Gott, was war nur mit mir los? Jesus hilf mir!* Es konnte nicht richtig sein, es war doch nur eine Verkleidung! Ein Kostüm, das ich lediglich für diese Party anzog, zu der ich als Frau gehen würde, nichts weiter!

Schon zu Beginn der Partyplanung stand für mich jedoch fest, dass ich nicht wie ein als Frau verkleideter Mann aussehen wollte, nicht wie ein Transvestit oder eine Drag-Queen. Ich wollte so aussehen wie eine kostümierte Frau. Ich wollte, dass die Leute dachten, ich wäre wirklich eine Frau, eine echte Frau, die sich besonders in Schale geschmissen und für den Fasching herausgeputzt hat.

Zu diesem Zweck hatte Ulrike mir ihr bestes Ballkleid abgetreten – es war aus rotem Satin, mit Rüschen und Paillettenstickereien besetzt, und es glitzerte wundervoll. Es passte mir außerdem ausgezeichnet, und farblich abgestimmt dazu hatte ich mir eine schwarze Langhaarperücke mit roten Strähnchen gekauft, die absolut echt aussah. Unter dem Kleid trug ich ein altes Unterhemd, an das ich auf Höhe der Brüste zwei Schulterpolster festgenäht hatte, was mir so gut gelungen war, dass man von außen keinen Unterschied zu einem echten Busen erkannte, und um den Hals schlang ich mir nun noch eine schwarze Federboa, damit man meinen Kehlkopf nicht sah. Nun musste ich nur mein Gesicht noch einmal frisch rasieren, ein paar Haare zupfen, besonders an den Augenbrauen, und Schminke auftragen – eine Lage Make-Up, um den Bartschatten zu verdecken, und darauf eine farbenfrohe Faschingsbemalung, sodass man meine Gesichtszüge nicht mehr erkennen konnte.

Ich schüttelte meine Mähne und fand, dass ich aussah wie eine Rockröhre, aufgetakelt für eine heiße Bühnenshow. Die für so etwas angemessenen hochhackigen Schuhe besaß ich zwar nicht, und auch Ulrike konnte mir da nichts Passendes anbieten – doch ich zog einfach meine eleganten schwarzen Tanzschuhe an, die würden unter dem langen Kleid bestimmt niemandem auffallen.

Als ich in unsere WG-Küche trat, um mich bei meinen Mitbewohnern zu verabschieden, verschlug es allen die Sprache: Ich glaube, sie wussten gar nicht, wen sie da vor sich hatten, wahrscheinlich überlegten sie fieberhaft, wie diese fremde Frau in ihre Wohnung gelangt war und was sie nun tun sollten, und erst als ich den Mund aufmachte und »Ich geh jetzt, bis später« sagte, erkannten sie mich an der Stimme – und brachen in Applaus aus. »Viel Spaß, Simon, der beste Kostümpreis ist dir sicher!«, waren die letzten Worte, die ich vernahm, bevor ich aus der Tür trat.

Als ich bei Ulrike ankam, war der Faschingsball bereits in vollem Gange, und auch meine Bekannten und ehemaligen Nachbarn erkannten mich nicht. Stattdessen behandelten mich alle wie eine Frau: »Meine Liebe, willst du deine Boa ablegen?«

»Nein danke!«

»Eher Wein als Bier, tippe ich.«

»Weder noch.«

»Dann vielleicht mit 'nem Typ das Tanzbein schwingen?«

»Ja, gleich vielleicht.« Ich fühlte mich pudelwohl und genoss die Aufmerksamkeit – bis ich einem Partygast beim Tanzen im engen Wohnzimmer versehentlich auf die Füße trat.

»Ey, was hat die denn für Schuhe an?«, fragte die als Darth Vader verkleidete Figur mit unerwartet hoher Frauenstimme, »und was sind das überhaupt für Riesenfüße?«

Ich hatte das Gefühl, dass mich plötzlich alle anstarrten.

»Leute, das ist gar keine Frau!«, fiepte Darth Vader und breitete die Arme aus, als wolle er die anderen Gäste von mir fernhalten. Die Musik trat in den Hintergrund, und in meinen Ohren hallten plötzlich nur noch die Worte »keine Frau, keine Frau …« wider.

»Herrschaften, darf ich vorstellen, *La Diva* – darf ich dir mal in den Busen kneifen?« Ulrike schritt ein, um die Situation zu entspannen, und mit ihrer Frage erntete sie schallendes Gelächter.

»Ja, klar!«, sagte ich, und zum Glück sah wegen meiner dick aufgelegten Schminke niemand, wie rot ich wurde, als mir Ulrike beherzt in die Schulterposter zwickte. »Echt! Fühlt sich total echt an!«, rief sie aus, und wieder lachten und klatschten die Leute begeistert. Ich jedoch wusste nicht, wie mir geschah. Sollte ich mitlachen? Mir war eigentlich überhaupt nicht zum Lachen zumute. Und ich hatte das Gefühl, dass die Leute trotz des Beifalls auf Abstand gingen, dass ich nun zumindest den Männern auf der Party suspekt war, sie sogar verängstigte und verunsicherte. Ich glaube, bis zuletzt wussten einige nicht, ob ich nun Mann oder Frau war, zum Tanzen jedenfalls forderte mich kein einziger von ihnen auf, sodass ich den Rest des Abends mit Ulrike tanzte, die als Elvis verkleidet war, sodass wir ein durchaus gelungenes Paar abgaben.

Alles bestens, alles in Ordnung, redete ich mir wieder und wieder ein, während wir uns im flotten Walzerrhythmus über den Teppich schoben, und doch war ich, ebenso wie die anderen Gäste, verunsichert.

Ulrike übernahm daher kurzerhand die Führung, und nach einer besonders virtuosen Drehung erzählte ich ihr von Paul und von meiner neuen Liebe Martina, die an diesem Abend leider nicht dabei sein konnte.

»Mir ist schon aufgefallen, dass du viel mehr Energie hast als früher. Du scheinst glücklicher zu sein, soweit man das durch deine Kriegsbemalung erkennen kann, diese Martina tut dir gut, was?«

»Ja. Und Paul auch!«, sagte ich, und ich erzählte ihr ein bisschen von unseren Sitzungen und den Gesprächen, gerade nur so viel natürlich, wie man einem besten Freund oder einer besten Freundin erzählt, denn das war Ulrike schließlich für mich – und was wirklich in meinem Inneren vorging, ahnte sie zumindest.

Während wir im Takt kreiselten, verzog Ulrike das Gesicht. »Ich weiß nicht recht«, sagte sie, und schob mich während eines Tanzschrittes von sich, als wolle sie Distanz wahren, nur um mich gleich darauf wieder ganz nah zu sich heranzuziehen. So nah, dass sie in mein Ohr flüstern konnte: »Ist es nicht komisch, dass ein Seelsorger so über Homosexualität redet? Irgendwas kommt mir seltsam vor an diesem Paul, auch, dass er mit einem Freund da in der Sauna wohnt und dass er nur Körperarbeit mit jungen Männern macht, und dann auch noch auf Spendenbasis – findest du das nicht komisch? Ich finde es verdächtig. Warum würde er so reden, warum würde er das so sagen, dass es nur Hetero- und Homosexualität gibt, wenn ihn das nicht irgendwie selbst betrifft, hm? Wenn du mich fragst, dann ist Paul schwul, sonst würde er nicht solche Reden schwingen! Ich wette sogar, dass er in dich verknallt ist!« In schwindelerregendem Tempo kreisten wir im Dreivierteltakt durchs Zimmer, und mir wurde flau im Magen. Ulrike löste sich wieder von mir, hob meinen mit ihrem Arm und vollführte eine kühne Drehung, und benommen von dem wilden Tanz zog ich sie zu den Stühlen, die um die freie Fläche im Wohnzimmer aufgestellt waren. Ich war aus der Puste und wusste nicht, was ich sagen sollte. Irgendwo in meinem Hinterkopf hatte ich genau dasselbe wohl auch schon vermutet, doch wollte ich den Gedanken nicht zu Ende denken.

»Und dass er in deine Seele schauen kann, das glaub ich auch nicht«, setzte Ulrike noch einen drauf, und jetzt flüsterte sie nicht mehr, sondern sprach so laut, dass die Hälfte der Gäste es hören konnte: »Ich meine, jeder, der so eine Körpertherapie macht, ist doch irgendwie verzweifelt, gepeinigt, niedergeschlagen oder gebrochen, das ist also nicht schwer zu erraten. Wenn der Heiler dann vielleicht noch ein bisschen Ahnung von Verspannungen, Haltungsschäden und Wirbelfehlstellungen hat, dann kann er eins und eins zusammenzählen – ganz ohne Hellseherei. Und jetzt hol ich uns ’nen Partypunsch, okay?«

Mir gefiel nicht, wie Ulrike über Paul herzog, und noch weniger gefiel mir, dass sie möglicherweise recht hatte mit ihren Vermutungen. Aber das war eben Ulrike, immer geradeheraus, ehrlich und direkt, immer die praktische Analytikerin, nicht umsonst war sie Bankkauffrau geworden. Das Beste würde sein, erst mal nicht weiter auf ihre Worte einzugehen und das Thema zu wechseln – und so unterhielten wir uns über die verschiedenen Zubereitungsarten von alkoholfreier Bowle, über Musik und darüber, wer das beste Kostüm des Abends trug.

Später, gegen Ende der Party, bot Ulrike mir an, wegen des heftigen Schneefalls bei ihr zu übernachten. Ich sagte zu, doch fragte ich mich, ob es eine gute Idee war, denn Ulrike hatte gerade eine unglückliche Beziehung hinter sich, und man weiß ja, wo der Trost des besten Freundes nur allzu oft hinführt.

»Ich weiß, dass wir niemals miteinander im Bett landen werden, nur deswegen lass ich dich hier schlafen!«, lachte Ulrike, während sie mir die Schlafcouch in ihrem Zimmer bezog. »Keinen anderen Mann würde ich bei mir schlafen lassen, nur dich, denn zwischen dir und mir …, na ja, du weißt schon, das ist schließlich was anderes!«

Was anderes. *Was anderes.* Aber was? Was wusste ich schon? Viel zu wenig, und auch deswegen ging ich weiterhin zu Paul. Ich konnte nicht anders, auch wenn Ulrikes Worte mich ein wenig ernüchtert hatten. Ich musste mehr herausfinden, über mich, meinen Weg, musste erfahren, was mein Unterbewusstsein mir bisher verschwieg, was Paul aber vielleicht schon wusste … – ich *musste* weiter auf die Wirkung seiner Körperarbeit vertrauen!

Denn es ließ sich nicht leugnen, dass ich durch seine Behandlungen wieder mehr Kraft und Energie erlangte, meine Krankheiten in den Hintergrund traten und auch mein Selbstbewusstsein und Selbstvertrauen kontinuierlich gestärkt wurden. Es gelang Paul auf einzigartige Art und Weise, meine früheren, unterdrückten Emotionen aus meinem Innersten zu lösen, hervorzuholen und aufzulösen, wenngleich das ein äußerst schmerzhafter Prozess war: Ich fühlte mich befreit, und auch unsere Gespräche empfand ich als befreiend und horizonterweiternd, selbst wenn sie nicht immer so verliefen, wie ich erwartete oder hoffte.

Paul schien so weise, so gefestigt und souverän zu sein, und er besaß so tiefe Kenntnisse und kannte so viele Antworten, dass ich mir sicher war, dass er mich letztendlich auf den richtigen Weg führen würde.

So dachte ich auch an jenem Montagabend im Frühjahr desselben Jahres, 1997 – ich war inzwischen dreißig Jahre alt. Wie üblich berichtete ich am Anfang der Sitzung, was sich seit unserem letzten Treffen ereignet hatte. Ich erzählte Paul von meinem Alltag, aber auch von meiner noch immer währenden geistlichen Suche, von meinen Albträumen und von der Selbstverletzung, die ich unverändert praktizierte – und natürlich erzählte ich ihm auch von meiner Beziehung zu Martina, mit der ich nun schon seit über einem Jahr zusammen war.

»Erzähl mir ein bisschen mehr über deine Freundin!«, sagte Paul. »Wie nahe seid ihr euch? Seid ihr immer ehrlich zueinander, habt ihr Geheimnisse, oder könnt ihr über alles sprechen?«

»Nun ja, wir reden schon über vieles … aber eben nicht über alles, also über mein Innerstes …, nun …, irgendwas steht da immer wieder zwischen uns, irgendwas, das einfach nicht ganz passt in unserer Beziehung ...«, stammelte ich etwas unbeholfen.

»Ihr gehört nicht zusammen!«, folgerte Paul wie aus der Pistole geschossen. »Und ich weiß auch warum. Eure Probleme sind natürlich sexueller Natur. Hatten wir nicht schon längst herausgefunden, dass du schwul bist, Simon? Haben wir uns nicht darauf geeinigt? Also, was genau habt ihr für sexuelle Probleme? Erzähl mir davon! Erzähle mir, ob ihr euch sexuell beglücken könnt, und wie euch das gelingt.«

Unbehaglich erzählte ich Paul, was es zu erzählen gab, obwohl er bereits wusste, dass ich noch nie Geschlechtsverkehr hatte und dass ich damit warten wollte bis zur Ehe.

Paul hörte zu und nickte immer wieder, dabei wirkte sein Blick neugierig interessiert und verständnisvoll. Schließlich schüttelte er den Kopf. »Das Beste wäre sicher, wenn ihr euch für mindestens sechs Wochen einfach mal gar nicht mehr seht ...«, sagte er schließlich, »... am besten brecht ihr den Kontakt zueinander vollständig ab während dieser Zeit ... das wird euch beiden guttun! Während dieser Trennungsphase versucht ihr dann, Klarheit zu bekommen, Klarheit darüber, was jeder von euch wirklich will.«

Das klang klug und sinnvoll, und wieder einmal hatte Paul den passenden Lösungsvorschlag parat.

Noch am selben Abend rief ich Martina an und sagte ihr, dass ich etwas Wichtiges mit ihr besprechen müsse. Ich holte sie mit meinem alten VW-Bus, den ich mir zwischenzeitlich zugelegt hatte, ab, und wir gingen aus und aßen eine Kleinigkeit. Bei Kerzenschimmer am kleinen Restauranttisch unterhielten wir uns über Gott und die Welt, schwelgten in Erinnerungen, sprachen über uns und unsere Beziehung, und zwischen Gabeln voller Pasta und

Pizza ergriffen wir immer wieder unsere Hände, und es war schön und intensiv und schmerzhaft, aber auch vernünftig, und Martina stimmte zu, dass eine Trennung auf Zeit eine gute Idee sei.

Nach dem Essen fuhr ich sie nach Hause, und als wir dort ankamen, wollte ich sie nicht gehen lassen. Ich stellte den Motor ab und wollte noch etwas sagen, wollte ihr mitteilen, wie sehr ich sie mochte und dass die Trennung eigentlich gar nicht meine Idee gewesen war. Ich schaltete die Scheinwerfer aus. Draußen war es bereits dunkel, und so konnten wir unsere Gesichter gegenseitig kaum richtig erkennen, doch ich hatte den Eindruck, dass Martina weinte.

Ich nahm meinen ganzen Mut zusammen: »Martina. Ich muss dir was sagen. Ich will es dir schon seit 'ner ganzen Weile sagen … Ich glaube, ich weiß, was sich immer wieder zwischen uns schiebt, was vielleicht nicht richtig passt zwischen uns … also, es könnte vielleicht daran liegen … es könnte sein, dass ich eine Frau in einem Männerkörper bin!«

Einen Moment lang herrschte Totenstille. Nur das Ticken des abkühlenden Motors war zu hören.

Dann atmete Martina scharf ein. »Schlaf mit mir, Simon! Sofort, hier und jetzt!«, stieß sie hervor.

Was?? Mit solch einer Reaktion hatte ich am allerwenigsten gerechnet!

Martinas Atem beschleunigte sich: »Simon, bitte, bitte, nimm mich – jetzt!«

Auch Martina wusste natürlich, dass ich mit dem Sex warten wollte, und wir hatten uns bisher aufs Küssen, Kuscheln und Schmusen beschränkt, und umso mehr erstaunte mich ihr Verlangen nun. Mir brach der Schweiß aus allen Poren, und ich fühlte mich vollkommen überrumpelt, und als ich noch fieberhaft überlegte, was ich nun tun sollte, beugte sich Martina auch schon zu mir herüber, knöpfte mir das Hemd auf und öffnete meine Gürtelschnalle. Sie zog mich vom Fahrersitz hinunter zu sich hinüber, dann auf die Rückbank, und ich spürte ihre Hände überall auf mir, und das blieb nicht ohne Wirkung. Ich konnte plötzlich keinen klaren Gedanken mehr fassen, ich sank zurück und kapitulierte wohl einfach vor ihren drängenden Liebkosungen. »Ich habe keine Kondome dabei …«, konnte ich gerade noch krächzen, »ich besitze gar keine, habe noch nie …«

»Keine Sorge!« Martina küsste mich wild und gierig, dann stöhnte sie und griff mir mit der einen Hand in die Haare, mit der anderen in den Schritt. »Ich hatte gerade meine Tage, es kann nichts passieren!«

Und so hatte ich zum ersten Mal Sex mit einer Frau. Ich hatte es mir schöner vorgestellt. Der VW-Bus war unbequem und ließ gar keine entspannte Position zu. Alles ging irgendwie zu schnell, fühlte sich zu grob an, und ich fand den Akt eher schmerzhaft als befriedigend.

Als wir fertig waren und uns wieder anzogen, spürte ich eine bittere Leere. Nicht nur hatte ich mit meinem Vorsatz gebrochen – die »schönste Sache der Welt« hatte sich auch noch als herbe Enttäuschung herausgestellt. Jetzt hatte ich so lange mit diesem Schritt gewartet – und das war es nun? Nun ja, jedenfalls hatte ich in meinem bisherigen Leben wohl nicht allzu viel verpasst.

Martina kletterte wieder nach vorne auf den Beifahrersitz, raffte ihre Sachen zusammen, beugte sich noch einmal zu mir nach hinten und küsste mich, und dann stieg sie aus, schlug die Autotür hinter sich zu und war weg.

Ich fühlte mich wie vor den Kopf gestoßen, als ich Gürtelschnalle und Knöpfe schloss und auf den Fahrersitz stieg, um den Wagen zu starten.

Noch bevor ich den Zündschlüssel umdrehte, fuhr es mir eiskalt durch die Glieder: Was, wenn ich Martina geschwängert hatte? *Oh mein Gott! Wie konnte ich bloß so leichtsinnig sein? Was sollte ich bloß tun, wenn sie jetzt schwanger war?*

Die Sorge darüber ließ mich überhaupt nicht mehr los, sie raubte mir den Schlaf, meine Nerven und all meine wiedergewonnenen Kräfte, doch mit Martina selbst konnte und wollte ich nicht darüber reden, immerhin hatten wir uns getrennt und waren uns auch einig, erst mal keinen Kontakt mehr miteinander zu haben, und so vereinbarte ich ein vorzeitiges außerterminliches Treffen mit Paul – mit irgendwem musste ich schließlich reden!

»Ich habe mit Martina geschlafen!«, beichtete ich, als ich nackt auf der Matratze lag, während Paul meine Schultern massierte, meine Lenden knetete und meine Rückenwirbel drückte und hin und her schob.

»Was?« Paul klang entsetzt.

»Nun, eigentlich hat sie mit mir geschlafen. Ich … also … eigentlich war ich noch nicht bereit! Aber dann ist es passiert!«

»Wie??« Jetzt hörte sich Pauls Stimme schrill und geradezu panisch an.

«Ich hab ihr erzählt, dass ich vielleicht eine Frau in einem männlichen Körper bin – und das hat irgendwas ausgelöst bei ihr, ich weiß auch nicht …«

»Niemals, NIEMALS hättest du ihr das erzählen sollen«, donnerte Paul mich nun an, »und niemals hättest du dich auf Abschiedssex mit ihr einlassen dürfen! Ihr gehört nicht zusammen! Und das sind Tricks, Simon, die Tricks der Frauen! Sie wollte dir beweisen, dass du ein ganz normaler Heteromann bist, aber das bist du nicht! Du bist doch nicht etwa darauf reingefallen? Meine Güte, hast du ihr Spiel denn nicht durchschaut? Du bist kein Hetero, Simon, du bist homosexuell!!« Paul regte sich dermaßen auf, dass man meinen könnte, er sei eifersüchtig, und mir kamen Ulrikes Worte in den Sinn.

»Und dann wollte sie dich noch an sich binden, dir ein Kind anhängen, das tun sie alle nur zu gern, denn wenn sie erst mal schwanger sind, dann gibt es schließlich kein Zurück und keinen Ausweg mehr! Viel zu viele getrennte Paare kommen durch ein Kind wieder zusammen, das beim Abschiedssex entstanden ist!« Paul raufte sich die Haare, rang seine Hände, und ich glaubte, ein irres Flackern in seinen Augen wahrzunehmen, als er sich von mir wegdrehte. Er war vollkommen außer sich, und ich schloss die Augen und bereute, dass ich ihm von den Ereignissen erzählt hatte.

Zu spät bemerkte ich, dass Paul selbst begonnen hatte, sich auszuziehen. Ich hörte ihn schimpfen und jammern und klagen, und als ich meine Augen wieder öffnete, stand er vollkommen unbekleidet über mir.

Ich erschreckte mich fast zu Tode, befand mich aber in einer solch ungünstigen Position, halb auf der Seite, halb auf dem Bauch liegend, dass ich ihm nicht entkommen konnte.

Pauls Brille rutschte ihm von der Nase und fiel auf mein Ohr, als er sich grunzend und schnaufend über mich beugte, mein Kinn packte und mich küsste, und sein blasser und schwammiger Körper erinnerte mich ein bisschen an einen Engerling – und das war mein letzter Gedanke, bevor er mich nahm, nur aus dem Augenwinkel sah ich seinen grauen fettigen Haarkranz auf und nieder wippen, hörte sein abgehacktes Atmen und immer lauter werdendes Ächzen und Stöhnen und spürte seinen Schweiß auf mich heruntertropfen.

Ich fühlte nichts als Schmerz, doch ich ließ alles geschehen, konnte mich nicht wehren, war wie gelähmt, und in meinen

Ohren klangen Worte von früher: »Einfach geschehen lassen, Simon, lass es geschehen, es ist alles zu deinem Besten!«

Als es vorbei war, stammelte ich zum Abschied, dass mir diese Sitzung nicht nur sehr wehgetan, sondern mich auch zutiefst verwirrt und verunsichert hatte: »In mir ist alles kaputt und durcheinander!«, flüsterte ich, während ich mich wie betäubt anzog, und vor Schmerz, Scham und Hilflosigkeit standen mir Tränen in den Augen.

»Das ist der Plan«, sagte Paul, »dass alles Alte hinterfragt und durcheinandergebracht wird, um aus dem Chaos alles neu zu sortieren und aufzubauen.«

Darauf wusste ich nichts zu entgegnen.

»Ich wollte dich zu einer befreiten Sexualität führen, Simon, dir helfen, verstehst du? Ich wollte deine Neigung, deine Lust öffnen und sie entfesseln, denn du bist viel zu verklemmt!«

Ich sagte nichts mehr, sondern drehte mich um und floh, floh aus der Sauna, floh vor diesem Mann und kehrte nie wieder zurück.

KAPITEL 10

JÜNGER

Den Seelsorger Paul und seine Praxisräume sah ich nicht wieder, Martina hingegen schon. Noch bevor die von Paul verordnete Trennungszeit abgelaufen war, rief ich sie an und wir verabredeten uns. Glücklicherweise war Martina nicht schwanger, wir wurden wieder ein Paar, und meine letzte Sitzung mit Paul rückte in nebelige Ferne wie ein böser Traum – die Erinnerung an ihn reihte sich auf schleierhafte Weise nahtlos in meine beharrlich wiederkehrenden Albträume ein.

Trotz dieser Bilder und Erlebnisse ging es mir aber nicht schlecht: Ich verstand mich jetzt besser mit Martina als vorher, vielleicht, weil die Wahrheit nun auf dem Tisch lag, und wir schliefen zwar nicht wieder miteinander, doch unternahmen wir viele Dinge gemeinsam und spürten wie zu Beginn in Taizé eine spirituelle Seelenverwandtschaft.

Über Ostern besuchten wir, gewissermaßen als Akt der Versöhnung, einen Exerzitienlehrgang in einem franziskanischen Frauenkloster. Gemeinsam feierten wir die Kar- und Osterliturgie, richteten uns ganz auf Gott aus, und wie zuvor versuchte ich herauszufinden, was *er* mit mir vorhatte. Wie zuvor kam ich Gott und Jesus durch die Gebetsübungen so nahe, wie es nur möglich war – eine Antwort auf meine Frage fand ich jedoch nicht.

Dennoch genoss ich den Klosteraufenthalt, bei dem als Höhepunkt ein ›Bibliodrama‹ auf dem Programm stand, ein improvisiertes Theaterstück, in dem die Teilnehmer eine Bibelgeschichte nachspielen sollten – in diesem Fall die Leidensgeschichte Jesu: Jeder durfte sich eine Rolle aussuchen, und jeder sollte etwas von seiner Persönlichkeit mit einbringen.

»Ich möchte Johannes unter dem Kreuz sein!«, sagte ich zu der Schwester, die den Kurs leitete – doch ich machte sofort einen Rückzieher: War das nicht etwas zu hoch gegriffen? Ich wollte mich auf keinen Fall in den Vordergrund drängen. »Nein, nein, lieber doch nicht!«, sagte ich. »Ich will lieber einer der Jünger am Ölberg sein.«

»Das reicht nicht aus, du musst dich entscheiden, welcher Jünger du sein möchtest. Welchen Namen willst du annehmen?«, fragte die Schwester mit strenger Stimme.

Oh Gott! Das hatte ich mir nicht überlegt!

»Also?«, bohrte die Schwester.

Ich wusste doch nicht auswendig, wer von den Jüngern am Ölberg dabei war!

»Jetzt entscheide dich«, sagte sie nach einer Weile, als alle anderen Teilnehmer ihre Rollen ausgewählt hatten, »der Johannes ist noch frei!«

»Okay, dann bin ich Johannes!« Es war, als hätte er auf mich gewartet – wie konnte es sonst sein, dass die Rolle noch nicht besetzt war? Plötzlich wusste ich, dass sie zu mir gehörte und ich zu ihr. Und gleichzeitig überwältigte mich die Erkenntnis, dass der Apostel Johannes oft mit weiblichen Zügen dargestellt wurde. Auch auf einem der berühmtesten Gemälde aller Zeiten, dem Abendmahl von Leonardo da Vinci, sah Johannes aus wie eine Frau – einige Historiker glaubten ja sogar, dass er tatsächlich eine Frau sei und in Wirklichkeit Maria Magdalena hieß.

Falls ich jemals in ein Kloster eintreten sollte, dann würde ich den Namen Johannes annehmen, dachte ich bei mir, und ich erschreckte mich über meine Idee, zumal ich doch gerade mit Martina wiedervereint war und wir uns hier eigentlich fühlen sollten wie in den zweiten Flitterwochen.

Später in diesem Jahr, ich war nun einunddreißig, lernte ich Pater Franz kennen: Ich begegnete ihm während einer Klostertage-Aktion, die der Benediktinerorden für interessierte Menschen anbot – wie schon zu vorherigen Gelegenheiten zog ich mich für ein paar Tage in die klösterliche Abgeschiedenheit zurück, um zur Ruhe zu kommen und zu Gott und zu mir selbst zu finden, denn meine Beziehung mit Martina hatte am Ende doch nicht gehalten.

Pater Franz war kaum älter als ich, wirkte flott und dynamisch, war irgendwie ein hipper Typ, und wir kamen ins Gespräch. Es stellte sich heraus, dass er Priester und Seelsorger in einer größeren Nachbargemeinde war, und wir trafen uns von da an öfter, redeten miteinander, zudem besuchte ich regelmäßig seine Gottesdienste, um dort Orgel und Gitarre zu spielen – Zeit dafür gab es genug, denn nach meinem abgeschlossenen Elektrotechnikstudium konnte und wollte ich in diesem Bereich nicht arbeiten.

»Die Zeit an der Uni hat mich kaputt gemacht, das Fach funktioniert für mich einfach nicht, es macht mich fertig!«, erzählte ich Pater Franz einmal bei einem Treffen. Ich haderte immer noch mit meiner ursprünglichen Studien- und Berufswahl, hatte mich erst vor Kurzem eindeutig gegen eine Zukunft als Ingenieur entschieden und mich stattdessen auf ein Lehrjahr an einer Multimediaschule eingelassen – und fragte mich nun schon wieder, ob dies denn wohl die richtige Entscheidung war, wenngleich mir der Unterricht dort eindeutig weniger Schwierigkeiten und wesentlich mehr Freude bereitete.

»Der absolut richtige Schritt!«, kommentierte Pater Franz und nickte zustimmend, und ich fühlte mich gestärkt und bestätigt, vor allem, als Franz mich ermutigte, diesen Weg noch weiter zu gehen, noch mehr aus mir herauszukommen, ganz ich selbst zu sein und meinen Wünschen und Träumen zu folgen und meine Talente auszubauen.

Ich begann, mir Dinge zuzutrauen, die ich zuvor niemals gewagt hätte: Ich ließ mir die Haare wachsen und tönte sie lilafarben. Ich zog bunte Batikhemden und farbige Jeans an, die in Weinrot, Fliederfarben und Sonnengelb leuchteten. Ich eignete mir ein lässiges Auftreten an, was mich für viele meiner ehemaligen Nachbarn, Bekannten und Klassenkameraden zu einem etwas schrägen Vogel, einem »Künstlertypen« machte. Nicht alle kamen damit klar, vor allem die Männer sahen mich komisch an, doch ich fühlte mich wohl in meiner Haut, fühlte mich wohl in dieser Rolle, die keine Rolle war, und auch Pater Franz befand eines Tages: »Du hast wirklich unglaublich talentierte Künstlerhände!« Dabei griff er nach meinen Handgelenken und befühlte meine Finger. »Mach was draus!«

Vielleicht lag es an diesen Künstlerhänden, dass ich nach der Multimediaschule gleich eine Anstellung in einer kleinen Computerfirma als Webdesigner erhielt. »Diese Hände sind noch für Größeres bestimmt …«, meinte Pater Franz etwas kryptisch, und während ich noch überlegte, wie er das wohl meinen könnte, fuhr er fort: »Ich weiß ja, Simon, dass du schon oft über eine Abkehr vom Weltlichen nachgedacht hast, dass du durchaus bereit dazu bist, einen vollkommen geistlichen Weg einzuschlagen …«

Ich schluckte nervös und war gespannt, was als Nächstes kommen würde.

»Was hältst du davon, die geistliche Arbeit und das Gemeinschaftsleben zu intensivieren? Mit mir und ein paar Gleichgesinnten ein Kloster zu gründen, dort als Mönch zu leben und zu arbeiten, vielleicht eine klösterliche Kunstschule zu leiten?«

War das real? War das der Wink, dieser so lang ersehnte Fingerzeig Gottes, der mir die Richtung wies? Ich hatte ihn nach meinem Weg gefragt, so oft und immer wieder, und hier schien nun endlich, *endlich* die Antwort zu kommen! Es passte alles, oder nicht?

Mir fehlten die Worte, und ich konnte nicht sofort antworten, was Pater Franz als Zustimmung wertete – und so schien meine Zukunft besiegelt.

Als ich im Oktober 1999 zum ersten Mal die Tür zu meiner Klosterzelle öffnete, war es draußen düster, kühl und klamm, ein typischer regnerischer Herbsttag.

Fröstelnd trat ich ein in den kleinen, spärlich möblierten Raum, ging zum Fenster und sah hinaus, hinauf in den Himmel, der sich in unzähligen Grautönen über mir wölbte wie ein Spiegel meiner Seele. Ich war inzwischen dreiunddreißig Jahre alt, und auch mir war mächtig klamm und etwas mulmig zumute, war dies doch ein gewaltiger, alles verändernder Schritt, die wohl größte Wende und wichtigste Entscheidung meines Lebens. Und sicher auch die ungeheuerlichste, in jeglicher Hinsicht, denn schon der erste Anblick unseres zukünftigen Klostergebäudes hatte mir Schauer über den Rücken gejagt: Das alte, heruntergekommene Herrenhaus aus bröckelndem Sandstein, das Pater Franz für uns angemietet hatte, diente einst als Landsitz einer bayerischen Adelsfamilie, nun jedoch lehnte es halb verfallen mit seinen zahlreichen Erkern und Giebeln und einem großen Eckturm zwischen den Hügeln des Bayerischen Voralpenlands. Es erinnerte mich an ein Gespensterschloss – und es roch auch so: Den Gängen, Hallen und Räumen haftete ein steinerner, muffiger Mief an, den man weder wegputzen noch durch kräftiges Lüften entfernen konnte. Das Durchlüften schien ohnehin überflüssig, denn es war so zugig in dem Gemäuer, dass es stetige Luftbewegungen aus allen Richtungen gab – selbst, wenn es draußen windstill war. Nur allzu gut konnte ich mir vorstellen, dass die Geister der Vergangenheit hier ihr Unwesen trieben, dass ihre längst vergangenen, schaurigen Geschichten bis heute in den Ecken herumlungerten. Zu allem Unglück tobte in meiner ersten Klosternacht auch noch ein Unwetter, und der Wind pfiff und heulte dermaßen laut durch die Ritzen und Luftschächte, dass ich mir die Ohren zuhalten musste, um dieses fürchterliche Wehklagen der verlorenen Seelen auszublenden.

Und ob ich träumte oder nicht, ich weiß es nicht, aber ich könnte schwören, dass mich in dieser Nacht jemand besuchte – ich sah ihn in meinem Zimmer stehen, bleich und unförmig verschwommen zwischen dem Holztisch und dem Regal, direkt vor der Wand. Doch so schnell, wie er gekommen war, verschwand der Spuk auch wieder.

Natürlich bekam ich in dieser ersten Nacht kein Auge zu, sondern lag verkrampft und ängstlich in meinem einfachen Holzbett in sehnsuchtsvoller Erwartung des Morgengrauens, und ich fragte mich, ob dies nun ein Vorgeschmack, ein Ausblick auf mein zukünftiges Leben sein sollte. Wenigstens plagten mich in dieser Nacht keine meiner üblichen Albträume.

Am nächsten Morgen traf ich mich mit den anderen Mönchen meines Wohntrakts zum Morgengebet, und alle vier Mitbrüder berichteten von seltsamen Erscheinungen und merkwürdigen Geräuschen in der Nacht, die sich niemand erklären konnte.

Wir beeilten uns daher mit der Haussegnung und führten sie noch in derselben Woche durch: Hierzu fanden wir uns in der Eingangshalle zusammen, und zu fünft beschritten wir von dort aus langsam jeden Raum des großen Gebäudes. Wir trugen Kerzen und Weihwasserschalen, und Pater Franz schwenkte ein duftendes Weihrauchfass. »Vater im Himmel, wir preisen dich, weil du uns liebst. Du willst, dass wir ein Dach über dem Kopf haben – und ein Dach über unserer Seele. Du willst uns beschützen und uns nahe sein. Wir bitten dich: Segne dieses Haus!« Den letzten Satz sprachen wir gemeinsam im Chor, während der Gebetsbeginn, der je nach Zimmer variierte, einzeln vorgetragen wurde. Dazu sprenkelten wir Weihwasser auf alle Böden. »Heiliger Geist, durch dich wohnt die Liebe Gottes in unseren Herzen. Verbanne alles Dunkle und Böse aus unserer Mitte! Befreie uns von allem, was uns belastet und ängstigt, und führe alles zum Guten. Wir bitten dich: Segne dieses Haus.«[4]

Auch wir Mönche durften nur reinen Geistes in diese Mauern einziehen und mussten uns dementsprechend individuellen Exorzismen durch Pater Franz unterziehen. Halb fürchtete und halb hoffte ich, dass mein weibliches Inneres sich als böser Geist herausstellen würde, der auf diese Weise vertrieben werden könnte. Doch als Pater Franz die lateinischen Austreibungsgebete sprach und seine mit geweihtem Salböl benetzten Finger auf meinen Kopf legte, geschah nichts. Ich war nicht besessen.

Nach diesen Zeremonien gab es keine Erscheinungen oder Zwischenfälle der übernatürlichen Art mehr, und es zog klösterlicher Frieden ein in unsere neu gegründete Abtei Sankt Zyprian: Wir lebten nun hier im Kloster bescheiden und zu Gottes Ehre, und wir huldigten ihm und priesen ihn hingebungsvoll in unserer kleinen Kapelle, die sich auf dem Grundstück befand und die wir nach unserem Einzug als Allerserstes instand gesetzt hatten. Jeden Tag trafen wir uns hier zu den gemeinsamen Gebetszeiten

Laudes, Mittagshore und Vesper, die von Anfang an zu den Höhepunkten meines Klosterlebens zählten: Wir sangen Psalmen und gregorianische Choräle, die trotz der geringen Größe der Kapelle ganz wunderbar in deren Dachstuhl widerhallten, wir lasen aus dem Alten und Neuen Testament und natürlich beteten wir. Mittwochs und freitags rief Pater Franz hier außerdem zum Gottesdienst, und meist begleitete ich ihn musikalisch auf der Gitarre oder am Positiv, einer kompakten transportierbaren Orgel mit wenigen und kleineren Registern.

Daneben nahmen wir unsere verschiedenen Arbeiten im Kloster auf: Während der ersten Monate renovierten wir vor allem das alte Gebäude, ersetzten zerbrochene Fensterscheiben, reinigten Wasser- und Abwasserrohre, flickten Löcher im Dach und erneuerten Teile der Außenfassade. Wir kultivierten die verwilderte Parkanlage und legten einen Zwölffelder-Garten an, einen weitläufigen Nutzgarten, wie er schon in den Klöstern des Mittelalters üblich war. Wir wollten autark und so gut wie möglich nach der Regel des heiligen Benedikt leben, die vorschrieb, dass alles, was zu unserem Lebensunterhalt beitrug, aus unserem eigenen Kloster stammen sollte. Und obwohl die Regel ursprünglich zur Absicherung in Kriegszeiten gedacht war, was hier und heute natürlich nicht zutraf, sollte das Kloster dennoch wie ein Paradies für uns sein und Schutz bieten vor jenen Problemen der Außenwelt, die damals wie heute existierten.

Nach mehreren Monaten harter Arbeit hatten wir so im Erdgeschoss des Gebäudes einen Klosterladen, ein Büro und eine Werkstatt mit Schreinerei und Versand eingerichtet. Auch einen kleinen Ausstellungsraum mit Devotionalien gab es: In Glasvitrinen befanden sich hier unser aller Lieblingsstücke, kleine Tischaltäre, alte Kreuze, Bücher, Marien- und Jesusstatuen. Mein Ingenieurstudium war mir letztlich doch noch zugutegekommen, denn ich konnte sämtliche elektrischen Installationsarbeiten im Haus übernehmen, während meine Mitbrüder sich vor allem um die Einrichtung kümmerten.

Draußen hatten wir inzwischen Obst, Gemüse und Getreide angebaut, außerdem zahlreiche Heilpflanzen und über hundert Kräuterarten, aus denen wir Öle und Essenzen gewannen, die im Werkshaus zu natürlichen Seifen, hochwertigen Badesalzen und Balsamen verarbeitet wurden. Auch Honig, Bienenwachsspezialitäten und Kräuterliköre stellten wir her, und während meine Mitbrüder vor allem im Garten, in der Imkerei und in der Werkstatt arbeiteten oder den Klosterladen betreuten, widmete ich mich hauptsächlich meiner dem Kloster angegliederten und in einem Seitenflügel untergebrachten Kunstschule, die Malkurse für weltliche Bürger anbot.

Es zeichnete sich bereits ab, dass mein Arbeitspensum immens und ganz und gar nicht paradiesisch sein würde, und schon jetzt hatte mein Klosterleben wenig mit den beschaulich-ruhigen Schnuppertagen, die ich kannte, gemein – dennoch war ich fest entschlossen, es zu versuchen und alle Aufgaben zu stemmen. Schließlich war dies mein neues Zuhause, mein neues Leben: Hier wollte ich sein, in dieser christlichen Klostergemeinschaft unserer Abtei wollte ich Zuflucht und Heimat finden, wollte ich als Ordensbruder und Mönch leben, und zwar für immer – und ich glaubte fest, dass es hinter diesen Mauern keine Rolle spielte, wer oder was oder wie ich war. Ich trug mein Ordensgewand mit Stolz, hatte meine langen getönten Haare wieder abgeschnitten, und wie damals bei der Bundeswehr gab mir das Gefühl der Einheitlichkeit, der Zugehörigkeit, eine gewisse wegweisende Sicherheit.

Und natürlich nahm ich, wie es sich gehörte, einen Ordensnamen an: Von nun an hieß ich Bruder Johannes.

KAPITEL 11

SCHEIN UND HEILIGKEIT

»Interessantes Outfit!«, sagte die junge Frau anerkennend. Ich schätzte sie auf sechzehn oder siebzehn, und sie pfiff durch die Zähne und musterte mich fachmännisch von oben bis unten, als wäre ich ein Mannequin auf dem Laufsteg: »Aber ist das nicht ganz schön warm da drunter?«

»Na ja, heute schon ...«, antwortete ich und hechelte ein bisschen, während die glühende Augustsonne auf mich niederbrannte. Ich war in den Gassen eines großen Münchener Wochenmarktes unterwegs, sah mir die Auslagen an und kaufte Lebensmittel ein, als mich die Jugendliche ansprach. Genau genommen war ich bei der Arbeit und ging gerade in die Mittagspause: Nur ein paar Gassen weiter betrieben meine Mitbrüder und ich unseren eigenen Stand, an dem wir unsere Klosterprodukte – Naturseifen, Pflegeöle, Teemischungen, Liköre und Bienenwachskerzen – verkauften.

»Aber ich würde es nicht als ›Outfit‹ bezeichnen ...«, ich verzog meinen Mund zu einem Grinsen, »... es ist ein Habit, eine Klostertracht!«

»Oh!«, sagte das Mädchen, als hätte sie noch nie von so etwas gehört. Ich drehte mich einmal um mich selbst, damit sie die weiße bodenlange Tunika mit dem schwarzen Schulterüberwurf, dem ›Skapulier‹, von allen Seiten betrachten konnte, und erklärte ihr, dass die weiße Kapuze mich als ökumenischen Zisterzienser auswies, während schwarze Kapuzen der römisch-katholischen Kirche zuzuordnen waren.

»Aha. Interessant. Ich hatte keine Ahnung«, sagte die junge Frau und trat einen Schritt näher an mich heran, um den Stoff zu befühlen. »Warum macht ihr so was? Warum geht man ins Kloster, wo man noch nicht mal anziehen darf, was man will?« Sie wich wieder zurück, zupfte an ihrer knappen ausgefransten Jeans und schob ihren Tanktop-Träger nach oben.

»Es gibt durchaus Variationen und eine gewisse Auswahl«, erläuterte ich, »zum Beispiel habe ich noch einen Alltagshabit, der nicht bis zum Boden, sondern nur bis über die Hüften reicht. Den zieh ich meistens bei der Arbeit an.«

»Sieht aus wie ein Sack!«, warf eine mittelalte Dame mit Lockenwicklern in den Haaren ein, die auf uns aufmerksam geworden war und nun zögerlich näher kam. »Über 'nem Betttuch. Na ja, besser als diese knappen Fetzen da ...« Sie beäugte die Shorts und das Top des Mädchens und schüttelte missbilligend den Kopf, und weil sie so laut sprach, wurden weitere Marktbesucher angelockt, die uns neugierig ansahen.

»So schiach san's doch gar ned, dass Sie ned auch eine abbekommen hätt'n«, mischte sich nun ein älterer Passant in die Unterhaltung ein, »mei, i glaab's moi ned, Sie schaun's aus wie der Richard!«

»Es gibt auch eine grau melierte Festrobe.« Ich ignorierte die Bemerkungen und strich mir durch den Bart, den ich mir hatte wachsen lassen, vor allem, um mich vor den Frauen zu schützen. Ich plante jedoch, ihn wieder abzurasieren, nachdem mich eine Sängerin meines Chores darauf hingewiesen hatte, dass ein Kuss ohne Bart wie eine Suppe ohne Salz ist.

»Welcher Richard?«, fragte die Frau mit den aufgewickelten Haaren.

»Na der von Pritti Wummen. Siahgst des ned?«

»Gier. *Richard Gere*. Also man geht ins Kloster, weil man keine Frau abgekriegt hat?«, fragte das Mädchen nun, dabei kicherte sie, und auch ich quälte mir ein mühsames Lächeln ab.

»Nein. Keineswegs. Meine Brüder und ich sind ins Kloster gegangen, weil wir Gottes Ruf gefolgt sind, weil es Gottes Plan für unser Leben ist!«

»Ja. Jetzt seh ich's. Unter dem Bart ...« Wie eine schüchterne Herde Rehe, die gerne näher kommen würde, aber sich nicht traut, scharten sich weitere Passanten um uns, um zu sehen, wohin diese Unterhaltung führen würde.

»Ich könnte niemals Nonne werden ...«, sagte die junge Frau achselzuckend, dann senkte sie den Kopf, »... niemals und um nichts in der Welt, aber irgendwie bewundere und beneide ich Sie, dass Sie so was für sich gefunden haben!«

2006 beim Ostermarkt im Klosterladen

Selbstverständlich offenbarte ich keinem dieser weltlichen Bürger meine sonstige Motivation, meine umfassenden Gründe, die mich bewogen hatten, ins Kloster einzutreten. Ebenso behielt ich mein kompliziertes Verhältnis zur Sexualität für mich, meine Überzeugung, dass Sex sündhaft war, und meine Scham und Angst davor, die nach meiner letzten Sitzung mit Paul ins Unermessliche gewachsen waren.

Und von dem Gefühl, dass die Geschlechtsteile, die zwischen meinen Beinen baumelten, dort absolut nicht hingehörten, erzählte ich weder den Passanten noch irgendwem sonst.

Ich war mittlerweile über drei Jahre im Kloster, und während einige Aspekte des Lebens dort genauso waren wie erwartet und erhofft – vor allem die klösterliche Abgeschiedenheit und die damit einhergehende Nähe zu Gott – hatten sich doch auch viele unerwartete Schwierigkeiten ergeben: Unter anderem war es nahezu unmöglich, das alte Gebäude instand zu halten, zudem gab es Ärger mit den Vermietern, Ärger mit Anwohnern, Ärger mit den weltlichen Teilnehmern und Dozenten meiner Kunstschule, denen das Ambiente zu religiös war. Dennoch war diese Schule, waren meine Kurse essenziell, denn sie trugen zu unserem Unterhalt bei, ebenso wie unsere Produkte, unser Klosterladen, die Markttage und die Seelsorge, die Pater Franz nach wie vor anbot. Wir finanzierten uns und unser Kloster komplett selbst, ganz nach der Regel »ora et labora« des Heiligen Benedikt, doch letztendlich türmte sich unser aller Arbeit so hoch auf, dass sie kaum noch zu schaffen war.

»Vertraue auf Gott, und es wird besser, du wirst sehen«, sagte Pater Franz immer wieder, das war sein Mantra, und ich wollte ihm nur allzu gern glauben, doch meine Realität sah anders aus: Wie damals während meines Studiums kroch ich schon wieder auf dem Zahnfleisch, war völlig erschöpft und fix und fertig und wusste nicht, wie lange ich dieses Arbeitspensum und all den Ärger noch aushalten konnte, denn neben der Kunstschule leitete ich auch noch zwei Chöre – einen Klosterchor und den einer befreundeten Gemeinde –, arbeitete auf den Wochenmärkten und in der Klosterwerkstatt mit, war in der befreundeten Gemeinde auch noch als Kirchenmusiker tätig, unterstützte und sammelte Spenden fürs Kinderhilfswerk und kümmerte mich um alle organisatorischen und geschäftlichen Angelegenheiten des Klosters, da ich der Einzige war, der sich mit Computerarbeit auskannte. Auch so profane Dinge wie Wäschewaschen, Kloputzen und Essenkochen erledigten sich nicht von selbst, und so war ich jeden Morgen vor sieben Uhr auf den Beinen, und oftmals arbeitete ich bis spät in die Nacht.

»Vertraue auf Gott, und es wird besser, du wirst sehen …«

»Aber mir geht es immer schlechter«, entgegnete ich und sah Pater Franz direkt in die Augen, »und ich glaube, ich brauche Hilfe.«

»Lass dir von den Brüdern helfen!«

»Gesundheitliche Hilfe, meine ich …«

»Dann komm zu mir, ich helfe dir. Zu einem anderen Arzt oder Therapeuten brauchst du nicht!«

»Dann rede mit mir!«

»Nicht jetzt, Johannes, beschwer dich nicht dauernd, jammere nicht so viel, sondern sei einfach mal nur ruhig und schön und brav – sei schön gefügig und halt den Mund!«

Die Worte kränkten und verletzten mich, aber sie irritierten mich auch, denn was wollte Pater Franz denn damit andeuten? Warum wollte er nicht mehr mit mir reden? Früher hatte er mir immer seine Seelsorge angeboten, wenn ich sie brauchte – warum verweigerte er sie mir nun?

Jetzt wollte ich erst recht reden, wollte ihm alles über mich erzählen, alles über meine inneren Gefühle, die ich bisher nur angedeutet hatte, um ein ähnliches Drama wie mit Paul in seiner Sauna zu vermeiden.

Ich wollte dem Pater, der mich bisher doch immer so gut verstanden hatte, alles über das Weibliche in mir erzählen, alles darüber, wie es in meinem Innersten aussah, über meine Angst und Panik und über das Chaos, das mit solchen Gedanken einherging. *Warum stoßen mich die meisten Männer ab? Ich bin nicht schwul! Aber bin ich denn wirklich eine Frau in einem Männerkörper? Wäre ich dann nicht homosexuell, weil ich mich immer nur in Frauen verliebe? Bin ich nun Frau oder Mann, homo oder bi, hetero oder eine lesbische Frau in einem männlichen Körper?*

»Ich bin ständig so erschöpft, dass es nicht normal ist. Schon wenn ich morgens aufwache, bin ich wie gerädert, egal wie lang ich schlafe, ich fühl mich nie gut, bin nie erholt, sondern immer nur völlig schlapp und ausgelaugt!«

»Komm mit in mein Zimmer!«

Ich folgte Pater Franz in seine Klosterzelle, die sich im Turm befand und ein gutes Stück größer war als meine. Ein bisschen sah es hier aus wie in einem Alchemistenzimmer oder einem Zauberlabor oder einer sehr alten Apotheke: Überall standen Fläschchen und Glasbehälter in den Regalen, daneben offene Tiegel mit Pülverchen und lehmartigem Gekrümel sowie verschiedene undefinierbare Brocken, die aussahen wie Meteoritenstücke. Getrocknete Pflanzen lagen auf Tischen und Stühlen, und dazwischen stapelten sich zahlreiche Bücher und Schriftstücke, einige sahen aus, wie von Hand geschrieben. Es roch stark nach ätherischen Ölen, ich konnte Eukalyptus und einen Zitrusduft ausmachen, und auch der scharfe Geruch von Alkohol stach mir in die Nase.

»Hier, probier das!« Pater Franz wühlte in verschiedenen Schubladen herum und gab mir schließlich zwei gläserne Phiolen, die mit einer grünlichen Flüssigkeit gefüllt waren. »Und wenn das nicht hilft, hab ich noch weitere Tinkturen, für innen und außen«, sagte er. »Komm dann wieder!«

Ich bedankte mich, eilte in mein Zimmer und begann sofort, die Mittel auszuprobieren, erst schluckte ich ein paar Tropfen direkt aus den Fläschchen, dann rieb ich mir Arme, Beine und Brust damit ein. Allerdings stellte sich auch nach mehreren Tagen und Wochen der Anwendung kein Erfolg und keine Besserung meines Zustands ein: Keines der Mittelchen half, weder diese ersten beiden noch alle weiteren, die Pater Franz mir anschließend gab, die er sogar extra für mich zusammenmixte: Meine Abgeschlagenheit, die Müdigkeit und Schwäche blieben, wurden sogar größer, als würde jemand – oder etwas – meine gesamte Energie aus mir heraussaugen. Und so suchte und erbat ich weiterhin das seelsorgerische Gespräch mit dem Pater, war ich doch überzeugter denn je, dass dies wirkungsvoller sei als alle Wässerchen der Welt – und schließlich, bei einem meiner nächsten Besuche auf seinem Zimmer, brach alles aus mir heraus: »Warum hören diese fürchterlichen Albträume nicht auf, egal was ich mache, und warum kann ich nicht aufhören, mich selbst zu verletzen? Und warum, *warum* nur wohnen diese zwei Seelen in mir? Warum ist da so viel Weibliches in mir? Warum fühle ich mich wie eine Frau im Männerkörper? Ist es das, was mich so auslaugt?«

Pater Franz sah mich sprachlos und mit geweiteten Augen an, dann schnappte er nach Luft. Sein Gesicht wurde erst kalkweiß, dann blutrot, und er erinnerte mich an meinen Vater vor langer Zeit. *Oh Gott, was hatte ich getan, warum hatte ich das gesagt??*

Mit gefletschten Zähnen kam der Pater näher, und für einen Moment befürchtete ich, dass er mich beißen würde, doch stattdessen zischte er in mein Ohr: »Sag so was niemals, NIEMALS wieder, hörst du?« Sein Blick flackerte. »Das ist Sünde. Frevel. Ein Sakrileg ohnegleichen ...« Er blickte gehetzt hin und her, als suche er nach irgendwas, womit er dieses Verbotene entfernen könnte. »Leg dich dahin!«, befahl er dann und deutete auf sein Bett. »Wir müssen noch einen Exorzismus versuchen, ich denke, dass du doch von irgendetwas oder irgendwem besetzt bist.«

Ich legte mich nieder, während Pater Franz in eindringlich gemurmelte lateinische Gebete versank. Mit dem Brustkreuz, das er als Abt unserer Gemeinschaft an einer langen Kette um den Hals trug, berührte er meine Stirn, dann verteilte er geweihtes Öl auf meinen Schläfen. Dabei betete er weiter und immer weiter. Ich schloss die Augen. Ich wusste, dass Menschen auf diese Weise befreit und geheilt worden waren. Und ich wusste, was passieren würde, wäre ich besessen. Es wäre nicht wie in den Filmen, die schwebende Körper, verfärbte Pupillen und unmögliche Verrenkungen zeigten, doch ich könnte durchaus übernatürliche Kräfte entwickeln, ungewohnte Dinge sagen oder tun und Übersinnliches fertigbringen. Doch nichts von dem geschah. Ich lag einfach nur da und wollte am liebsten in Grund und Boden versinken.

»Okay, so kommen wir hier nicht weiter«, erkannte schließlich auch Pater Franz. Er füllte ein Fläschchen mit zwei verschiedenfarbigen Essenzen und begann, es virtuos zu schwenken. Er murmelte und grummelte und schüttelte seinen Kopf synchron mit der Flasche. »Das hier kann ich dir noch geben, ein Geheimrezept. Und dann werde ich für dich beten, auch in den Heilungsgottesdiensten. Und ich werde dich salben. Aber du – du darfst nie wieder darüber reden, verstehst du? Du darfst das nie, nie wieder erwähnen!«

Pater Franz hatte sich sehr verändert, seit ich ihm das erste Mal begegnet war, und vielleicht hatte auch ich mich verändert: Während anfangs das Gefühl überwog, dass er mich aufbaute, mich ermutigte, kam es mir nun so vor, als ob er mich unterdrückte, zurück- und im Zaum hielt, und zwar in seinem Zaum, an seinem Zügel. Er war längst nicht mehr so dynamisch, flott und wohlwollend wie einst – echte geistliche Begleitung und Unterstützung bekam ich von ihm schon lange nicht mehr. Und auch meine Mitbrüder konnte und wollte ich nicht um Hilfe oder Anteilnahme bitten, schließlich hatten sie ihre eigenen Sorgen, waren selbst überarbeitet, zudem hatte mir Pater Franz ja verboten, über mein weibliches Inneres zu reden, und den Anweisungen meines Oberen musste ich folgen, so stand es in der Regel des Heiligen Benedikt, nach der wir lebten, an die ich glaubte und die besagte, dass der Obere stets recht hatte und wusste, was das Beste für einen Bruder sei – »und im Vertrauen auf Gottes Hilfe gehorche er aus Liebe!«

Dass irgendeiner meiner Mitbrüder für mich Verständnis gehabt hätte, hielt ich ohnehin für ausgeschlossen. Seit Monaten fühlte ich mich daher wieder allein und auf mich gestellt, und wann immer ich Pater Franz darauf ansprach, ihm sagte, dass mir die Seelsorge fehle, dann antwortete er, dass mir seine Predigten reichen müssten, Predigten, die im Laufe der Zeit immer strenger und gesetzlicher geworden waren, die sich immer weiter entfernten von ermutigendem Optimismus, spielerischer Lebensfreude, von Selbstentfaltung und der Liebe zu Jesus Christus – alles Dinge, die ich einmal so sehr an Pater Franz und seinen Worten geschätzt hatte.

Wenn ich ihn mir jetzt so ansah, dann lagen Welten zwischen dem Pater Franz von damals und dem, der mir nun tagtäglich gegenübertrat. Nach dem Exorzismus in seinem Zimmer schien er auf Abstand zu gehen, als wolle er mich meiden und bloß nicht in meiner Nähe sein. Manchmal bemerkte ich, wie er mich heimlich und mit seltsamem Blick beäugte. »Du musst es loswerden, dieses Frauliche. Überwinde es! Stell dich vor den Spiegel und sage laut: *Johannes, ich liebe dich!*, das wird dir helfen, dich als Mann anzunehmen«, flüsterte er einmal. »Ja gut«, flüsterte ich eingeschüchtert zurück.

An anderen Tagen sah er mich mit hochgezogenen Augenbrauen und geschürzten Lippen an und gab mir Ratschläge wie: »Versuch's doch einfach mal mit ein bisschen Sport – vielleicht wirst du dadurch wieder fit und munter und bekommst einen klareren Kopf …« Wenn er sich dann mit genervtem Augenrollen abwandte und einen Bogen um mich machte, hätte ich heulen können. Denn wieder gab es niemanden, mit dem ich über meine Nöte sprechen konnte. Wieder war ich ein Außenseiter. Und wieder wurden meine Sorgen, die Zweifel und Ängste und auch der Selbsthass immer größer, immer quälender, und am liebsten hätte ich einen großen Bogen um mich selbst gemacht, wenn ich es denn nur gekonnt hätte.

KAPITEL 12

GOTTES WORTE, GOTTES ORTE

»Herr, wie Du willst, soll mir gescheh'n
und wie Du willst, so will ich geh'n;
hilf Deinen Willen nur versteh'n!

Herr, wann Du willst, dann ist es Zeit;
und wann Du willst, bin ich bereit,
heut und in alle Ewigkeit.

Herr, was Du willst, das nehm' ich hin
und was Du willst, ist mir Gewinn;
genug, dass ich Dein Eigen bin.

Herr, weil Du's willst, drum ist es gut;
und weil du's willst, drum hab' ich Mut.
Mein Herz in Deinen Händen ruht!«

Ich saß vornübergebeugt auf dem niedrigen Meditationshocker in meiner Klosterzelle, die Knie unter mir auf dem Boden, und laut und herausfordernd stieß ich die Verse hervor – beinahe *rief* ich dieses Lieblingsgebet des seliggesprochenen Jesuitenpaters Rupert Mayer, Verfechter religiöser Freiheit und Widerstandskämpfer im Dritten Reich: Wie er schätzte ich die Worte des alten Abendgebets sehr, und ich sprach sie häufig und zu jeder Zeit, die mir zum persönlichen Beten zustand.

Nach wie vor ging es mir ja selbst darum, den Willen Gottes zu erkennen, ihn vor allem auch zu erfüllen – doch das schien immer schwieriger zu werden, weswegen meine Gebete immer inbrünstiger wurden, zuweilen geradezu beschwörend klangen. Immer öfter war ich im Kloster von Gott enttäuscht, immer öfter gab es Situationen, in denen ich mich – und ihn – fragte: »Ist das wirklich der Weg, den du für mich vorgesehen hast?«

Ich richtete meinen Blick nach oben und umklammerte fest mein altes Holzkreuz mit dem goldenen Messingkorpus, das mir seit jeher beim Beten half. Ich presste es vor meine Brust, und als meine Knöchel weiß wurden, meine Finger schmerzten und ich kaum noch Luft bekam, sah ich nach unten, auf das Marienbild, das ich während meiner Gebetszeiten stets vor mich stellte – ein Druck der *Sixtinischen Madonna* von Raffael im Goldrahmen: Die Gottesmutter sah so wunderschön, so absolut perfekt aus, dass es mir auch den letzten Atem verschlug, während das Jesuskind mir direkt in die Augen sah, mit diesem undefinierbaren, doch irgendwie seinerseits herausfordernden Ausdruck im Gesicht: »Warum kriegst du das nicht hin? Warum kriegst du dein Leben nicht in den Griff?«, mochte es denken und mich fragen, als wäre es unzufrieden mit mir.

Alles in mir verkrampfte sich, und ich schluchzte laut auf: Trotz all meiner Gebete, trotz der Gebete anderer für mich, trotz der Heilungsgottesdienste, Ölsalbungen und aufgelegten Hände hatte sich nichts zum Besseren gewendet. Ich fühlte mich nach sieben Jahren im Kloster ausgezehrter, zerrissener und unverstandener denn je.

Einen unerwarteten Lichtblick gab es allerdings an meinem vierzigsten Geburtstag: Als hätten meine Chorleute etwas gespürt, als hätten sie erahnt, wie sehr ich die Freiheit in der Luft einmal geliebt hatte, schenkten sie mir einen Gutschein für einen Fallschirmtandemsprung – den ich bei nächster Gelegenheit einlöste: Am ersten warmen Sommertag des Jahres 2006 stand ich in voller Fallschirmspringermontur – einem orangefarbenen Overall mit lederner Fliegermütze und Schutzbrille – auf der Graspiste eines kleinen Flugplatzes im Allgäu und wartete aufgeregt darauf, die Cessna zu besteigen, die mich hoch hinauf in die Wolken fliegen würde. Die obligatorische kurze Einweisung hatte ich bereits hinter mir, ich wusste, wie ich mich im freien Fall verhalten sollte und zu welchem Zeitpunkt sich der Fallschirm öffnen würde. Ich hatte kaum ruhig stehen und zuhören können, so aufgeregt war ich, und als ich endlich ins Flugzeug kletterte, kribbelte es bis in meine Fingerspitzen, und ein wildes Flattern tobte durch meinen Bauch. Gleich würde ich woanders sein – als würde das Besteigen des Fliegers mich aus meinem schwierigen Leben hinaus in eine andere Dimension katapultieren. Oder in eine andere Zeit, eine längst vergangene Zeit. Und dann hob die Maschine ab, löste sich vom Boden, von der Welt und von allem Irdischen, und plötzlich fragte ich mich, ob ich das Fliegen deshalb so liebte, weil es mich vom Weltlichen weg und dem Himmlischen so nah brachte.

Ich sprang aus einer Höhe von viertausend Metern, und der Moment, in dem ich ins Nichts fiel, löste eine Vielzahl von Empfindungen in mir aus – allen voran Triumph und das Gefühl von Freiheit und Unabhängigkeit: Der ungebremste Fall zapfte irgendetwas Vergangenes in mir an, er kitzelte alte Empfindungen aus mir heraus, etwas, das ich von früher kannte, von meiner Zeit bei der Bundeswehr: Ich fühlte mich mutig und frei und

2006 beim Tandemfallschirmsprung und kurz danach

unantastbar. Und in dieser einen Minute, während der ich frei und ungehindert durch die Luft fiel, glaubte ich wieder einmal, ein echter Mann zu sein.

Durch den harten Ruck, der durch meinen Körper fuhr, als der Fallschirm sich öffnete, wurde ich kurzfristig und äußerst unsanft auf den Boden der Tatsachen zurückgeholt. Doch dann genoss ich das darauffolgende Gleiten, so gut ich konnte, genoss die Ruhe – nur das leise Surren der Schnüre war zu hören –, obwohl mir akut bewusst war, dass die Erde stetig näher kam und ich schon bald wieder mit beiden Beinen auf deren Boden und in meinem Leben stehen würde, worüber ich nicht glücklich war.

Unmittelbar vor der Landung drehten wir noch eine letzte virtuose Spirale in der Luft. Und dann war es vorbei – anders als die geistliche und weltliche Arbeit, die es tagein, tagaus nun wieder zu erledigen galt und die kein Ende zu nehmen schien.

Im folgenden Jahr nahm meine Erschöpfung weiter zu, sicher auch, weil der Löwenanteil der Klosterarbeit auf meinen Schultern lastete, ohne dass ich mich je richtig erholen oder um mich selbst kümmern konnte. Ich arbeitete wie verrückt, rotierte ständig, diente und half den anderen, befolgte Anweisungen, gehorchte, sagte niemals Nein und fühlte mich irgendwann so platt, so ab- und ausgenutzt wie ein kaputtes Rad. Zu gern hätte ich weitere Mönche in unsere Gemeinschaft aufgenommen – seit der Gründung von Sankt Zyprian hatte sich nur ein einziger neuer Bruder zu uns gesellt – und ich plädierte dafür, unsere Runde zu vergrößern, auch damit die Arbeit besser verteilt werden könnte, doch stattdessen sprangen ein paar Mitbrüder ab und verließen uns, weil sich das Überleben hier trotz – und wegen – der harten Arbeit zu schwierig gestaltete. Es gehörten zwar mehrere Säkularprofessen zu unserem Kloster – Ordensmitglieder, die außerhalb wohnten und verheiratet waren –, doch die halfen uns natürlich nicht bei den klösterlichen Aufgaben, und so waren wir schließlich nur noch zu viert in unserem Konvent.

Erschwerend für meine und unsere Situation kam hinzu, dass unsere Abtei in immer größere finanzielle Schwierigkeiten geriet, vor allem durch Mieterhöhungen, Rechtsstreitigkeiten und viel zu hohe Instandhaltungskosten – ein Schicksal, das etliche andere, auch größere Klöster mit uns teilten: Obwohl wir in einer großen Konfession, der alt-katholischen Amtskirche, aufgenommen worden waren, bekamen wir von der Kirchensteuer nichts ab – lediglich die Priester, die in den benachbarten Pfarrgemeinden die heilige Messe abhielten, profitierten von den Steuergeldern.

Da wir zudem ein kleiner Konvent waren, traf es uns doppelt hart, und als uns das Geld ausging, kündigten wir übrig gebliebenen Mönche schließlich unsere sämtlichen Absicherungen – als Selbstständige waren wir freiwillig krankenversichert – und zahlten auch nicht mehr in die Sozial- oder Rentenversicherung ein. Die Aufkündigung all dieser existenziellen Sicherheiten hinterließ ein flaues Gefühl in meiner Magengegend, und wenn ich in diese Richtung weiterdachte, mir die Konsequenzen ausmalte, dann wurde mir übel: Wie würde mein Leben später aussehen, ohne Altersvorsorge, und wie sollte ich je für meine angeschlagene Gesundheit sorgen?

»Vertraue auf Gott, das wird alles besser«, sagte wie immer Pater Franz, und ich konnte es nicht mehr hören, denn nichts wurde besser, stattdessen gab es immer mehr Arbeit und immer größere Geldprobleme.

Inzwischen waren auch meine gesamten Ersparnisse aufgebraucht, die ich ins Kloster miteingebracht hatte, und ich stand nun komplett mittellos da: ohne Kranken-, Unfall- oder Arbeitslosenversicherung, ohne Bausparvertrag, finanzielle Rücklagen oder irgendeine Altersversorgung – ich hatte absolut nichts mehr. *Gott, ist es das, was du willst? Weißt du denn, was du mir da abverlangst? Willst du mich bestrafen für das, was ich bin, für das, was in mir ist? Was kann ich dafür? Du hast mich so gemacht! Und hab ich dir nicht immer treu gedient? Wofür hab ich denn das Gelübde abgelegt?*

Ja – Armut, ehelose Keuschheit und Gehorsam hatte ich bei der Profess gelobt, und feierlich hatte ich Gott versprochen, unter meinem Oberen, Pater Franz, nach den Regeln des Ordens zu leben – doch dass die Armut von derartigem Ausmaß sein würde, damit hatte ich nicht gerechnet, so wörtlich, dachte ich, sei das nicht gemeint. Und Gehorsam? War ich vielleicht *zu* gehorsam? War ich zu naiv gewesen? Und war das, was mir nun widerfuhr, Gottes oder der Menschen Werk?

Um darauf eine Antwort zu finden, begann ich in meinen wenigen freien Minuten, christliche Bücher zu lesen: »Gott heilt auch dich«, »Jesus wischt deine Tränen ab« und »Wunder geschehen wirklich« lauteten die Titel, und ich besorgte mir zahlreiche Lebenshilfebücher, die meine Seele und mein Selbstvertrauen und dadurch meine Gesundheit stärken sollten. Ich wollte doch einfach nur richtig leben, nicht immer nur überleben, wollte endlich gesund und voller Kraft, Energie und Lebensfreude sein, das musste sich doch irgendwie machen lassen!

Nun, keines der Bücher half mir, obwohl ich mit eiserner Disziplin die Ratschläge darin befolgte und die beschriebenen Übungen exerzierte: Letztendlich half das alles ebenso wenig wie die Wässerchen und Tinkturen von Pater Franz.

Umso mehr begrüßte ich es, als mich der Pater eines Tages einlud, ihn zu einer Bekannten zu begleiten, Beate Glück, die Heilpraktikerin und Mitglied einer Freikirche war. Endlich kam ich mal hier raus, endlich bekam ich die Chance, die Meinung einer anderen Heilerin einzuholen, und ihr Name konnte doch nur ein gutes Omen sein!

»Weißt du, was Dunkelfeldmikroskopie ist?«, fragte mich Frau Glück, als ich schließlich eines Nachmittags im Herbst 2007 bei ihr im Behandlungszimmer saß, und ich verneinte.

»Damit machen wir eine Vitalblutanalyse, das heißt, wir betrachten die Qualität deines lebenden Blutes. So können wir Keimvorstufen und Keime erkennen, die sich zu Schlimmerem entwickeln könnten oder schon entwickelt haben. Manchmal kommen wir Heilpraktiker hier Problemen auf die Spur, die kein studierter Arzt erkennt: Mit der Dunkelfeldmikroskopie lässt sich nämlich viel besser und genauer als mit normaler Labordiagnostik bestimmen, was im Körper schiefläuft.«

Der Begriff »Dunkelfeldmikroskopie« erinnerte mich vage an »Schwarze Magie« – doch waren das nicht alles nur Worte? Ich wollte mich auf alles einlassen, was mir helfen könnte, meine Erschöpfungszustände, die Albträume und selbstverletzenden Zwangshandlungen und vielleicht sogar auch meinen inneren Zwiespalt loszuwerden.

Ohne zu zögern streckte ich Frau Glück meinen Zeigefinger entgegen, und sie desinfizierte ihn, stach mit einer Nadel hinein und fing den hervorquellenden Blutstropfen mit einem Objektträger auf. Dann legte sie eine weitere Glasscheibe darüber und schob den Träger unters Mikroskop, sah durchs Okular, schob und richtete und stellte die Schärfe ein. Schließlich nickte sie zufrieden. »M-hm. Ach übrigens, sag doch Beate zu mir! Ja? Also, wir suchen hier nach Viren, Bazillen und Pilzen, vielleicht finden wir auch Parasiten im Blut, irgendetwas, das die Erschöpfung erklären könnte …«, sagte sie, dann schob sie mir das Mikroskop herüber und ließ mich selbst hineinschauen.

»Okay. Wow!« Ich war fasziniert von dem, was ich sah – unendlich viele kleine leuchtende Ringe, die vor dem schwarzen Grund wie winzige Heiligenscheine strahlten und sich träge durch mein Blickfeld schoben.

»Das sind deine roten Blutkörperchen, die Erythrozyten«, erläuterte Beate, »bei dir haften die teilweise scheibenartig aneinander, wie Münzen in einer Rolle, siehst du das? Solche Geldrollenblutkörperchen sind anfällig und angreifbar, dagegen solltest du Vitamin B nehmen. Die hellen Kreise, die wie lauter Sonnenkoronen aussehen, sind übrigens die Ränder der Körper und Strukturen. Die entstehen durch die Ablenkung des Lichts, nicht durch Absorption wie bei der normalen Mikroskopie. Vor allem lebende Organismen lassen sich so viel besser erkennen und unterscheiden.«

Der Blick durchs Mikroskop und Beate Glücks Wissen inspirierten mich spontan dazu, mich ihr anzuvertrauen, und als ich kurz mit ihr allein war, weil Pater Franz auf die Toilette musste, sprudelte es aus mir heraus: »Oh, Beate, ich weiß, dass etwas mit meinem Körper nicht stimmt! Etwas in mir ist im Zwiespalt, ich weiß zwar nicht, ob man das am Blut erkennen kann …, aber es ist so, dass ich mich als Frau in einem Männerkörper empfinde!«

»Hmpf?«, machte Beate erschreckt, nur um gleich hastig hinzuzufügen: »Unfug, so was gibt es nicht! Ganz sicher kann man so was nicht am Blut sehen, das ist ja nichts Reales, nichts Echtes, kein Bazillus oder Schimmelpilz, und nur so was kann ich hier sehen. Aber es gibt ein Buch, das du lesen solltest, unbedingt, ich kann es dir wärmstens empfehlen. Warte, ich notiere dir den Titel …« Sie schrieb etwas auf ihren Rezeptblock, riss das Blatt ab und gab es mir: *›Der ungezähmte Mann – auf dem Weg zu einer neuen Männlichkeit‹*[5], las ich.

»Das ist von John Eldredge, diesem berühmten freikirchlichen Berater da drüben in Amerika, der auch Seelsorge macht. Komm, das schreib ich dir auch noch auf …«, fuhr Beate emsig fort, »es ist eine ganz tiefgründige, ehrliche und aufschlussreiche Beschreibung, die entschlüsselt, wie der moderne Mann, also der moderne *gläubige* Mann, heutzutage sein soll. Du kannst es als Anleitung benutzen, es wird dich ganz bestimmt belehren und bekehren …«, Beate lachte und freute sich über ihren gelungenen Reim.

Ich jedoch freute mich überhaupt nicht, sondern war wieder einmal am Boden zerstört darüber, dass mir niemand glauben und dass mich niemand verstehen wollte. Schon der Titel des Buches machte mich misstrauisch, er klang verkehrt, und ich wusste instinktiv, dass es mich weder belehren noch bekehren würde.

Dennoch besorgte ich mir das Buch und sah hinein. *»Was hat Gott in das männliche Herz hineingelegt?«*, las ich, und: *»… so bin ich zu der Überzeugung gelangt, dass diese Sehnsüchte universell sind – ein Schlüssel zum Geheimnis der Männlichkeit an sich. Sie sind vielleicht missverstanden, fehlgedeutet und verdrängt worden, aber sie sind im Herzen jedes Mannes vorhanden: eine brennende Sehnsucht danach, einen Kampf zu bestehen, ein Abenteuer zu erleben – und eine Prinzessin zu retten.«*[6]

Das war also die Definition authentischer Männlichkeit? Was immer es bedeutete – es hatte nichts mit mir zu tun. Lichtjahre lagen zwischen diesen Sätzen und meinem Leben, und je weiter ich las, desto kälter lief es mir den Rücken hinunter und desto mehr wurde ich in meinem Glauben bestärkt, dass ich kein Mann war – und auch niemals einer sein würde.

Diese Erkenntnis, schockierend und erleichternd zugleich, löste etwas aus, fast wie ein Déjà-vu, denn ich wusste, ich hatte so oder so ähnlich schon einmal empfunden. Und dann erinnerte ich mich – an jenen Tag vor beinahe zwanzig Jahren, an dem ich im Nähzimmer meiner Mutter diese Fernsehsendung sah, in der eine Frau, die in einem männlichen Körper gefangen war, durch eine Operation ihren wahren, ihren weiblichen Körper erhielt.

In all den Jahren hatte ich – mehr oder weniger erfolgreich – versucht, die Sendung und die Frau zu verdrängen, doch nun sprang sie mir mit voller aufwühlender Wucht ins Gedächtnis zurück. Und wie damals sah ich eine klare, eine erleuchtende, eine *einleuchtende* Antwort vor mir und gleichzeitig den dunklen Abgrund tiefster Verzweiflung – und mit betäubender Stärke, mit einer Gewalt, die mich lähmte und niederdrückte und gegen die ich kaum ankam, hatte ich wie früher schon das Bedürfnis, mein Leben zu beenden.

Ich biss die Zähne zusammen und betete das alte Abendgebet:

»Herr, wie Du willst, soll mir gescheh'n
und wie Du willst, so will ich geh'n;
hilf Deinen Willen nur versteh'n!«

Und wieder einmal setzte ich all meine Hoffnung in die Heilungsgottesdienste, die wir jeden Freitagabend abhielten, und von denen ich mittlerweile etliche Hundert mit- und durchgemacht hatte.

»Herr, wann Du willst, dann ist es Zeit;
und wann Du willst, bin ich bereit,
heut und in alle Ewigkeit.«

Auch an diesem winterlichen Vorweihnachtsabend ein paar Monate nach meinem Besuch bei Beate Glück versammelten wir uns zur Andacht in unserer kleinen Kapelle. Es war kalt, aber die Stimmung war festlich, Kerzen und Tannenzweige schmückten unser Kirchlein, und es duftete nach Wachs und Tannenharz. Eine gespannte Ruhe lag über allem, den Menschen, dem Altar und über Jesus am Kreuz. Alle Stühle und Bänke waren besetzt, etwa zwanzig Gäste von außerhalb waren gekommen, um an unserem Gottesdienst teilzunehmen. Dabei variierte die Menge der Gäste je nach Tag und Jahreszeit, doch gerade an den Wochenenden vor Weihnachten zog es viele zu uns, und wir beteten und sangen gemeinsam, und ich spielte Gitarre oder Orgel dazu.

Ich genoss diese Gottesdienste, genoss das Zusammensein mit unseren Gästen, genoss ihre Wertschätzung und konnte hier zuweilen sogar vergessen, wie schwer sich alles andere in meinem Leben gestaltete. Hier, in dieser Kapelle, geschahen wirklich Wunder, davon war ich überzeugt, und vor noch nicht einmal einem Monat war ich an diesem Ort Zeuge einer erstaunlichen Heilung geworden: Mit meinen eigenen Augen hatte ich gesehen, wie jener alte Mann, der vor Rückenschmerzen kaum noch aufrecht stehen konnte, hocherhobenen Hauptes von dannen schritt. Auch kleinere Gebrechen, Dauerhusten oder Kopfschmerzen waren hier schon geheilt worden, weswegen ich die Hoffnung nicht aufgab, dass auch mir schließlich geholfen werden würde.

Wie sonst trat ich auch heute, an diesem Freitag, nach vorne, als es Zeit für mich war. Wie bei der Kommunion kniete ich nieder, senkte den Kopf und ließ Pater Franz für mich beten. Wie schon hunderte Male zuvor legte er seine Hand auf meinen Kopf und salbte mich mit Öl. Und wie schon hunderte Male zuvor wusste ich jetzt schon, dass es alles nichts nützen würde und dass keines meiner Probleme hier heute gelöst oder geheilt werden würde.

Wie so oft fragte ich mich, warum ausgerechnet mir keine Heilung zuteil wurde, doch hegte ich weiterhin die Hoffnung, dass Jesus mir schon noch eines Tages helfen würde. Und laut und deutlich und immer wieder klangen seine Worte, das Motto unserer Freitagsgottesdienste, in meinem Kopf: »Treibt Dämonen aus, heilt Kranke und verkündet das Evangelium!«

KAPITEL 13
HIOBS BOTSCHAFTEN

»Simon, komm bitte sofort nach Hause, schnell, es ist etwas Schreckliches passiert!« Die Stimme meiner Mutter klang schrill und panisch, und mir wurde schwindelig.

»Was?«, wisperte ich ins Telefon, doch ich wusste intuitiv, dass es um meinen Vater ging. Vor vier Jahren hatte er einen Schlaganfall erlitten, und danach war er gesundheitlich nie wieder richtig auf die Beine gekommen. Das letzte Mal hatte ich ihn vor sechs Wochen gesehen, während eines Besuchs bei meinen Eltern, und er hatte matt und resigniert gewirkt. Als wäre er fertig mit dem Leben und mit der Welt, schien er ohne Antrieb und Motivation zu sein.

Wir hatten an jenem Nachmittag einen kurzen Spaziergang miteinander gemacht, durch den Wald hinter dem Haus meiner Kindheit, doch nach weniger als hundert Metern konnte oder wollte mein Vater nicht mehr weiterlaufen. »Was soll das. Ich kann das nicht. Lass uns umkehren!«, hatte er gemurmelt, und wir waren umgekehrt – während ich von dem schmerzhaft ohnmächtigen Gefühl ergriffen wurde, dass es nichts gab, was ich hätte tun können, um ihn zu animieren, ihm Freude zu bereiten oder ihn aufzumuntern. Dabei war er letztendlich gar nicht mal so unzufrieden mit mir und meinem Leben gewesen, denn in gewisser Weise hatte ich seine Erwartungen erfüllt – ich war ein Mönch, also ein Mann, und religiös, genau wie er. Schließlich hatte er selbst als junger Mann vier Jahre im Kloster verbracht, meinen Eintritt ins Kloster hatte er also befürwortet – nur dass es ein ökumenisches und kein römisch-katholisches war, passte ihm nicht. Doch meine Entscheidung, als Ordensbruder zu leben, hatte er unterstützt, und meine Musikalität und meinen Einsatz diesbezüglich bewunderte er. Meine Mutter war da schon eher enttäuscht gewesen – sie hätte sich gewünscht, dass ich einen ganz normalen Beruf ergreife und eine Familie gründe, was ich ihr nicht einmal verübeln konnte.

Als ich an jenem Abend in unseren alten grauen Klosterbus gestiegen war, um zur Abtei zurückzukehren, sah ich im Rückspiegel, wie mein Vater am Gartentor stand und mir nachblickte. Er stand dort, bis ich um die Kurve am Ende unserer Straße bog, und ein Gefühl tiefer Traurigkeit hatte sich in mir ausgebreitet. Nur schwerlich konnte ich meine Tränen zurückzuhalten, als ich auf unser Leben zurückblickte und mich erinnerte – an so viele Momente, die wir miteinander verbracht hatten, in meiner Kindheit, meiner Jugend … Ein starkes Gefühl von Abschied war über mich gekommen, als hätte ich geahnt, dass ich meinen Vater nicht lebend wiedersehen würde.

»Dein Vater …«, schluchzte meine Mutter jetzt, und dann brach ihre Stimme und sie konnte nicht weiterreden.

»Ja? Was ist mit ihm?«, drängte ich voller Furcht.

»Er ist … er ist zusammengebrochen … ganz plötzlich. Und jetzt ist er tot!«, und als hätte das letzte Wort eine Schleuse geöffnet, brach es aus meiner Mutter heraus und sie jammerte und schrie, dass es mir das Herz zerriss.

Ich machte mich sofort auf den Weg zu ihr, auf den Weg zu meinem alten Zuhause, etwa zwei Autostunden vom Kloster entfernt, und als ich ankam, war auch mein Bruder Armin gerade eingetroffen, und wir umarmten uns und trösteten uns gegenseitig.

Es war eisig kalt in unserem Wohnzimmer an diesem Novemberabend – in jenem Raum, der so viele Erinnerungen barg und der noch immer aussah wie vor vierzig Jahren: Meine Mutter hatte vergessen, die Heizung hochzudrehen, und eines der Fester stand sperrangelweit offen.

»Er hat einen Blutsturz gehabt …«, hauchte sie, und man konnte eine weiße Wolke vor ihrem Mund sehen, als ihr Atem kondensierte, was ihren Worten ein frostiges Grauen verlieh, »… und die Polizei war sogar da!«

Ich schloss das Fenster. »Ich glaube, die müssen kommen, Mama, wegen der Todesursache, um ein Verbrechen auszuschließen. Das ist immer so«, versuchte ich, sie zu beruhigen.

»Der Notarzt konnte auch nicht helfen … die konnten ihn einfach nicht mehr zurückholen … er … er war einfach tot!«, stammelte meine Mutter. Ich legte meinen Arm um ihre Schultern, und nach und nach bekam ich heraus, dass die Polizeibeamten versucht hatten, den Hausarzt meines Vaters zu erreichen, was samstags ein Problem darstellte, doch dass sie schließlich mit ihm gesprochen hatten und er den Notarzt über den Gesundheitszustand und die Vorerkrankungen meines Vaters informieren konnte: Offensichtlich litt mein Vater an einem Aorta-Aneurysma, das entdeckt wurde, als er wegen des Schlaganfalls im Krankenhaus war. Die Aussackung wurde damals jedoch nicht behandelt, weil eine Operation wegen der Nähe zum Herzen zu riskant gewesen wäre, stattdessen wurde sie beobachtet und regelmäßig kontrolliert – allerdings fragte ich mich, wie regelmäßig mein Vater im letzten Jahr wohl seinen Arzt besucht hatte. Jedenfalls wurde das Aneurysma letztendlich zu seinem Verhängnis – es war geplatzt und hatte zu seinem Tod geführt.

Wir behielten meinen Vater noch vierundzwanzig Stunden im Haus, um uns zu verabschieden. Meine Mutter und mein Bruder verharrten an jenem Abend im Schock und schienen nahezu paralysiert, doch ich funktionierte weiter, ganz mechanisch, und wie eine Maschine übernahm ich alle nötigen Aufgaben: Ich rief den Pfarrer und unsere Verwandten an, säuberte das Gesicht des Leichnams, vor dessen Mund sich blutiger Schaum gebildet hatte, und nahm Kontakt zum Bestattungsinstitut auf. In den folgenden Tagen bereiteten wir dann gemeinsam die Beerdigung vor und organisierten den Gottesdienst ganz genauso, wie mein Vater es gewollt hätte: Seine ehemaligen Chöre sangen, sein ehemaliges Orchester spielte, und alle kamen, Freunde, Bekannte und Verwandte, auch meine Mitbrüder aus der Abtei waren da, und so wurde es ein Gottesdienst voller Anteilnahme, Anerkennung und Liebe, und das machte mich überglücklich und abgrundtief traurig zugleich.

Ich war fünfundvierzig Jahre alt, als mein Vater starb, und obwohl er mich nie so angenommen hatte, wie ich wirklich war, erschütterte mich sein Tod bis ins Mark – vielleicht genau deshalb: Weil wir nie miteinander ins Reine gekommen waren.

Die Ereignisse warfen mich dermaßen aus der Bahn, dass alle meine Probleme – meine heimliche Selbstverletzung, die Albträume, meine körperlichen und seelischen Leiden – in voller Stärke hervorbrachen, geradezu explodierten. Ich konnte es kaum aushalten, und wann immer es ging, kniete ich nun in meiner Klosterzelle oder in unserer kleinen Kapelle und betete und flehte, dass es doch endlich alles aufhören möge. Ich wurde von einer unglaublichen Angst gepackt, die Kontrolle über mich zu verlieren.

Und in dem Moment erschien mir die Stimme. Etwa ein halbes Jahr, nachdem mein Vater gestorben war, als ich gerade erst begann, seinen Tod zu verarbeiten, da hörte ich sie zum ersten Mal. Nein, eigentlich spürte ich sie eher, als dass ich sie hörte, ich spürte sie ganz klar und deutlich, und es war ein warmes und beruhigendes Gefühl. Ich wunderte mich und überlegte, ob ich womöglich die Stimme des Heiligen Geistes hörte. *Gott, bist du das, der zu mir spricht?* Vielleicht war ich ihm durch mein intensives Flehen und Beten näher als je zuvor gekommen. Ich bat Gott, bat Jesus und den Heiligen Geist, mir Anweisungen zu geben, und die Stimme antwortete, manchmal lediglich mit »ja« oder »nein«, manchmal allerdings auch komplexer, so, dass ich etwas wusste, dass mir etwas klar wurde, was zuvor im Dunklen lag. Und ganz überraschend half mir die Stimme, mit meinen Selbstverletzungen aufzuhören und die Träume zurückzudrängen. Plötzlich sah ich ein schwaches Licht am Ende des Tunnels, das in den folgenden Wochen heller zu werden schien, und eine wilde Hoffnung keimte in mir auf: Die Hoffnung, dass es nun endlich und endgültig bergauf gehen würde, dass ich Schmerzen und Mühen hinter mir lassen und endlich richtig leben können würde.

Ich war so unendlich dankbar für die Stimme und hätte die folgende Zeit niemals ohne sie überstanden, dabei betrachtete ich die Antworten durchaus auch kritisch, prüfte, was mir gesagt wurde, behielt stets das Gute und trennte mich vom Schlechten, das sich sicher von irgendwo anders her einschlich, wie ich glaubte – und nur manchmal fragte ich mich, ob mir wirklich der Heilige Geist oder Jesus Christus antworteten oder ob es nicht vielleicht doch mein Unterbewusstsein oder meine eigenen Wünsche waren – und ob es da überhaupt einen Unterschied gab.

»Ach, Johannes, was machen wir nur mit dir? Ich weiß einfach nicht weiter. Keine Ahnung, was für eine Krankheit das ist, die dich so kaputt macht, aber sie ist ziemlich schlimm, sehr hartnäckig jedenfalls, und sie will einfach nicht verschwinden. Ich weiß nicht, was da noch zu machen ist oder wie man dich noch heilen könnte!« Pater Franz seufzte und legte seine Hand auf meinen gesenkten Kopf und salbte mich wohl zum sechs- oder siebenhundertsten Mal, an diesem Freitag, bei diesem Heilungsgottesdienst, und mir schien, dass er langsam die Geduld verlor und mich mittlerweile als hoffnungslosen Fall betrachtete. Als sich darüber eine Träne aus meinem Augenwinkel löste, zischte der Pater mich durch zusammengebissene Zähne an: »Jetzt sei nicht auch noch so eine Heulsuse, so eine Memme!«, und als ich zusammenzuckte und zu zittern begann, fügte er hinzu: »Du bist ja hysterisch!«

Er setzte sein Heilungsgebet extra laut fort, danach predigte er, und wir alle sangen, wie immer, doch heute wusste ich, dass Jesus mich in keinem dieser Gottesdienste je heilen würde, auch in Zukunft nicht, da konnte Pater Franz noch so viele Gebete sprechen und meinen Kopf noch so oft mit heiligem Öl salben: Keines meiner Probleme würde hier gelöst werden, keines meiner Leiden verschwinden – am allerwenigsten meine Überzeugung, eine Frau in einem Männerkörper zu sein, die ich stärker spürte denn je.

Neben all dem ging unser alltägliches Klosterleben in der Abtei Sankt Zyprian natürlich weiter, mit intensiver Arbeit im Garten und in der Werkstatt, im Klosterladen, auf den Märkten und in meiner Kunstschule. Natürlich auch mit intensiven Gebeten, die mir immer wieder Halt, Hoffnung und Zuversicht gaben, mich aufbauten und mich durch die Zeit trugen. Hier besann ich mich auf Gottes Nähe und auf seine Gnade, auf die ich nach wie vor vertraute und für die ich hier lebte, und das half mir immer ein wenig. Mich tröstete außerdem die Gewissheit, dass wir doch schon sehr vielen Menschen geholfen hatten und noch immer halfen – durch die Seelsorge, durch unsere Hilfsprojekte und unsere wunderbaren Klosterprodukte, durch die Gottesdienste, mit denen wir unsere Gäste erfreuten und manchmal sogar heilten, und durch unsere Märkte und die Kunst- und Kräuterkurse. All das hinterließ bei mir das Gefühl, trotz aller Schwierigkeiten und Hindernisse etwas Gutes auf die Beine gestellt zu haben.

Doch dann starb Pater Franz ganz unerwartet. Und mit dem Tod unseres Oberen schien plötzlich alles vorbei und zu Ende zu sein.

Der Tag, an dem unsere Klosterwelt zusammenbrach, war ein kalter klarer Sonntag im Januar 2013. Am Morgen hatten wir noch alle gemeinsam gebetet und gesungen, die Laudes verlief wie üblich und nichts schien außergewöhnlich, außer dass Pater Franz über Bauchschmerzen klagte, was wegen seines Reizmagens öfters vorkam. Doch danach spitzten sich die Dinge schlagartig zu, und als ich Pater Franz nach dem Mittagessen in seiner Zelle schreien hörte, da rief ich schnell die übrigen Brüder zusammen und wir eilten zu ihm.

»Ohhhh, aaaauuahhh«, schallte es uns schon durch die Flure der Abtei entgegen, und die Schreie erinnerten mich ganz entfernt an das geisterhafte Geheule, das ich während meiner ersten Sturmnacht hier in diesen Mauern vernommen hatte. Mir fiel außerdem ein, dass ich mich damals fragte, ob dies ein Omen für mein zukünftiges Leben hier sein mochte, und bei dem Gedanken gruselte es mich.

Pater Franz lag röchelnd auf seinem Bett, seine Hände verkrallten sich krampfhaft vor seiner Brust. »Hilfe! Bitte helft mir!«, keuchte er, und sofort rief einer meiner Mitbrüder den Notruf an, während ich versuchte, Pater Franz in die stabile Seitenlage zu bringen, was wegen seiner kräftigen Figur gar nicht so einfach war. »Was fehlt dir denn bloß?«, fragte ich nervös. »War was verkehrt mit dem Essen?« Ich nahm den Kopf des Paters hoch und schob ein Kissen darunter, und es erschreckte mich, wie grau seine Haut und wie blau seine Lippen waren. Dicke Schweißperlen bildeten sich auf seiner Stirn und liefen ihm über die Schläfen in die Haare. Sein Atem klang pfeifend und rasselnd. Nein, daran war nicht das Essen schuld!

»Keine Sorge, der Arzt ist gleich da!«, versuchte ich den Pater zu beruhigen, doch keiner von uns konnte verhindern, dass er nach einem weiteren lauten Aufschrei das Bewusstsein verlor. Mich ergriff nackte Panik, und ich spürte den Angstschweiß unter meinen eigenen Achseln hervorrinnen, während die Sirenen des Krankenwagens zügig näher kamen. Hektisch eilte ich die Treppen hinunter, nahm drei Stufen auf einmal und empfing das Rettungsteam, und als wir alle zusammen zurück in die Klosterzelle traten, hatte der Pater aufgehört zu atmen. Die umgehend eingeleiteten Wiederbelebungsmaßnahmen schlugen anfangs fehl, erst eine halbe Stunde später gelang es dem Notarzt, noch einmal einen Herzschlag zu generieren. Pater Franz wurde an eine Maschine angeschlossen, die Herz und Lunge massierte, und die Rettungshelfer hievten ihn samt diesem Gerät auf die Fahrtrage. Ich begleitete ihn im Krankenwagen zur Klinik und war vor Sorge außer mir, gleichzeitig ergriff mich ein furchtbar ungutes Gefühl, wie eine Vorahnung.

Nach zwei Stunden ewig langen Wartens im Krankenhaus gab es dann Gewissheit: Pater Franz war an einem Herzinfarkt gestorben – mit nur dreiundfünfzig Jahren.

Als ich 1998, kurz nachdem ich Pater Franz kennengelernt hatte, mein erstes Gelübde ablegte, war ich zunächst Säkularprofesse, also ein Ordensmitglied, das draußen in der Welt und nicht im Kloster lebte, was mir der Orden erlaubte. Zu dem Zeitpunkt hätte ich sogar heiraten dürfen, doch mit der Gründung unserer Abtei Sankt Zyprian wurde ich zur Klausurprofesse und musste ein monastisches Leben führen: Ich hatte die Enthaltsamkeit gewählt, so wollte ich es.

Im Jahr 2004 verlängerte ich schließlich mein zeitliches Gelübde um weitere sechs Jahre, und 2010 hätte ich eigentlich wiederum verlängern oder die ewige Profess ablegen müssen – sie hätte mich für immer ans Kloster und an unseren Orden gebunden – doch sowohl Pater Franz als auch ich selbst und die anderen Brüder verpassten den Termin für mein erneutes Gelübde, er wurde übersehen, rutschte irgendwie durch, wohl weil wir alle so überarbeitet waren …

Und so geschah es nun, dass ich in diesem Moment, im Moment von Pater Franz' Tod, ganz einfach hätte verschwinden können. Ich hätte aus dem Kloster austreten können, ohne ein Versprechen, mein Gelübde, zu brechen. Ich hätte meine Sachen packen und gehen können. Denn ich war hier nicht zu Hause. Keiner hier hatte mich je verstanden, am allerwenigsten Pater Franz, der all die Jahre mit seinen Tinkturen an mir herumexperimentiert und herumgedoktert hatte, ohne den geringsten Erfolg: Ich war hier nicht geheilt worden. Weder Salbungen noch Gebete oder Exorzismus hatten mir geholfen, und dass es im Kloster keine Rolle spielte, wer oder was ich war, das hatte sich auch als Fehlschluss entpuppt.

Also, Pater Franz war tot, ich war durch nichts gebunden, was hielt mich also hier? War der Tod des Paters nicht vielleicht sogar ein Zeichen, ein Fingerzeig Gottes, dass nun, nach dreizehn Jahren im Kloster, meine Zeit hier vorbei war? Dass ein neuer Abschnitt meines Lebens beginnen sollte?

Doch es kam erst mal anders: Als wir vom Krankenhaus in unsere Abtei zurückkehrten, trafen bald darauf jede Menge Gäste ein, Teilnehmer meiner Kunstschule, Kunden unseres Klosterladens, Gäste unserer Gottesdienste und auch Klienten, denen Pater Franz mit seinen Kräuterheilpraktiken und seiner Seelsorge geholfen hatte – sie alle hatten vom Tod des Paters gehört, sprachen uns ihr Beileid aus und sagten uns Unterstützung zu. Ein Gast drückte mir tausend Euro in Hunderterscheinen in die Hand und flüsterte mit eindringlicher Stimme: »Ihr dürft jetzt nicht aufgeben, bitte, ihr müsst weitermachen, das Lebenswerk von Pater Franz fortführen! Wir helfen und wir unterstützen euch!«

Ich konnte dem Gast die Bitte nicht abschlagen, konnte ihm auch die tausend Euro nicht einfach wieder zurückgeben, und so blieb ich vorerst als Mönch in der Abtei Sankt Zyprian.

KAPITEL 14

DURCH FEUER UND FLAMME

Ich stand in einem tiefen Tal, irgendwo, mir fehlte jegliche Orientierung, und ich drehte mich suchend um mich selbst. Überall sah ich wabernde dunstige Schleier in diffusem Licht, ein paar schemenhafte Gestalten vielleicht, ich konnte nicht sicher sein. Es war so nebelig, dass ich nicht wusste, was ich sah, mit Ausnahme der aufragenden Wand neben mir, die so hoch hinaufreichte, dass ich ihr Ende nicht ausmachen konnte.

Plötzlich löste sich einer der Schatten, eine schemenhafte Gestalt, aus dem Nebel und kam auf mich zu. Ich versuchte zu schreien, doch kein Ton kam über meine Lippen. Ich wollte weglaufen, doch ich konnte mich kaum bewegen – ganz langsam nur, wie in einer Zeitlupe, die kurz darauf zum Standbild gefror, hob sich mein Fuß von der Erde, beugte sich mein Oberkörper nach vorn.

Die Gestalt hingegen kam mit überhöhter Geschwindigkeit auf mich zu, die Bewegungen ruckartig, hakelig, als würde ein Film zu schnell und mit fehlenden Zwischenbildern abgespielt. Und dann war sie da, die Gestalt. Bei mir, über mir, mit mir.

In mir.

Und jetzt war alles rot. *Traumrot.*

Ich fuhr in meinem Bett hoch, schweißnass und mit einem erstickten Schrei in der Kehle. In meinen Ohren hallte ein markerschütterndes Kreischen nach, mein eigener Schreckensruf, und meine Beine zuckten und strampelten, als wollten sie nachholen, was mir eben im Traum nicht gelungen war: rennen und flüchten.

Obwohl ich meine innere Stimme noch hören konnte und sie mir nach wie vor zur Seite stand, hatten sich ein paar Monate nach Pater Franz' Tod die Albträume wieder in den Vordergrund gedrängt, und es schien, als könne die Stimme sie nicht länger in Schach halten: Immer wieder träumte ich, dass ich von einem Mann vergewaltigt wurde, obwohl ich sein Gesicht nie sah. Und während der Träume und auch danach noch war ich stets voller Angst und Ekel, und Angst und Ekel breiteten sich aus wie eine immer größer werdende Blutlache, die zu einem uferlosen Meer wurde, das mich in seine Tiefen riss und nahezu ertränkte.

Im wahren Leben ertranken wir nach dem Tod unseres Oberen in Arbeit, denn nun mussten wir drei übriggebliebene Brüder natürlich auch die Aufgaben des Paters mitübernehmen. Zum neuen Abt wurde ein externes Ordensmitglied einberufen, und der Nachfolgepater hielt zwar die Gottesdienste ab und leitete hin und wieder unsere Gebetszeiten, doch half er uns bei der täglichen Klosterarbeit nicht weiter. Auch Pater Franz' umfassendes Kräuterwissen, für das unser Kloster berühmt war, besaß keiner von uns anderen, und so stand nicht nur das Fortbestehen der Kräuterheilpraxis, sondern auch die Zukunft unserer Balsame, Kräuterseifen und Liköre auf Messers Schneide.

Als der Frühling anbrach, kam zu unseren von Pater Franz übernommenen Aufgaben auch noch die Gartenarbeit hinzu, und schon der Gedanke an die endlosen Kräuterfelder bereitete mir Kopf- und Rückenschmerzen – doch wurden die Tage wieder länger, die Sonne schien ein bisschen wärmer, und das fing mich ein wenig auf: Es war schön, das Grau und Braun des Winters verschwinden zu sehen und mitzuerleben, wie die Bäume und Sträucher, die Blumen und Kräuter in unserem Garten wuchsen und gediehen. Ich genoss es, den Geruch der sprießenden Pflanzen und Knospen und der auftauenden Erde einzuatmen – nach den niederschmetternden Ereignissen der vergangenen Monate fühlte sich das aufbauend, stärkend und auf wunderbar prickelnde Weise erfrischend an: Diese großartige Natur und ihr ewiger Kreislauf, ihr alljährliches Wiedererwachen und Wachstum – ihre *Wiederauferstehung* – zeigte das nicht Gottes Größe? Das Wunder seiner Schöpfung? Bewies das nicht, dass das Leben nie enden würde, dass es immer weiterging? In diesem Jahr sah ich die Natur, ihre unendliche Erneuerung, mit anderen Augen: Nach Sterben und Verblassen sah ich nun Farben und neue Blüten, auf jeden Zerfall folgte wieder Leben, und daran versuchte ich mich festzuhalten. Und damit mir das besser gelang, richtete ich mir in unserem Klostergarten unter einem duftenden Wildrosenbusch einen Sitzplatz ein, abgewandt vom Klostergebäude, und schuf mir dort eine stille Ecke, in die ich mich zurückzog, wann immer ich es brauchte – zum Meditieren, zum Atmen und zum Bewundern der Natur. Oder manchmal einfach auch nur zum Lesen und Sonnenbaden: Hier fand ich Momente der Ruhe, Fragmente des Friedens, bevor mich die Arbeit wieder verschlang.

Leider waren diese entspannten Augenblicke rar, denn das frühsommerliche Arbeitspensum verlangte beinahe pausenlosen Einsatz von uns allen: Der Garten musste gepflügt, bepflanzt und gejätet werden, auch die erste Ernte ließ nicht lange auf sich warten, und so waren wir übriggebliebene Mönche fast rund um die Uhr beschäftigt. Und obwohl ich mich bereits vor Jahren ein wenig mit der Kräuterlehre auseinandergesetzt hatte, musste ich mein Wissen nun um ein Vielfaches erweitern, denn es kamen auch weiterhin zahlreiche weltliche Klienten zu uns, die von Pater Franz' Kenntnissen profitiert hatten und die nach wie vor ihre Wässerchen und speziellen Elixiere haben wollten.

Natürlich war klar, dass keiner von uns je so versiert in der Pflanzenkunde sein würde wie der Pater, doch ich wusste nach diesem Frühjahr, dass Frauenmantel und Mönchspfeffer weibliche Zyklusbeschwerden linderten, Männertreu gegen Juckreiz eingesetzt wurde, die Spritzgurke Verstopfungen löste und das Adonisröschen bei Herzbeschwerden half – allerdings nicht bei denen von Pater Franz. Es gab wirklich für alles und gegen jedes Leiden eine Pflanze – nur gegen meines war kein Kraut gewachsen, da wirkte nichts, weder der blutreinigende Rittersporn noch die schmerzlindernde Teufelskralle oder das antidepressive Johanniskraut, das doch eigentlich wie für mich gemacht schien.

Wegen des Arbeitsaufkommens und der neuen Aufgaben musste ich in diesem Sommer außerdem meine Chöre aufgeben, was meine Stimmung zusätzlich dämpfte, statt sie aufzuhellen, und auch meine Kunstschule konnte ich nicht mehr mit voller Kraft leiten – ich bedauerte aufrichtig, dass ich meine Lieblingsbereiche Kunst und Musik, jene Dinge, die mir am meisten lagen und die mir die größte Freude bereiteten, nun derartig vernachlässigen musste. *Gott, ist es richtig, was ich hier mache? Dass ich hierbleibe?* Nun, ich wusste ja nicht, was ich sonst tun könnte oder wo ich sonst hinsollte!

Ich hatte gehofft, hier im Kloster als Mann, als *Mönch* meinen Frieden zu finden und so akzeptiert zu werden, wie ich war, doch der Tod des Paters hatte mir noch einmal ins Gedächtnis gerufen, dass dem nicht so war – selbst er, mein Vorgesetzter, mein Seelsorger und Freund, dem ich mich anvertraut hatte, konnte kein Verständnis aufbringen für meine innere Zerrissenheit und für das Weibliche in mir – er hatte es als abnormale und offensichtlich unheilbare Krankheit abgetan, als Wahnvorstellung, als etwas, was es nicht wirklich gab, was nicht existierte – und so ähnlich hatte es ja auch Beate Glück gesehen. Nun war mein engster Vertrauter tot, und die übrigen Brüder wollte ich nicht einweihen, denn was hätte das gebracht? Auch wenn ich mich gerne jemandem anvertraut hätte – meine bisherigen Erfahrungen hielten mich davon ab: Es war ein zermürbender Zwiespalt, ein Konflikt und ein ewiges Dilemma, denn irgendwie war ich ja auch froh, dass ich meine Weiblichkeit hier im Kloster verheimlichen konnte, dass keiner der Brüder dumme Bemerkungen machte, dass niemand etwas ahnte, denn ich *wollte* meine feminine Seite ja verstecken und unterdrücken, und unter meinem Habit gelang das gut, niemand sah meine Taille, niemand erkannte meine weibliche Figur, und falls ich mich wie eine Frau bewegte, so sah das unter der langen Robe auch keiner. Und so war der Habit tatsächlich so etwas wie ein Schutzmantel für mich geworden, ein sicherer behütender Umhang, und ich fürchtete mich davor, ihn abzulegen, mich zu entblößen. Zu oft schon war ich durch die Hölle gegangen, in meiner Kindheit, meiner Jugend und auch während des Studiums – ich hatte Angst, mit dem Austritt aus dem Kloster in diese Hölle zurückzukehren, obgleich sich das Kloster wahrlich nicht als das erhoffte Paradies erwiesen hatte.

Im Spätsommer des Jahres 2013 begann ich dann, unter akuter Schlaflosigkeit zu leiden, manchmal wusste ich nicht mehr, ob ich wach war oder schlief, und ich hatte Tagträume wie damals auf dem Gymnasium, als ich am Nikolaustag mit einem Wasserstrahl ins Auge dafür bestraft wurde. »Was auch immer du während deiner Träumereien siehst, muss sehr spannend sein. Vielleicht willst du es ja beizeiten mit uns teilen?«, hatte mein Lehrer Herr Eckart damals gesagt – und oh, wie wünschte ich, dass ich meine Träume teilen könnte, wenn das die Qual doch nur vermindern würde!

Auch meine Wach- und Tagträume fingen häufig damit an, dass ich vergewaltigt wurde, und sobald ich begann, diese Bilder zu sehen, geriet ich in einen zwanghaften Sog, und ich fand mich in Gedankenschleifen wieder, aus denen ich mich nicht befreien konnte. Ausgelöst wurden die Visionen oft durch Berichte über Missbrauch und Misshandlung in den Medien – wenn ich zum Beispiel in den Nachrichten hörte, wie Kriegsgefangene gefoltert wurden, setzte sich schlagartig mein Gedankenkarussell in Bewegung, und ich sah mich selbst, wie ich gefoltert wurde – und gegen meinen bewussten Willen steigerten sich meine Gedanken dann in diese Vorstellungen hinein, und häufig eskalierten sie, überschlugen sich und überwältigten mich, ohne dass ich etwas dagegen tun konnte – und immer wieder fragte ich mich, wie sich mein Denken so verselbstständigen und wie es so entgleisen konnte. *Warum bloß sehe ich das wieder und wieder? Woher kommen solch krankhafte Gewaltfantasien? Wünscht sich ein Teil von mir etwa, unterdrückt und gequält zu werden? Schlummert vielleicht eine Schmerz- oder Todessehnsucht in mir? Warum ist dieser Masochismus da? Wie werde ich ihn los?* Kein Beten und kein Flehen half, kein noch so inbrünstiger Hilferuf, und weder die Flucht zu Jesus oder Gott noch mein beschwörendes Gegengebieten ließen die Gedanken verschwinden. Auch der Rückzug in meine mittlerweile herbstwelke Rosenbuschecke rettete mich nicht, ebenso wenig wie das wüste Raufen meines wirren Haares oder meines zerzausten Bartes – beides war während der letzten Monate verwildert, da Pater Franz für unsere Haarschnitte zuständig gewesen war.

Ich beschloss zum ersten Mal in meinem Leben, eine Psychologin aufzusuchen, da ich mir keinen anderen Rat wusste und keinen anderen Ausweg sah. Nun, da Pater Franz tot war, hielt mich niemand mehr davon ab, außerhalb des Klosters Hilfe zu suchen – dank Spendengeldern und der Unterstützung meiner Mutter war ich seit einer Weile auch wieder krankenversichert –, und ich wusste, ohne Hilfe würde ich es nicht schaffen. Zum Glück erinnerte ich mich an den Namen einer Psychotherapeutin, die ein Studienkollege einmal empfohlen hatte – so gab es eine Anlaufstelle, und ich bekam auch gleich einen Termin.

»Ich habe immer wieder dieses ganz starke Gefühl, eine Frau zu sein«, sagte ich, als ich Frau Steinmann auf ihrem grünen Plüschsofa gegenübersaß. Ich hätte mich auch hinlegen können, wenn ich gewollt hätte, doch das schien mir ein wenig zu klischeehaft zu sein. Frau Steinmann, eine sympathische Mittfünfzigerin, neigte ihren Kopf fragend zur Seite.

»Eine Frau in einem Männerkörper«, erläuterte ich.

Die Psychologin verzog ihren Mund und kippte ihren Kopf nun in die andere Richtung, und ich hatte das Gefühl, dass sie nicht wusste, was sie darauf sagen sollte.

»Bevor ich nun irgendetwas unternehme oder irgendwelche Schritte eingeleitet werden, damit es mir besser geht, will ich Klarheit haben. Also, ich muss Bescheid wissen, was mit mir los ist, bevor ich noch irgendwelche Tropfen oder Vitamine oder sonst was schlucke …«, sagte ich.

»Ach je!«, seufzte Frau Steinmann. »Wie soll ich sagen …, also, ich gebe zu, ich bin da womöglich voreingenommen.«

Was? Meine Ohren dröhnten, und Verzweiflung stieg in mir auf. *Warum denn das?*

»Tatsächlich fühle ich den starken Impuls, Sie von diesem Glauben, diesem Empfinden abzubringen. Zu gern würde ich Sie davon überzeugen, dass Sie so was nicht wirklich fühlen!«, sagte Frau Steinmann.

»Aber Sie wissen doch gar nicht, was ich wirklich fühle!«

»Doch, ich weiß, wie Menschen fühlen! Das hab ich schließlich jahrelang studiert!«

»Und was machen wir da jetzt?«, fragte ich ratlos, und ich fürchtete in jenem Moment, dass mir niemals, nie im Leben jemand helfen oder mich verstehen würde.

»Vielleicht versuchen wir es mal mit verdeckten Aufstellungen ..., das ist eine Praktik, bei der ich das Ergebnis nicht beeinflussen kann. Damit wir zu ganz objektiven Resultaten kommen ...«

»Okay«, nickte ich, und ich rechnete Frau Steinmann ihr Bemühen hoch an, auch wenn sich der Zweifel in ihrer Stimme kaum überhören ließ.

»Wir fangen mit den einfacheren Themen an«, fuhr die Psychologin fort, dann bat sie mich, fünf Namen und fünf Fragen, die mich im alltäglichen Leben beschäftigten, auf verschiedene Zettel zu schreiben. Die Zettel sollte ich falten und mischen und unter mehrere kleine Bastmatten auf den Boden legen.

»Nun stellen Sie sich auf die Matten und spüren Sie hinein!«, sagte Frau Steinmann. »Sie können nach Belieben wechseln, sooft Sie wollen, und von einer auf die andere Matte treten, je nachdem, wohin Ihr Gespür Sie führt ...«

»Okay!« Ich tat wie geheißen, doch viel spürte ich nicht. Ein paar Gedanken zu den Fragen und Namen kamen mir, also spürte ich vielleicht doch ein bisschen, allerdings waren es so banale Dinge wie: *Soll ich meine Chorarbeit wieder aufnehmen? Ja, vielleicht. Soll ich meinen Mitbruder am Wochenende im Klosterladen vertreten? Ausnahmsweise.* Dazu hätte es keine Zettel oder Bastmatten gebraucht, fand ich.

Frau Steinmann jedoch machte sich Notizen und schrieb alles auf, was mir zu jeder der durchnummerierten Matten einfiel.

Danach tauschten wir die Rollen, sie stellte sich auf die Matten und spürte hinein, und ich schrieb auf, was ihr zu jeder Matte in den Sinn kam – was im Prinzip so ähnlich war wie das, was ich selbst gedacht und formuliert hatte.

Nachdem ich mich auf die Methode eingelassen hatte, gingen wir in den folgenden Sitzungen die schwierigeren Themen an – und es verblüffte mich, was auf diese Weise zum Vorschein kam. Ich schrieb nun Fragen auf wie: *Soll ich als schwuler Mann leben? Bin ich hetero? Soll ich weibliche Hormone nehmen und als Frau leben?*, und als ich anschließend auf den Bastmatten stand und in die Fragen hineinspürte, da brachen die Gefühle nur so aus mir heraus: Die Frage nach einem Leben als schwuler Mann löste tiefste Bedrücktheit und heftigste Wut in mir aus, und am liebsten wäre ich aus meiner Haut gefahren, so schmerzend zog es mich hinunter. Auch Frau Steinmann spürte das Negative, als wir die Rollen tauschten. Dagegen rief die Frage, ob ich Hormone nehmen und als Frau leben sollte, eine geradezu unbändige Freude in mir hervor: Ich fühlte mich leicht und beflügelt, und je tiefer ich hineinspürte, desto besser fühlte ich mich. Die Therapeutin selbst hatte zu dieser Frage vage und unentschlossene Gefühle, was mich in Anbetracht ihrer Voreingenommenheit in meinem Empfinden noch bestärkte.

Von da an ging ich regelmäßig einmal im Monat zu Frau Steinmann, denn ich hatte das Gefühl, dass mir die Psychologin dabei half, klarer zu sehen und mich besser zu fühlen, auch wenn sie mich nicht heilen konnte – unsere Gespräche hatten zumindest eine lindernde und manchmal sogar eine wegweisende Wirkung, und mit ihrem Gespür bestärkte und unterstützte sie mich, wenn auch auf Umwegen, so doch äußerst zuverlässig – bis sie mir eines Tages riet, das Kloster zu verlassen, da es mich sonst zerstören würde.

KAPITEL 15

AUSGEBRANNT

»Ist Ihnen kalt? Guter Mann, Sie zittern ja!« Die alte Dame, die gerade bei mir Adventskerzen kaufte, sah mich besorgt an. Und sie hatte recht: Als ich ihre Kerzen in eine Papiertüte packen wollte, fielen sie mir aus der Hand, und es bereitete mir größte Mühe, sie wieder einzusammeln. Schon zuvor hatte ich Schwierigkeiten gehabt, meine Arbeit auf dem Weihnachtsmarkt ordnungsgemäß zu erledigen. Doch nicht die Kälte war daran schuld. Ich hatte mich bereits in den vergangenen Stunden, seit wir unseren Stand aufgebaut hatten, immer wieder hinsetzen müssen, fühlte mich für jede Bewegung zu schwach und ließ dauernd Dinge fallen, ein Fläschchen mit Badesalz war mir sogar auf dem Boden zerschellt.

»Es ist doch kein Wunder, guter Mann, ihre Kutte ist viel zu dünn für dieses Wetter, was sie brauchen ist eine Daunenjacke und eine Wollmütze!«

Ich lächelte die Frau mühsam an und schwieg, während ich ihr die Kerzen und das Wechselgeld aushändigte – ach, wenn sie wüsste!

»Gott hab Sie selig«, verabschiedete sie sich, und als sie sich abwandte und vom Stand entfernte, merkte ich, wie mir die Knie einknickten. Meine Mitbrüder konnten mich gerade noch auffangen und auf den Hocker hieven, der in unserem Verkaufsbereich stand, dann war Schluss: »Ich kann nicht mehr!«, hauchte ich kaum hörbar, »ich kann einfach gar nichts mehr, nicht mal mehr stehen …«

»Ach du lieber Gott!«, riefen meine Mitbrüder im Chor und stolperten besorgt umeinander, und während mir der eine ein Glas Wasser reichte, schwenkte der andere ein Fläschchen unseres hauseigenen Kräuterlikörs vor meiner Nase herum: »Mensch Johannes, kipp jetzt bloß nicht um …« und »… hier, trink das!«, drängten die Mönche, während sie sich über mich beugten und ich keine Anstalten machte, das Wasser oder den Likör anzunehmen. Ich hatte das Gefühl, dass ich meine Hände nicht heben, meine Arme nicht bewegen konnte, und wenn ich versucht hätte, irgendetwas zu greifen, wäre es sicher auf dem Boden gelandet. »Danke, aber nein«, lehnte ich mit matter Stimme ab, »ich kann nicht. Und das ist es nicht …«

»Was ist es dann? Du wirst doch jetzt nicht auch noch sterben so wie Pater Franz?« Ich konnte die Unruhe in den Augen meiner Mitbrüder sehen.

»Nein, nein, ich glaube nicht. Ich bin nur völlig fertig. Total am Ende, wirklich, so vollkommen kaputt, dass nichts mehr geht und ich mich kaum noch bewegen kann.« Ich muss bei diesen Worten so schlecht, so bleich und zittrig ausgesehen haben, dass mich einer der Brüder zu unserem Klosterbus geleitete – mit ihm hatten wir unsere Waren hertransportiert – und mich dort auf die Ladefläche legte.

Und von da an lag ich dauernd – im Bett, auf der Kapellenbank oder auch im Auto, ich konnte bald nicht einmal mehr gerade sitzen, geschweige denn laufen oder arbeiten – es war, als hätten mich alle meine Kräfte komplett verlassen. Schließlich kam ich gar nicht mehr hoch, tagelang lag ich in meiner Klosterzelle, während meine verunsicherten Brüder mich versorgten, und es fühlte sich absolut furchtbar an: Obwohl ich die Arbeit in meiner

Kunstschule längst eingestellt hatte, obwohl ich seit dem Tod unseres Oberen auch nur noch selten Gitarre oder Orgel zu den Gottesdiensten spielte und nicht mehr mit den Chören sang, erlitt ich in jenem Herbst 2013 einen lähmenden Zusammenbruch. Ich konnte mich, wenn überhaupt, nur noch in Zeitlupe bewegen, und alltägliche Dinge wie Zähneputzen und An- und Auskleiden gelangen nur mit allergrößter Mühe und mit äußerster Anstrengung und Konzentration. Es kam mir beinahe so vor, als würde ich nun permanent in einem meiner Albträume leben, Traum und Wirklichkeit schienen sich zu vermischen, Wach- und Schlafzustände zu verwischen. Nach jeder noch so kleinen Anstrengung musste ich mich meist auch gleich wieder hinlegen, ohne zu wissen, was als Nächstes kam oder wie es weitergehen würde.

Nach einigen Wochen, während derer sich überhaupt keine Besserung einstellen wollte, wandte ich mich Hilfe suchend an Beate Glück, die Heilpraktikerin und ehemalige Freundin von Pater Franz, die mir schon einmal mit Rat und Tat zur Seite gestanden hatte.

»Du musst die Zähne zusammenbeißen und weitermachen!«, sagte sie zu mir, »hast du genügend Vitamin B genommen? Das Buch gelesen?« Sie klang ein wenig unwirsch und ungeduldig, so als würde sie mich nicht ernst nehmen oder mich als Simulanten abtun.

»Ja. Nein. Doch, also ich hab versucht weiterzumachen, aber nichts geht mehr! Es geht nicht mehr weiter, sonst hätte ich mich nicht noch mal gemeldet!«

»Tja, also dann … wäre vielleicht doch ein Besuch beim Hausarzt angezeigt? Oder ein Besuch beim Psychiater. Wenn es eine Depression ist oder ein Nervenzusammenbruch. Man könnte natürlich auch eine Klinik andenken, also eine Psycho-Klinik für Nervensachen, Belastungsstörungen, Burn-out, all so was …«

Beim Wort »Psycho-Klinik« zuckte ich zusammen – ich war doch nicht verrückt! Oder etwa doch? Gleichzeitig dämmerte mir, dass eine Klinik meine einzige Rettung sein würde, psychiatrisch oder nicht, mir wurde klar, dass es das war, was ich brauchte. Nichts und niemand sonst würde mich aus diesem Tief herausholen können. Und so wandte ich mich an meine Therapeutin Frau Steinmann, die mir eine akute Belastungsstörung bestätigte und den entsprechenden Bericht verfasste. Bevor sie die Überweisung ausstellte, schickte sie mich noch zu einem Internisten, der eventuelle körperliche Ursachen ausschließen sollte, und nachdem er von Ultraschall über EKG bis hin zu umfangreichen Tests und Blutuntersuchungen alles getan hatte, was in seiner Macht stand, stand meiner Aufnahme in der psychosomatischen Klinik nichts mehr im Wege.

Am Nachmittag des 14. Januars 2014 verabschiedete ich mich von meinen Mitbrüdern, verabschiedete ich mich von der Abtei Sankt Zyprian und zog vom Kloster in die Klinik.

»Hallo, ich bin Simon, oder auch Johannes – das ist mein Ordensname.«

»Willkommen Simon-Johannes!«

»Wie ihr schon ahnt, bin ich Ordensbruder und lebe im Kloster, doch mein Oberer ist vor einer Weile gestorben, und seitdem ist nichts mehr, wie es früher war. Seit seinem Tod muss ich einen Großteil seiner Aufgaben übernehmen, und das kann ich nicht alles bewältigen … ich war auch vorher schon total überarbeitet … also irgendwann ging nichts mehr …«

In dieser ersten Vorstellungsrunde mit meinen zehn neuen Mitpatienten kam ich mir reichlich nackt und wie auf einem Präsentierteller vor, und es bereitete mir Schwierigkeiten, vor so vielen Fremden über meine Befindlichkeiten zu sprechen. Vielleicht fühlte ich mich entblößt, weil ich meinen Habit abgelegt hatte und hier in normaler Alltagskleidung aufgetaucht war, Jeans, Hemd und Pulli – es fühlte sich komisch an. Gleichzeitig tat es gut, das Problem meiner zermürbenden Erschöpfung anzusprechen und dabei die ungeteilte Aufmerksamkeit aller zu haben, ihr Interesse zu spüren und noch dazu zu wissen, dass sie alle ein ähnliches Schicksal teilten, wenn auch aus völlig anderen Gründen – jeder hier war ebenso ausgebrannt und am Ende wie ich.

»In welchem Kloster bist du?«, sprach mich später am Nachmittag eine hübsche Frau um die fünfzig an, die mir in der Vorstellungsrunde gegenübergesessen hatte.

»Abtei Sankt Zyprian«, antwortete ich, worauf sie mir erzählte, dass sie selbst für eine Weile als Nonne bei den Benediktinerinnen gelebt hatte.

»Das gibt's doch nicht, wie klein ist denn die Welt? Und was hat es zu bedeuten, dass du nun ebenfalls hier gelandet bist?«, wunderte ich mich, und schon fragte ich mich wieder, ob das vielleicht irgendein Zeichen sein könnte.

»Lass uns heut Abend im Speisesaal zusammensitzen, ja? Dann erzähl ich dir mehr und wir können ein paar Erfahrungen austauschen!« Sie lachte hell und glockenklar. »Ich heiße übrigens Theresia«, fügte sie noch hinzu, worauf ich nichts zu erwidern wusste außer: »Ich weiß, du hast dich ja vorhin in der Runde schon vorgestellt ...« – »Ach ja, natürlich«, kicherte sie, und dann wurden wir beide rot, und ich fühlte mich plötzlich so durcheinander, dass mir nichts als ein dämliches »Ich bin Simon« herausrutschte, worauf wir beide lauthals lachen mussten.

Am Abend erzählte mir Theresia dann von ihrer Zeit im Kloster, die allerdings schon viele Jahre zurücklag, und natürlich ergab sich hier ein reichhaltiger Gesprächsstoff. Am Ende des Abends bat sie mich allerdings eindringlich, beinahe ängstlich, niemandem zu erzählen, dass sie einst eine Nonne war, und auch wenn ich den Wunsch nicht verstand, versprach ich es ihr.

Gute zwei Wochen später hatte ich mich an den Klinikalltag und die Routine der Gruppen- und Einzelsitzungen gewöhnt, ich hatte sogar ein wenig von meiner Energie zurückgewonnen und fühlte mich einigermaßen wohl und aufgehoben hier – bis eines vormittags in der Gruppe eine neue Übung vorgestellt wurde, das »Bonding«, zu dem wir uns erst einmal in Zweiergruppen aufteilen sollten. Nach kurzem Überlegen tat ich mich mit Ernst zusammen, einem etwas älteren Mann, den ich aus vorherigen Sitzungen kannte, den ich sympathisch fand und mit dem ich mich gut verstand.

»Ihr habt nun mehrere Möglichkeiten …«, begann die Therapeutin die Regeln zu erklären, »… ihr könnt euch zum Beispiel einander gegenübersetzen und euch tief in die Augen schauen. Oder ihr könnt euch umarmen, also so: Eine Person hält die andere, die sich am besten in die Embryostellung begibt. Eine dritte Möglichkeit ist, dass sich die eine Person diagonal über die andere legt und dabei völlig entspannt – ihr besprecht das untereinander und wählt aus, was ihr tun wollt, und wenn die ausgewählte Möglichkeit nicht funktioniert, dann könnt ihr auch die Stellung wechseln.«

Irgendetwas an dieser Übung missfiel mir, und ich fühlte mich schon während der Instruktionen unwohl – vielleicht hätte ich doch meinen Psychiater vorher fragen sollen, ob das Bonding für mich geeignet war, aber dafür war es nun zu spät, und ich wollte kein Spielverderber sein und traute mich auch nicht, zu widersprechen – schließlich geschah doch alles hier zu meinem Besten, und was auch immer passierte, es würde mich meinem Wohlsein und meiner Gesundung ein Stückchen näherbringen.

Ziel dieser Übung war es nun, dass eine der beiden Personen Beobachter sein sollte, während bei der anderen Gefühle ausgelöst und *losgelöst* wurden.

Das klang vernünftig und ergab Sinn.

Ich überwand mein Unbehagen und entschied mich für die Embryohaltung. Ich rollte und kauerte mich auf Ernsts Schoß zusammen, kuschelte mich an ihn und glaubte, dass ich so vielleicht ›Liebe‹ und ›Nähe‹ nachstellen könnte wie in einem Rollenspiel: Ich wollte mir vorstellen, dass ich die Liebe meiner Eltern spürte, uneingeschränkt, und dass meine Mutter und mein Vater mich bedingungslos annahmen – etwas, was mir im wahren Leben verwehrt geblieben war.

Doch dann kam alles anders.

Denn ich roch etwas, dort, auf Ernsts Schoß.

Und wie aus dem Nichts blitzten Bilder in meinem Kopf auf. Dieser Geruch … ein Geruch von früher, der etwas mit mir machte … der Geruch nach *Mann* … diese plötzlich alles vereinnahmende Ausdünstung eines männlichen Körpers, das Aroma von männlichem Schweiß, von männlichen Geschlechtsteilen!

Die Bilder füllten mich auf einmal komplett aus, drangen in die hintersten Ecken meines Kopfes, besetzten jeden meiner Gedanken. Bilder eines weißlichen, schwammigen und schwitzenden männlichen Körpers, der sich über mich beugte und Dinge mit mir tat …, der mir Dinge antat, die mich mit Schmerz, Verwirrung, Hilflosigkeit und Entsetzen erfüllten – damals, vor siebzehn Jahren, als der Seelsorger Paul mich überrumpelte und zum Sex zwang.

Ich lag wie erstarrt auf Ernsts Schoß und wagte kaum zu atmen, während sich in meinem Kopf die altbekannte Mühle in Bewegung setzte und die Endlosschleife begann: *War das richtig, war das falsch, war das richtig, war das falsch, was hab ich getan, was hätte ich denn tun sollen ...?*

»Ich kann das nicht!«, flüsterte ich, und zur Therapeutin sagte ich etwas lauter: »Ich muss die Stellung wechseln, das hier geht gar nicht, es schadet mir mehr, als dass es nützt!«

»Okay. Wie wäre es, wenn Ernst sich diagonal über dich legt, das wäre die dritte Position, die wir besprochen haben, wollt ihr die versuchen? Da liegst du dann ganz gerade, gestreckt und nicht gekauert und kannst vielleicht besser loslassen. Vielleicht kommen deine Gefühle in dieser Haltung, mit dem Gewicht auf deinem Körper, viel besser raus.« Ich ließ meinen Blick durch den großen tunnelartigen Raum schweifen, um auszuloten, was bei den anderen Paaren passierte, was bei ihnen am besten funktionierte: Überall um mich herum schrien und zappelten die Gruppenteilnehmer, sie schienen all ihre zurückgehaltenen Gefühle bestens loszuwerden, und zwar in allen nur erdenklichen Positionen.

Für mich änderte sich jedoch nichts. Ich empfand keine Wut, keine Erleichterung beim Loslassen der negativen Empfindungen, denn ich konnte nichts loslassen, selbst dann nicht, als Ernst schwer wie ein Baumstamm über mir lag. Nichts löste sich auf. Stattdessen kreisten meine Gedanken im endlosen Reigen und stürzten in diesen immer tiefer und wilder werdenden Strudel, der alle gerade neu gewonnene Energie wieder aus mir herausschwemmte. Auch die kleinen Freuden, die ich hier in den letzten Wochen empfunden hatte, das Wohlbefinden und die Hoffnung, dass es mir bald besser gehen würde – alles wurde weggewaschen, weggespült wie Seifenreste, die man aus dem Waschbecken entfernt.

In der nächsten Einzelsitzung, die noch am selben Tag stattfand, erzählte ich meinem zugewiesenen Psychiater alles. Ich erzählte ihm von dieser Bonding-Übung, berichtete, was ich währenddessen empfunden und woran mich die Übung erinnert hatte und was vor siebzehn Jahren mit mir passiert war.

»Sie sind vergewaltigt worden!« Der Psychiater konnte die Bestürzung in seiner Stimme kaum verbergen. »Das ist ein klarer Fall von sexuellem Missbrauch, und dann auch noch durch einen Seelsorger, dem Sie sich anvertraut, dem Sie *vertraut* haben … » Sein Notizblock rutschte ihm aus der Hand.

»Aber ich war mir nicht mal sicher, ob das richtig oder falsch war, ich dachte, er wollte mir wirklich helfen! Er wollte mein Bestes, das sagte er, das dachte ich die ganze Zeit … und was hätte ich denn tun sollen? Ich hab mich in Grund und Boden geschämt.«

»Es ist völlig klar, dass Sie durch dieses Ereignis schwer traumatisiert wurden …, solche Traumata sitzen tief und wir müssen sie ganz behutsam und sorgfältig aufarbeiten. Das wird nicht leicht werden und sehr viel Energie kosten …«

Nun, ich hatte keine Energie mehr übrig. Welche Reserven sollte ich denn jetzt noch anzapfen?

»Damit wir das stemmen können, ist erst mal absolute körperliche Ruhe angesagt«, wies mich der Psychiater an, »bitte treiben Sie keinen Frühsport, machen Sie keine langen Wanderungen mit, ruhen Sie sich stattdessen aus oder unternehmen Sie leichte Spaziergänge. Und lassen Sie die Gruppentherapie für eine Weile weg. Gehen Sie nur zu den notwendigsten Terminen. Dann kann die Heilung beginnen …«

Sieben Wochen lang blieb ich in dieser psychosomatischen Klinik am Alpenrand in der Nähe von Österreich, die auf die Behandlung von Stress, Trauma und Burn-out spezialisiert war, und ich kämpfte mich durch etliche Therapiesitzungen und redete über alles – nicht nur über den Seelsorger Paul und darüber, was er mir angetan hatte, sondern auch über meine Albträume, über meine selbstverletzenden Zwangshandlungen und über mein immer übermächtiger werdendes Gefühl, eine Frau zu sein. Als weitere Therapiemaßnahme setzte ich mich dann hin und schrieb Briefe an die Täter, die mir Leid zugefügt hatten – an meinen Vater und an Paul – und meist waren es Fragebriefe: »Warum? Warum habt ihr mir das angetan? Weil ich mich anders benahm, als ihr wolltet? Weil ich mich wie ein Mädchen, wie eine Frau fühlte?« Manchmal schrieb ich auch Vergebungsbriefe, denn ich wollte versuchen, zu verzeihen. Sogar Briefe aus der Sicht der Täter verfasste ich, ihre möglichen Worte an mich, die erklärten, was sie jeweils gedacht haben mochten, als sie mich misshandelten und missbrauchten: »Ja, mein Sohn! Du hast dich benommen wie ein Mädchen, und ich glaubte, dass das verkehrt sei. Lieber Simon, ich wollte dir helfen, richtig zu sein. Ich musste dir doch helfen!«

Und wenn die anderen Patienten gemeinsam wanderten oder sich zu ihren Gruppensitzungen zusammenfanden, dann zog ich oft alleine los, immer im Schneckentempo, niemals weit, und erkundete die Bergpfade der Umgebung, und während dieser Spaziergänge passierte etwas mit mir – ich überwand etwas, einen Albdruck, eine Last, ich legte sie ab und ließ sie hinter mir, und es fühlte sich an wie ein Erwachen: Während ich unten im Tal oft das Gefühl hatte, in einem meiner Träume zu wandeln – die Bergwand neben mir, die so hoch in den Nebel reichte, dass ich das Ende nicht sehen konnte, meine unendlich langsamen Bewegungen und die Unmöglichkeit, schnell oder laut zu sein –, verschwand all das, sobald ich ein wenig höher stieg. Als würde ich mühsam aus meinem Traum in die Wirklichkeit klettern, änderte sich nach und nach alles: Der Nebel lichtete sich, die Düsternis verschwand, Klarheit und Licht gewannen die Oberhand, und Druck und Schrecken wichen von mir. Und irgendwann verspürte ich sogar so etwas wie ein Fünkchen Glück.

Und je höher hinauf ich stieg, desto tiefer und intensiver konnte ich die Stille fühlen, die Schönheit der Landschaft wahrnehmen, den Ausblick und die endlose Weite genießen. Hier oben zu sein war ein bisschen wie Fliegen – alles Weltliche befand sich in weiter Ferne, weit unter mir, und ich war dem Himmel näher als sonst. Ich war Gott näher, und es schien, als würde ich mit jedem Schritt aufwärts weiter auf ihn zugehen und daraus Freude und neue Kraft schöpfen.

Eine Woche vor Ende meines Klinikaufenthaltes lud ich Theresia, die ehemalige Nonne, zu einem gemeinsamen Spaziergang ein. Während der vergangenen Wochen waren wir uns immer wieder begegnet, hatten auch oft miteinander gegessen, doch war ich durch die Ereignisse in der Gruppentherapie so aus der Bahn geworfen worden und schließlich auch mit mir selbst beschäftigt gewesen, dass unsere anfängliche Sympathie füreinander keine rechte Chance bekommen hatte – was ich schade fand. Nun wollte ich Theresia zum Schluss noch einmal mitnehmen und sie teilhaben lassen an meinem göttlichen Höhenerlebnis – ich glaubte, dass sie möglicherweise ähnlich fühlen würde wie ich.

Wir wanderten an einem Spätnachmittag los, vergaßen bald die Zeit und stapften durch den tiefsten Schnee, als die Sonne sich bereits senkte. Dennoch pirschten wir vorwärts über verwunschene Pfade durch die gedämpften Töne verschneiter Wälder und ließen alles Irdische hinter uns. Und als ich nichts anderes mehr wahrnahm als die klare Luft in meinen Lungen, den knirschenden Schnee unter meinen Füßen und den Geruch von Winterwald, da kam die untergehende Sonne noch einmal mit voller Kraft zwischen den Wolken hervor und tauchte uns in ein rotgoldenes gleißendes Licht.

»Es ist wirklich wunderschön hier!«, staunte Theresia, und sie blickte nach oben in den Himmel, der sich so dramatisch über uns geöffnet hatte.

»Spürst du es auch?« Ich sah sie gespannt an.

»Ja. Ich glaube ja …«, und ehe ich wusste, wie mir geschah, drehte sie sich zu mir um, nahm mich in den Arm und drückte mir einen Kuss auf den Mund.

»Gott meine ich!«, stammelte ich, und zum Glück war mein Gesicht bereits vor Kälte rot.

»Ich weiß! Das meinte ich auch!«

Wir lachten und umarmten uns noch einmal ganz fest, sogen den Zauber des Moments ein, und machten uns dann wieder auf den Weg ins Tal, schweigend, im schnell erlöschenden Dämmerlicht, jedoch mit einem unzerstörbaren Band zwischen uns, mit einem geteilten Erlebnis, einer gemeinsamen einmaligen Erfahrung, einem Geheimnis, das für immer etwas Besonderes zwischen uns sein würde.

Am Tag meiner Abreise befand ich mich dementsprechend in einem Wechselbad der Gefühle – mir war leicht ums Herz, ich fühlte mich gestärkt, und ich verspürte Freude, aber auch Schwermut und Trauer, weil ich Theresia verlassen musste. Ich war hin und her gerissen, und dazu saß mir die Furcht im Nacken, die Angst vor dem Ungewissen, denn ich hatte am vorletzten Tag meines Klinikaufenthaltes meine Kündigung und die Austrittserklärung an den neuen Abt von Sankt Zyprian verfasst: Ich hatte während der letzten Wochen die Gewissheit erlangt, dass mein Leben als Bruder Johannes keine Lösung für mich war, dass das Mönchsein mich nicht wie erhofft gerettet hatte und mich auch in Zukunft nicht retten, sondern in der Tat zerstören würde. Die Entscheidung war gefallen – ich würde das Kloster verlassen.

KAPITEL 16

SUCHET, SO WERDET IHR FINDEN

Transsexualität. Schwer und scharf pendelte dieses Wort über mir hin und her, und ich hatte das Gefühl, dass es nur eine Frage der Zeit war, bis es mir den Hals durchschnitt. Aber wenigstens gab es nun einen Namen, eine Bezeichnung für mein Problem, für dieses Phänomen, das ausgerechnet mich getroffen hatte: Transsexualität oder auch Transgeschlechtlichkeit. Ich hatte inzwischen einiges darüber gelesen, nachdem ein Arzt in der Klinik diese Ausdrücke in den Mund genommen hatte, und ich wusste nun ziemlich sicher, dass genau das mein Zustand war.

»Sehen Sie auf meinen Zeigefinger. Folgen Sie ihm mit den Augen. Konzentrieren Sie sich darauf, während Sie mir von sich erzählen!«

Kurz nach meiner Entlassung aus der Klinik hatte ich eine Heilpraktikerin für Psychotherapie, Frau Volkart, kontaktiert, in deren Sprechzimmer ich nun saß und die fest daran glaubte, meine Transgeschlechtlichkeit auf diese Weise beseitigen zu können: Mit EMDR, *Eye Movement Desensitization and Reprocessing,* einer Behandlungsmethode, die in den USA für Patienten mit posttraumatischen Belastungsstörungen entwickelt wurde. Frau Volkart vermutete, dass mein Empfinden, eine Frau zu sein, mit erlebten Traumata zusammenhing. Sie glaubte, dass, wenn die Traumata aufgearbeitet würden, sich auch das Problem der Transgeschlechtlichkeit lösen würde, und beinahe glaubte ich das auch – zumindest wollte ich es glauben.

So saßen wir uns also in zwei bequemen gepolsterten Korbsesseln gegenüber, und unsere Knie berührten sich fast. Das Licht war gedämpft, es roch nach Räucherstäbchen, und Frau Volkart hatte Zeige- und Mittelfinger ihrer rechten Hand erhoben und bewegte sie in mittlerem Tempo vor meinem Gesicht hin und her. Ein bisschen sah ihre Hand aus wie die erhobene Hand von Jesus Christus, so wie sie oftmals dargestellt wird.

Gebannt folgte ich mit den Augen ihren Fingern. Hin und her. Wie der Vater, der Sohn …, der Heilige Geist. Ich gab mein Bestes. Ich versuchte, mich zu konzentrieren, so gut es ging. Ich starrte wie hypnotisiert auf ihre Hand, auf diese gleichmäßig pendelnde Bewegung, die mich zusammen mit dem Schummerlicht beinahe schläfrig machte. Ich hatte Frau Volkart zu diesem Zeitpunkt bereits eine Menge über mich erzählt, hatte von meiner Kindheit berichtet, über die Schläge meines Vaters gesprochen, über meine Schulhölle, mein Außenseiterdasein und meine innere Zerrissenheit. Auch den Missbrauch durch den Seelsorger Paul hatte ich erwähnt, und nun versuchte Frau Volkart mit der Pendelbewegung ihrer Hand, das Weibliche in mir abzuschwächen und aufzulösen und das Männliche zu verankern. Doch auch nach minutenlangem Hin und Her schien diese »Desensibilisierung und Verarbeitung durch Augenbewegungen« bei mir ohne Effekt zu bleiben: Frau Volkarts selbst erklärtes Ziel, meine Transgeschlechtlichkeit durch diese Methode zu ›heilen‹, schlug fehl. Wieder einmal konnte mir nicht geholfen werden, und mehr denn je hasste ich es, so zu sein, wie ich war.

Ein paar Monate später, als allen übrigen Ärzten die Ideen ausgegangen waren, suchte ich wegen meiner anhaltenden Erschöpfungszustände einen Endokrinologen auf. Dieser meinte nun, dass vielleicht mein niedriger Testosteronwert für meine Entkräftung verantwortlich sein könnte. Wie seltsam und ironisch das doch schien: Könnte mein Testosteronwert deshalb so niedrig sein, weil ich in Wirklichkeit eine Frau war? Und wenn das stimmte, wenn bei mir wirklich eine Transgeschlechtlichkeit vorlag, wäre da nicht eine Gabe von Testosteron völlig kontraproduktiv? Oder würde sie mein Frausein ausmerzen?

Ich erkannte einen neuen Strohhalm, an den ich mich klammerte, denn ich wollte ja nicht transsexuell sein, und so schmierte ich mich von nun an rigoros und jeden Tag mit Testosteron-Gel ein. Allerdings brachte es nichts außer verklebter Kleidung – ich verspürte keine Linderung meiner Abgeschlagenheit und auch keinerlei Veränderung, was meine Weiblichkeit betraf.

Das Mittel wurde wieder abgesetzt, doch die Fragen blieben und kreisten weiterhin in meinem Kopf: Hing die Transgeschlechtlichkeit vielleicht doch mit den Traumata zusammen, wie Frau Volkart sagte? Aber woher kam dann die Erschöpfung? Entstand die, weil ich transsexuell war – oder fühlte ich mich weiblich wegen meiner Schlappheit und Schwäche? Oder wurde die Dauererschöpfung gar durch die traumatischen Erlebnisse hervorgerufen? Was genau war Krankheit, und was nicht? Handelte es sich um ein, zwei oder mehrere gesundheitliche Probleme? Und welches war zuerst da? Es kam mir vor wie die Frage nach der Henne und dem Ei.

Das Kloster hatte ich in der Zwischenzeit verlassen, einige letzte Dinge mussten noch organisiert und abgeschlossen werden, bevor ich der Abtei Sankt Zyprian und meinen früheren Mitbrüdern für immer den Rücken kehrte, doch bereits drei Wochen nach meiner Klinikentlassung hatte ich meine Klosterzelle geräumt, meine Sachen gepackt und war zurückgekehrt ins Haus meiner Kindheit.

Ich lebte nun wieder bei meiner Mutter, in meiner alten Dachkammer mit Onkel Karls Sägeblattuhr, die noch immer an der Wand hing, seit Ewigkeiten bewegungs- und zeitlos, zwanzig Jahre, nachdem ich von dort ausgezogen war. Und trotz aller fehlgeschlagenen ärztlichen Maßnahmen ging das Leben weiter, ich musste mir eine Beschäftigung suchen, denn untätig zu Hause herumhocken konnte und wollte ich nicht.

Durch verschiedene Internet-Tests fand ich heraus, dass der Beruf des Technischen Produktdesigners für mich geeignet schien, dass ich dort meine Begabungen und Fähigkeiten optimal einsetzen und sogar Freude an der Arbeit haben könnte. Übers Arbeitsamt wurde dann die Umschulung beantragt und genehmigt, und bereits Mitte 2014, kurz nach meinem achtundvierzigsten Geburtstag, begann meine zweijährige Lehrzeit, begann ein neuer Lebensabschnitt, der weniger schwer anmutete als befürchtet: Die Arbeitsbereiche gefielen mir, und das Lernen ging mir leicht von der Hand, ich kam mit dem Stoff gut klar und schrieb ausgezeichnete Noten, was mich mit Stolz erfüllte – ich hatte das Gefühl, die richtige Entscheidung getroffen zu haben.

Das motivierte mich, auch die anderen Bereiche meines Lebens in den Griff zu bekommen, und da mich meine Transgeschlechtlichkeit weiterhin belastete, fasste ich den Entschluss, das Problem ohne weitere Umwege anzugehen und gewissermaßen in der Höhle des Löwen nach der Lösung zu suchen: Ich ging zu einer Münchner Selbsthilfegruppe für Transsexualität, um mich ausführlich zu informieren und beraten zu lassen.

»Überleg dir das gut«, sagte die Leiterin der Beratungsstelle, eine Transfrau, als ich ihr in ihrem Büro gegenübersaß. »Es ist wahrhaftig nicht einfach!«

»Wie war es denn bei dir?«

»Nun, es war megastressig. Anfangs hab ich mich heimlich geschminkt und trug nur zu Hause Frauenkleider, außerdem eine Teilperücke. Aber sobald ich mit Menschen zu tun hatte, wenn jemand kam oder ich rausging, dann musste alles runter, ruckzuck, jeden Tag und immer wieder. Sonst wurde ich blöd angemacht und angepöbelt. Ja, besonders mit dem Haarteil war das schwierig. Also Vollstress«, sagte die Frau, die mir trotz ihrer Worte sehr selbstbewusst und in sich ruhend erschien. »Und dann der Ärger mit dem Sozialgericht. Die Kasse wollte nicht zahlen, das artete in einen endlosen Rechtsstreit aus …«

Oh Gott! Mir fiel die Kinnlade hinunter.

»Am schlimmsten aber war die Befragung durch die psychologischen Gutachter«, fuhr die Beraterin unbeeindruckt fort. »Die wollen zum Beispiel wissen, wie oft du onanierst, wie genau du das machst und woran du dabei denkst, wovon du träumst. Also krass. Voll demütigend. Fremde Menschen, die mich überhaupt nicht kennen. Was geht die das an?«

Nein, nein, nein. Das durfte doch alles nicht wahr sein! Es MUSSTE doch noch einen anderen Weg geben! Ich wusste hier und jetzt, dass es für mich auf keinen Fall so funktionieren würde, dass ich weder den Stress noch so eine Befragung würde aushalten können. Da würde ich hundertprozentig lieber als schwuler Mann leben wollen!

Das Flugblatt, das ich am schwarzen Brett der Beratungsstelle entdeckte, kam mir da gerade recht: Es wies auf eine Schwulen- und Lesbenparty am selben Abend hin, und ich beschloss, dort vorbeizuschauen, um mir das mal anzusehen.

Als ich den Partysaal, der zu einem Münchner Szeneclub gehörte, betrat, schallte mir laute Musik entgegen, und ausgelassene Menschen in Feierlaune schoben sich an mir vorbei, tanzten, tranken, unterhielten und vergnügten sich. Ich war natürlich als Mann in entsprechender Kleidung hergekommen, und so ließ es sich nicht vermeiden, dass schon bald die anerkennenden Blicke einiger anderer Männer auf mir ruhten. Ein junger Typ in Anzug und Krawatte lächelte mich an, flirtete sogar mit mir, was mir Unbehagen bereitete. Doch ich versuchte, es auszuhalten, mich dem zu stellen. Ich lächelte zurück. Ich bestellte mir eine Cola und ließ das Geschehen auf mich wirken, versuchte, herauszufinden, ob ich mich hier richtig und wohl fühlen könnte, und während mir die Musik und die Stimmung eigentlich recht gut gefielen, fühlte ich mich dennoch fehl am Platz. Und als plötzlich der Mann, der mit mir geflirtet und den ich angelächelt hatte, zu mir herüberkam und mir freundschaftlich und beinahe übermütig seinen Arm um die Taille legte, um mich zur Tanzfläche zu geleiten, brach mir der kalte Schweiß aus.

Hilfe! Mir wurde schlecht. Das ging nun ganz und gar nicht! Dieser und auch die anderen Männer versetzten mich plötzlich in Panik, ich schüttelte den Arm von meiner Hüfte ab und verließ fluchtartig die Party: Ich hatte Angst vor Männern – das war die Wahrheit. Und ich war ganz und gar nicht schwul und würde auch niemals als schwuler Mann leben können.

Sobald wie möglich machte ich einen Termin mit meiner Therapeutin Frau Steinmann aus – ich besuchte sie immer noch regelmäßig –, um von ihr weiteren Rat und Hilfe zu erbitten. Ich war nach wie vor entschlossen, mein Leben zu entwirren und in ordentliche Bahnen zu lenken, und wenn das bedeutete, weiteren Ballast loszuwerden, dann war ich bei ihr richtig. Ich ahnte ja, wo meine Angst vor Männern herrührte, und so erzählte ich Frau Steinmann vom Missbrauch durch den Seelsorger Paul.

»Sie sind von einem Mann vergewaltigt worden!« Frau Steinmann bestätigte, was bereits der Psychiater in der Klinik gesagt hatte. Und als könnte die Therapeutin in mich hineinschauen und hineinspüren, als könnte sie etwas sehen, was ich nicht sah, fragte sie mich unverblümt, ob da vielleicht noch mehr gewesen sei, zu einem früheren Zeitpunkt.

Reflexartig kauerte ich mich zusammen.

»Sie sind als Kind schon einmal sexuell missbraucht worden, vielleicht sogar von einem Geistlichen. Kann das sein?«, hakte Frau Steinmann vorsichtig nach, und meine Hände verkrallten sich in ihr grünes Plüschsofa, als mir einfiel, dass auch Paul mir damals diese Frage gestellt hatte. Ich selbst hatte ja sogar vermutet, dass meine Selbstverletzungen mit realen sexuellen Handlungen zusammenhingen, und plötzlich war ich näher an diese herangerückt als jemals zuvor. Mein Atem ging flach und meine Knöchel wurden weiß.

Ich dachte zurück: Mehrmals schon hatte ich meine innere Stimme, Jesus und den Heiligen Geist, nach einem möglichen Missbrauch in meiner Kindheit gefragt, und die Stimme hatte immer mit »Ja« geantwortet, doch konnte ich mir nie sicher sein, ob das wirklich stimmte oder ob die Antwort nur meiner Vorstellung entsprang.

Doch nun begann Frau Steinmann weiterzufragen, und so fragte ich mich selbst: Mit wem hatte ich in meiner Kindheit Kontakt, wer könnte es gewesen sein? Ich ging im Geiste alle Personen durch, die ich kannte – Verwandte, Bekannte und Nachbarn – und als ich bei meinem Onkel Karl anlangte, da sagte nicht nur meine innere Stimme, sondern jede einzelne Faser meines Körpers: »Ja!«

In jenem Moment wurde mir klar, dass es wirklich passiert war. Dass Onkel Karl mich wirklich vergewaltigt hatte, damals, als ich zwölf war.

»Wahrscheinlich haben Sie damals ›dissoziiert‹, also Ihren Körper verlassen, um die Schmerzen und die Todesangst nicht miterleben zu müssen«, vermutete Frau Steinmann. Sie beugte sich zu mir und ergriff meine Hand, die noch immer die Sofalehne umklammerte.

»Das ist schon einmal passiert«, nickte ich, »als mein Vater mich verprügelt hat und ich fast gestorben wäre. Da bin ich auch aus meinem Körper raus und hab mich zurückgezogen, bin abgehauen, in mein Kinderzimmer, daran erinnere ich mich …« Doch von der Vergewaltigung durch Onkel Karl fehlte mir jedes Bild. Ich spürte, dass es passiert war, doch wusste ich nicht, wohin sich meine Seele währenddessen verflüchtigt hatte.

Frau Steinmann rückte ihren Stuhl ein wenig näher an mich heran, ohne meine Hand loszulassen, und beinahe beschwörend flüsterte sie: »Spüren Sie in sich hinein! Konzentrieren Sie sich! Versuchen Sie, in die Situation von damals einzutauchen!«

Ich merkte, wie ich zu zittern begann. Ich schloss die Augen, verzog mein Gesicht. Und dann sah ich mich plötzlich wieder von außen, und zwar im Badezimmer meiner Eltern vor der Badewanne, mit den Händen auf den Rand der Wanne gestützt. Ich war zwölf Jahre alt und stand dort, schmächtig, bibbernd, vornübergebeugt und mit schmerzverzerrtem Gesicht. Es war der Moment, in dem es vorüber war. Dann sah ich meine Mutter, an einem anderen Tag, und sie sagte: ›Onkel Karl kommt immer unangemeldet.‹

»Er kam auch an diesem Tag ganz überraschend …«, wisperte ich, dabei verhakten sich meine Finger in denen von

Frau Steinmann, »und meine Eltern waren nicht da. Sie konnten mich nicht beschützen …«

Frau Steinmann strich über meine verkrampfte Hand.

»Onkel Karl nutzte das schamlos aus und missbrauchte mich, und ich konnte nichts dagegen tun!« Ich erinnerte mich voller Qual und Mühe, dass mich mein Onkel fast umgebracht hatte in seinem sexuellen Wahn, dass er mich würgte und schlug und sich wieder und wieder an mir verging. »Kein Wunder, dass ich das alles verdrängt und zubetoniert habe!«

Frau Steinmann stieß die Luft zwischen ihren Zähnen hervor und fuhr sich über die Augen. »*Das* ist Ihr dunkles Geheimnis! Und es erklärt so vieles! Die Selbstverletzungen sind Wiederholungen des Traumas, dieser schrecklichen Zuwendung, der körperlichen Gewalt, die Sie unterbewusst als Zuwendung abgespeichert haben. Als würde *Zuwendung* nur mit Schlägen, Unterwerfung und schmerzhaften sexuellen Handlungen einhergehen.«

»Ja. Das erklärt auch meine Albträume!«, sagte ich. Mein Kopf fühlte sich leer an. Ich musste mich hinlegen, zum ersten Mal auf Frau Steinmanns grünes Sofa. Noch nie hatte ich mich so erschöpft gefühlt wie jetzt gerade.

»Die Träume sind Hilfeschreie des Unterbewusstseins«, fuhr Frau Steinmann fort, und ihre Stimme klang entfernt, wie durch Watte oder Nebel. »Und bei der Dissoziation kann es passieren, dass die Seele in mehrere Anteile aufgespalten wird – oder dass Anteile von der Seele abgespalten werden, um das Trauma zu überleben, um nicht verrückt zu werden … eine automatische Schutzfunktion …«

Ich hatte das Gefühl, dass Frau Steinmann ebenso erschöpft und mitgenommen war wie ich. »Könnte mein weiblicher Anteil vielleicht durch das Trauma bedingt sein?«, fragte ich. »Könnte es eine Aufspaltung oder Abspaltung meiner Seele sein? Wie so eine Persönlichkeitsspaltung oder multiple Persönlichkeit?«

Die Psychologin nickte unentschlossen, doch dann schüttelte sie den Kopf. »Ich weiß nicht«, sagte sie, doch mir wurde bewusst, dass ich mich ja schon vor Missbrauch und Misshandlung weiblich und wie ein Mädchen gefühlt hatte. Vielleicht war ich sogar von Onkel Karl missbraucht worden, *weil* ich so zart und weiblich war, diesbezüglich hatte mich meine Mutter ja einst gewarnt. Vielleicht spielte auch eine Rolle, dass ich besonders gefügig und unterwürfig war, was ich den Prügeln meines Vaters verdankte.

»Onkel Karl ist übrigens schon lange tot.« Ich hatte das Bedürfnis, meiner Therapeutin dies zu erzählen: »Er ließ damals einen jungen Ex-Sträfling bei sich wohnen. Und jetzt wird mir alles klar: Den hat er natürlich auch missbraucht. Der junge Mann hat Onkel Karl eines Tages umgebracht, erwürgt, erstickt und zerstückelt. So ist Onkel Karl gestorben, und jetzt weiß ich ja, wie zerstückelt man sich durch ein Trauma fühlen kann. So hat der junge Mann es ihm heimgezahlt …«

An diesem Abend nahm ich Onkel Karls Sägeblattuhr von meiner Zimmerwand, wickelte sie sorgfältig in Zeitungspapier, packte sie in mehrere Plastiktüten und warf sie in den Müll.

KAPITEL 17

GLAUBE, LIEBE, HOFFNUNG

Während des gesamten Jahres 2014 traf ich mich in unregelmäßigen Abständen mit Theresia. Wir hatten beim Abschied in der Klinik unsere Telefonnummern ausgetauscht, riefen uns hin und wieder an und verabredeten uns zum Wandern. Ich sehnte mich danach, unser magisches Höhenerlebnis zu wiederholen, jene Begegnung mit Gott, die wir beide auf dem Berg gespürt hatten.

Vielleicht fühlte ich mich durch Theresias Vergangenheit zu ihr hingezogen, durch ihren eigenen Glauben und durch die Tatsache, dass sie selbst einmal Nonne war – in ihr sah und durch sie spürte ich eine Verbindung zu Jesus und zu Gott. Ich vertraute ihr uneingeschränkt und glaubte, dass sie für meine Sorgen Verständnis haben würde, und so vertraute ich mich ihr an, und auf unseren gemeinsamen Wanderungen erzählte ich ihr alles über mich. Ich sprach auch über meine dunkle Seite – über meine Träume und meine albtraumhafte selbstzerstörerische Sehnsucht, von einem Mann genommen zu werden, und schließlich erzählte ich ihr auch von dem Missbrauch durch Paul und von meinem unzerstörbaren Gefühl, eine Frau in einem Männerkörper zu sein.

»Ich denke, du bist schwul!«, befand Theresia mit einem Kopfnicken – mit ›Transsexualität‹ und dem Bewusstsein, in einem Körper mit dem falschen Geschlecht zu leben, schien sie überhaupt nichts anfangen zu können. »Komm mich doch mal besuchen, bei mir zu Hause, dann kochen wir was zusammen.« Es klang für mich, als würde sie das nur sagen, weil sie dachte, dass ich schwul sei – als glaubte sie, dass von mir keine Gefahr für sie ausginge. »Ja gut, sehr gerne!«, sagte ich, obwohl ich ein bisschen enttäuscht war, dass sie mein Empfinden nicht verstand oder nachvollziehen konnte. Über die Einladung freute ich mich dennoch, denn wenigstens lehnte sie mich nicht gleich ab oder machte einen Bogen um mich, wie es sonst so oft geschah.

Theresia wohnte in Bad Tölz, sodass ich etwa eine Stunde mit dem Zug zu ihr fahren musste, und gleich bei meinem ersten Besuch verstanden wir uns wie beim Wandern prächtig – unser Zusammensein fühlte sich harmonisch, durch und durch schön und vollkommen richtig an.

Und gegen Ende dieses Besuches – es war im Januar 2015, also genau ein Jahr, nachdem wir uns in der psychosomatischen Klinik erstmals begegnet waren – passierte es. Ich verliebte mich unsterblich in Theresia: Wir waren fast fertig mit dem Essen, und Theresia tischte das Dessert auf, eine sahnig-süße Mousse au Chocolat, und als sie den Löffel in mein Schälchen grub, um mich mit dem ersten Happen der zuckrigen Creme zu füttern, als sie den übervollen Löffel zwischen meine Lippen schob und dabei so warm, so wonnig und wunderbar gewinnend lachte, da traf es mich wie der sprichwörtliche Blitz aus heiterem Himmel. Ich sah sie an und wusste: Mit diesem Menschen möchte ich zusammenleben und alt werden.

Als Theresia mich spät in der Nacht zum Bahnhof begleitete, wurde ich von dermaßen vielen gegensätzlichen Gefühlen überrollt, dass mir ganz schwindelig wurde. *Jesus hilf!* Wie passte das nun in mein Leben?

Bereits auf der Heimreise, während ich im menschenleeren Regionalzug durch die Dunkelheit fuhr, fragte ich mich, ob ich mich überhaupt weiterhin mit Theresia treffen sollte. Wo würde das hinführen? Was würde das denn letztendlich auch für sie bedeuten, konnte ich ihr so jemanden wie mich zumuten? Sollte ich ihr überhaupt offenbaren, wie gern ich sie hatte?

Ich beschloss, meine innere Stimme, den Heiligen Geist, zu fragen, und die Antwort war ein eindeutiges »Ja«.

Und das war ein Zeichen, ein Hinweis, denn ich hatte die Stimme schon oft gefragt, was es mit meiner Weiblichkeit auf sich hatte, was ich mit meiner Transgeschlechtlichkeit anfangen sollte – doch darauf schien die Stimme keine Antwort zu haben: Wann immer ich wissen wollte, ob ich die Transsexualität verstecken oder verdrängen, dagegen ankämpfen oder sie totschweigen solle, schwieg auch die Stimme.

Das »Ja« war also ein Ansporn für mich, ich wertete es als Ermutigung, und so traf ich mich weiterhin mit Theresia zum Wandern, und langsam, ganz langsam tastete ich mich an sie heran. Ich wollte die Dinge auf keinen Fall überstürzen und machte auf unseren Touren höchstens ein paar vorsichtige Andeutungen, machte ihr zum Beispiel Komplimente und sagte ihr, dass sie mehr als nur eine Wanderkameradin für mich war.

»Theresia, du bist was ganz Besonderes«, versuchte ich es an einem nieseligen Frühlingstag ein paar Monate später, als wir auf einem gewundenen Felspfad unterwegs waren, doch Theresia ignorierte meine Annährungsversuche und ließ mich gnadenlos abblitzen: »Weißt du, Simon, ich bin so richtig froh, frei und ungebunden und in keiner Beziehung zu sein. Und du?«

»Ja. Also … nun …« Das war ich wohl nicht richtig angegangen. Ich japste und war überrascht über das Ausmaß meiner Enttäuschung. Dennoch genoss ich unser Beisammensein an diesem Tag und wollte die Stimmung nicht verderben. »Weiß nicht!«, lachte ich daher verlegen, und ich war froh, dass Theresia mir vorauseilte und mein errötendes Gesicht nicht sah. Mit einem Schulterzucken rückte ich meinen Rucksack zurecht und folgte ihr auf dem rutschigen Pfad, und wir liefen durch dicht stehende Tannen, in denen sich Wolkenfetzen verfangen hatten, machten ein Picknick an einer nebelumhüllten verwunschenen Quelle und schienen wieder einmal weit entfernt von den Problemen dieser Welt.

»Du hast doch noch dein ganzes Leben vor dir!«, sagte Theresia plötzlich unvermittelt, als wir uns dem Gipfel näherten. »Du kannst 'ne hübsche junge Frau heiraten, Kinder haben ... was willst du eigentlich von mir?«

Wumms. Das war wieder so ein Schlag wie mit der Faust. Mir blieb die Luft weg.

»Ich mag Frauen über fünfzig!«, schnappte ich, verunsichert und außer Atem.

»Danke für die Rosen!«, sagte Theresia und ich wusste nicht, ob sie das nun ironisch meinte oder nicht.

»Bitte! Gern geschehen ...« Und jetzt? Was sollte ich als Nächstes sagen? Gar nichts am besten. Auf keinen Fall wollte ich ihr zu nahe oder in irgendwelche Fettnäpfchen treten. Aber ich konnte doch auch nicht so tun, als wären wir weiterhin nur einfache Bergwanderfreunde! Fast fürchtete ich, dass ich nun unsere Kameradschaft aufs Spiel gesetzt hatte, und so trat ich in einem letzten verzweifelten Versuch die Flucht nach vorn an: »Ich liebe dich!«, sagte ich ihr direkt ins Gesicht.

»Ich weiß!«, antwortete sie verschmitzt. »Ich weiß es schon lange! Schon seit Monaten!«

Ich starrte sie sprachlos an.

»Ich wollte dich ein wenig zappeln lassen. Ich wollte herausfinden, wie ernst es dir ist, wie sehr du um mich kämpfen würdest!«

»Und?«

»Ja. Du warst gut. Ich glaube, ich liebe dich auch! Jedenfalls ist es so viel besser mit dir als ohne dich ...«

Ich fühlte nichts als pures Glück und eine große Erleichterung, als wir kurz darauf mit der Gondel ins Tal fuhren.

Nach dieser Wanderung war natürlich alles anders zwischen uns, und ich befand mich auf einer schwindelerregenden Gefühlsachterbahn. Ich glaubte einerseits fest, dass ich als heterosexueller Mann mit Theresia zusammenleben könnte, andererseits plagte mich die ständige Sorge, dass ich mein weibliches Inneres nicht komplett würde begraben können. Da half es erst recht nicht, dass Theresia mir schon in der ersten Woche unseres Zusammenseins per E-mail mitteilte, dass sie vorerst keinen Sex mit mir haben könne und wolle. *Warum denn das nun nicht?* Fand sie mich nicht attraktiv genug? Nicht sexy oder männlich genug?

Anders als früher hätte ich mich nämlich nun eigentlich gern in mein ganz normales Leben als Mann gestürzt, mit allem, was dazugehörte, selbst vor der Ehe, solange eine Hochzeit nicht zur Debatte stand: Ich wollte schließlich nicht ewig warten, nicht immer nur verzichten – das hatte ich doch inzwischen lange genug getan.

Außerdem erhoffte ich mir vom Geschlechtsverkehr, meine weibliche Seite noch effektiver verdrängen oder kompensieren zu können und mich als echter Mann zu beweisen, ihr und mir selbst gegenüber. »Okay, wir lassen uns alle Zeit, die du brauchst!«, sagte ich zu Theresia, fest entschlossen, geduldig zu sein. Ich wollte so sehr, dass unsere Liebe eine Zukunft hatte, dass ich bereit war, alles dafür zu tun.

Leider sahen Theresia und ich uns nur an den Wochenenden, da wir zu weit voneinander entfernt wohnten und beide berufstätig waren: Ich hatte kürzlich meine Umschulung zum Produktdesigner mit Auszeichnung abgeschlossen und arbeitete nun als Dozent und Ausbilder in München, und Theresia war als Kellnerin in Bad Tölz beschäftigt. Doch wenn wir dann zusammen waren, machte ich ihr alles so schön wie möglich: Ich führte sie aus, gab ihr Geschenke und plante die Zukunft mit ihr. Wir gingen nach wie vor miteinander wandern, kochten zusammen und bummelten durch die Stadt. Sogar eine gemeinsame Urlaubsfahrt nach Südtirol unternahmen wir, und jeden Sonntag besuchten wir die heilige Messe und machten es uns danach in Theresias Wohnung gemütlich. Wir benahmen uns wie ein ganz normales verliebtes Paar.

Und nach einem weiteren halben Jahr des behutsamen Annäherns, nach Monaten, in denen wir uns nur vorsichtig und zart, doch immer intimer berührten, da schien die Zeit reif, und Theresia wollte es versuchen, wollte es mich versuchen lassen und mir so meine letzte Chance geben, als heterosexueller Mann zu leben. Denn ich wusste: Wenn diese Beziehung nicht funktionierte, würde ich mich der kompletten, auch körperlichen Transition zur Frau stellen müssen – ein Albtraum, an den ich nicht einmal zu denken wagte.

An einem ruhigen, nahezu perfekten Sonntagnachmittag im Herbst geschah es dann. Wir waren in der Kirche gewesen, hatten einen Spaziergang gemacht, zu Hause Kaffee getrunken und Plätzchen gebacken, deren nussiges Aroma noch immer in der Luft hing. Ausgelassen steckte Theresia mir Keksstückchen in den Mund, und wir lachten, küssten und umarmten uns. Dann legte sie zärtlich ihre Hände um meine Hüften, zog mich zu sich heran und hielt mich fest. »Bist du etwa so weit?«, fragte ich erwartungsvoll, und sie nickte mit einem schelmischen Blitzen in den Augen: »Gut, dass wir sowieso nicht heiraten wollen, da brauchen wir auf nichts zu warten!« Sie hatte wirklich ein Talent dafür, gerade in den schönsten Momenten jeglichem Zauber einen Dämpfer zu versetzen! Warten wollte ich zwar auch nicht – aber heiraten wollte ich sie eigentlich schon. Was sollte ich also jetzt sagen? Ich fürchtete, dass sie sofort Reißaus nehmen würde, wenn ich ihr einen Antrag machte. »Also, ich …«, begann ich, doch Theresia schüttelte den Kopf, legte ihre Hand auf meinen Mund und zog mich auf die Couch. Wir schmiegten uns aneinander, und ich fühlte mich so behaglich, so satt und zufrieden, dass ich ohnehin keine Diskussion und schon gar keinen Streit anfangen wollte. Stattdessen rückte ich noch näher an sie heran. Ich versteckte mein Gesicht in ihrer Halsbeuge und brummelte zustimmend, dann küsste ich sie, streichelte sie, und wir begannen, uns langsam gegenseitig auszuziehen.

Wie schon zuvor berührten wir uns, überall, doch heute ermunterte mich Theresia, einen Schritt weiterzugehen, und während wir uns in einem langen Kuss verloren, vereinigten wir uns, verschmolzen wie selbstverständlich miteinander und wurden eins.

Doch irgendetwas stimmte nicht. Ich merkte plötzlich, trotz all meiner Behutsamkeit, dass etwas in Theresia dichtmachte: Als würde eine Tür zufallen oder sich eine Wand zwischen uns schieben, wirkte sie mit einem Mal entfernt, ganz leer und unbeteiligt, worauf ich mich erschreckt zurückzog.

»Was ist los, hab ich was falsch gemacht?«, fragte ich.

»Nein, nein, es ist nur … ich kann es nicht! Es schmerzt, es tut mir weh, weil früher mal was passiert ist …, Simon, ich glaube einfach nicht, dass ich Sex mit einem Mann haben kann!«

»Was? Oh. Okay. Es tut mir leid!« Ich rückte ein Stück zur Seite, um ihr Raum zu geben. »Dann muss ich wohl versuchen, das zu respektieren, oder?« Resigniert legte ich meinen Kopf auf die Sofalehne und starrte an die Decke. Ich fragte nicht weiter, obwohl ich zu gern gewusst hätte, was ihr früher einmal passiert war. Vielleicht würde sie es mir eines Tages erzählen.

Doch wie würde es in der Zwischenzeit weitergehen? Konnte und wollte ich denn überhaupt noch einmal eine Beziehung ganz ohne Sex haben? Oder sollte ich mich doch lieber von Theresia trennen?

Als ich an diesem Abend im Zug nach Hause saß, fühlte ich mich ungeliebt, abgelehnt und durch und durch unglücklich. Und in der folgenden Nacht fing es wieder an: Die Albträume schlugen mit voller Wucht zu, die Gedankenschleifen rotierten aufs Neue, und ich konnte nicht anders, als mir selbst wehzutun.

Das war ein herber Rückschritt, denn in den letzten Jahren, seit ich Gottes Stimme hörte, hatte ich mir kaum Schmerzen und keine blutenden Verletzungen mehr zugefügt. Seit ich erstmals akzeptiert hatte, dass ich transgeschlechtlich war, seit ich diese Bezeichnung für mich zulassen konnte und annahm, dass Gott mich so geschaffen hatte, war mein Kampf gegen mich selbst erst einmal eingedämmt. Bis jetzt.

Ich überlegte, ob die Rückkehr der Probleme mit Theresias Abweisung zu tun hatte oder doch eher damit, dass ich meine Transgeschlechtlichkeit, mein weibliches Inneres, seit meinem Zusammensein mit ihr aufs Neue verdrängen und verleugnen wollte, ein Versuch, der heute seinen traurigen Höhepunkt erfuhr.

Musste ich, um Zwangshandlungen und Albträume loszuwerden, das Frausein noch weiter, noch vorbehaltloser in mein Leben hineinlassen? Aber das wollte ich ja nicht! Doch konnte ich es wirklich nur unter Schmerzen und Albträumen kleinkriegen? Warum konnte ich nicht einfach alles Schlechte und Qualvolle abschütteln und hinter mir lassen? Ich wollte doch einfach nur normal sein. Alles richtig machen. Und die Transition zur Frau vermeiden.

Ich beschloss, einfach weiter an meiner Beziehung zu Theresia festzuhalten, mit aller Macht, und irgendwie würde es schon funktionieren, irgendwie würde es uns gelingen, ein normales Leben als Mann und Frau zu führen. *Jesus, bitte, nimm das Weibliche weg von mir, ich will doch einfach nur ein ganz normaler Mann sein! Bitte, bitte hilf mir dabei!*

Theresia hatte während der vergangenen Monate natürlich mitbekommen, was für einen Kampf ich in und mit mir austrug, sie glaubte auch längst nicht mehr, dass ich schwul sei – obwohl ich mich oft fragte, ob sie nicht ursprünglich die Beziehung zu einem schwulen Mann gesucht hatte, um dem Geschlechtsakt zu entgehen. Dahingehend hatte ich sie enttäuschen müssen, und Theresia beteuerte mir nun in regelmäßigen Abständen, wie schuldig sie sich fühlte und wie leid es ihr täte, dass sie meine sexuellen Bedürfnisse nicht befriedigen konnte. Dennoch wollte sie nie über die Gründe oder über ihre Vergangenheit reden, allerdings vermutete ich aufgrund ihrer Empfindlichkeiten, dass auch sie in ihrer Kindheit missbraucht worden war.

Vielleicht entwickelte sie deswegen solch ein außergewöhnliches Gespür für mein Inneres, für mein Frausein. Sie erkannte mit der Zeit immer klarer, dass es diese andere Seite in mir gab, Theresia *sah* diese Seite, nahm sie mit all ihren Sinnen wahr, und sie versuchte durchaus, sich mit ihr zu arrangieren und vielleicht sogar anzufreunden. »Hey, doppeltes Lottchen!«, sagte sie zum Beispiel zu mir, oder »Girlie-Shirley« oder »Heute bist du mehr Mädchen, meine Liebe!«.

Einmal, als wir zusammen in einer Buchhandlung herumstöberten, griff ich nach einem Bildband über Afrika und blieb beim Durchblättern am Foto einer Löwenmutter mit ihren Jungen hängen: »Guck mal, sind die Babys nicht süß?« Beglückt hielt ich Theresia das Buch vor die Nase, doch sie wich mit einem skeptischen Ausdruck im Gesicht zurück. »Ehrlich?« Sie kräuselte die Nase und sah mich an, als wäre ich selbst ein Baby, und als ich ihr dann auch noch ein Gedicht über Blumen vorlas, schüttelte sie energisch den Kopf: »Simon, echt, so wie du denkt wirklich nur 'ne Frau, kein Mann ist so drauf wie du!«

»Hm«, entgegnete ich, und Theresia beichtete mir, dass sie es befremdlich fand, einen Männerkörper zu sehen, aber eine Frau zu spüren.

»Ich dachte, ich hätte einen Mann zum Freund, keine Frau im Männerkörper!« Sie konnte es sich einfach nicht verkneifen, ehrlich und direkt zu sein, das war seit jeher ihre Stärke.

»Tut mir leid!«, sagte ich, und obwohl es mich erleichterte, dass Theresia diese Seite so deutlich sah, bedrückte es mich auch, denn offensichtlich gelang es mir nicht, meine Weiblichkeit in dem Maße zu verdrängen, wie ich es wollte. »Okay, ich werd versuchen, besser zu sein!«

»Was bist du denn aber nun? Mann oder Frau?« Sie ließ nicht locker.

»Ich weiß es nicht, Theresia, ich weiß es wirklich nicht – aber ich weiß genau, dass ich mit dir zusammenbleiben will!«

Theresia nahm mich in den Arm, und ich sackte vor Erschöpfung und Erleichterung zusammen und konnte meine Tränen nicht zurückhalten. »Schhhh, alles gut!«, tröstete sie, und nur wenige Wochen später beschlossen wir, trotz aller Ungewissheiten zusammenzuziehen.

Im Januar 2017 begannen wir, uns nach einer geeigneten Wohnung im Münchner Umland umzusehen, und schon im März wurden wir fündig, und zwar östlich von München in

Wasserburg am Inn: Hier mieteten und bezogen wir zwei gemütliche Zimmer mit Einbauküche, Terrasse und umzäuntem Gärtchen, und wir richteten uns gepflegt und gutbürgerlich ein, um unser friedliches, traditionelles und ganz normales Leben als Mann und Frau zu beginnen. So sah es jedenfalls aus, doch unter der Oberfläche war dieses Leben bereits zu Ende, bevor es überhaupt anfangen konnte, und in jenen Wochen spitze sich meine Krise dramatisch zu: *Bin ich Mann oder bin ich Frau? Mann oder Frau? Mann? Frau? Mann? Frau! Aber wie viel Frau bin ich denn? Fünfundsiebzig Prozent vielleicht?*

Ja. In jenem Frühjahr fühlte ich mich fünfundsiebzig Prozent weiblich. Ich war fünfundsiebzig Prozent Frau in einem hundertprozentigen Männerkörper.

KAPITEL 18

BIS IN ALLE EWIGKEIT

»Es gibt noch *eine* Möglichkeit für dich. Eine allerletzte Chance!« Schwester Ruth beugte sich mit besorgtem Blick zu mir hinüber und legte ihre Hand auf meine Stirn, als wolle sie testen, ob ich Fieber habe. Sie sah mir tief in die Augen, dann umklammerte sie meine Handgelenke mit der Kraft eines Schraubstockes und drückte sie auf meine Knie nieder, was ich widerstandslos geschehen ließ.

Ich kannte Schwester Ruth von mehreren Chorleiterlehrgängen, die vor Jahren in ihrem Kloster im Berchtesgadener Land stattgefunden hatten, und durch die Musik fühlten wir uns immer noch verbunden. Auch wenn wir uns selten sahen, verstanden wir uns gut, die Schwester war mir mit der Zeit sogar zu einer vertrauten Freundin geworden, und in jenem Sommer 2017 besuchte ich sie, um mich zu outen und sie um Rat zu fragen, was ich denn nun tun solle.

»Deine einzige und letzte Chance sind charismatische Exerzitien – soweit ich das beurteilen kann.« Sie nickte, ließ meine Arme los und tippte sich mit ihrem Zeigefinger ans Kinn, dabei runzelte sie die Stirn unter der Haube ihres Habits.

»Ja? Wirklich? Aber was ist mit meinem weiblichen Anteil? Was soll denn bei den Exerzitien mit ihm geschehen? Wie soll ich ihn an Gott herantragen, wie Gott gegenübertreten? Als Frau? Denn so fühle ich mich, mehr als je zuvor!«

»Aber du bist keine Frau! Und Gott kann das richten! Dieses Gefühl, das du hast, das können wir vielleicht durch die besonders lebendige und starke Beziehung zu Jesus und dem Heiligen Geist bei den charismatischen Exerzitien wegkriegen. Das willst du doch, oder nicht?«

»Ja. Ich weiß nicht. Nun ja. Ich denke schon.«

Kurz darauf quartierte ich mich in einer kleinen Pension nahe dem Kloster ein, um eine ganze Woche lang an charismatischen Exerzitien teilzunehmen – ich hatte mich von meiner Firma extra dafür beurlauben lassen.

Ein bisschen erinnerte mich diese Woche an meine Zeit in Taizé, denn es wurde viel gesungen, miteinander gebetet und Lobpreis gemacht, auch aßen wir Teilnehmer gemeinsam, meist draußen, und es herrschte eine schöne Atmosphäre von Zusammengehörigkeit und Gottesnähe. Wenn ich jedoch daran dachte, warum ich hier war, dann verging das angenehme Gefühl sofort, denn es war anders als damals, und ich fühlte mich irgendwie in die Enge getrieben und ohne Ausweg, wusste ich doch, dass ich einzig und allein hier war, um mein Frausein loszuwerden, und dass dies meine letzte, die wirklich *allerletzte* Chance war.

Neben Lobpreis mit neuer geistlicher Musik gab es jeden Tag sowohl im Kloster als auch in der nahe gelegenen Pfarrkirche eine Reihe von Vorträgen, und immer wieder ging es darin um Vergebung, um die innere Heilung von altem, durch die eigenen Vorfahren verursachten Schmerz und um vergangene Belastungen. Durch die heilende Kraft der Vergebung, hieß es, könne man diese bewältigen, und genau das war ja auch schon Thema in der psychosomatischen Klinik gewesen, sodass ich hier durchaus Ansatzpunkte fand, an die ich anknüpfen und die ich mit meinen bisherigen Therapieansätzen vereinbaren konnte.

Wie genau dies nun meine Transgeschlechtlichkeit beheben sollte, war mir allerdings nicht ganz klar.

»Jetzt lass uns für die Heilung deiner Seele beten!«, sagte eine ältere, freundlich dreinblickende Seelsorgerin in Schwesterntracht, mit der ich mich am vierten Tag zu einem persönlichen Gespräch in einem abgetrennten Klosterzimmer traf. Wir saßen uns an einem einfachen Holztisch bei geöffnetem Fenster gegenüber, und eine leichte Sommerbrise wehte herein, die mich an mein letztes Jahr in der Abtei Sankt Zyprian erinnerte – immer wieder drängten sich Bilder unseres Gartens und meiner Rosenecke in mein Gedächtnis, während ich der Seelsorgerin zwei Stunden lang von meinem Lebensweg mit all seinen Hürden und Gräben erzählte.

Die Schwester hörte mir vor allem zu, ohne viel zu sagen, und am nächsten Tag, dem letzten der Exerzitienwoche, rief sie mich noch einmal zu sich, um mir die Lebensbeichte abzunehmen: Wie man es vor großen und wichtigen Ereignissen tut, sollte ich noch einmal mein ganzes Leben vor Jesus niederlegen, um seine Liebe und seine Vergebung zu spüren, und so gab ich mich in seine Hände, weinend, denn ich konnte nicht anders – ich übergab ihm mein Leben, und es war, als hätte sich ein Schleusentor geöffnet, so brachen sich meine Tränen Bahn, während die Schwester die zehn Gebote vortrug, und ich auf jedes mit einem Beichtgeständnis zu antworten versuchte.

Und als sie sagte: »Du sollst deinen Vater und deine Mutter ehren!«, da wimmerte ich: »Ich habe gesündigt! Ich hege immer noch einen Groll gegen meinen Vater, und auch gegen Paul und gegen meinen Onkel Karl. Ich möchte ihnen ja vergeben, aber das fällt so schwer!«

Die Schwester nickte, und ich schlug meine Hände vors Gesicht.

»Du sollst nicht Unkeuschheit treiben!«, kam sie schließlich zum sechsten Gebot, und ich schluchzte auf, während ich mich bekreuzigte: »Im Namen des Vaters, des Sohnes und des Heiligen Geistes. Ich habe so vieles falsch gemacht. Ich hatte auch vorehelichen Sex.«

«Gott schenke dir wahre Erkenntnis deiner Sünden und seiner Barmherzigkeit!«, sagte die Seelsorgerin.

»Amen«, erwiderte ich.

»Gott hat durch Jesus Christus die Welt mit sich versöhnt und den Heiligen Geist gesandt zur Vergebung deiner Sünden. Durch den Dienst der Kirche schenke er dir Verzeihung und Frieden!«

»Amen.« Ich senkte den Kopf.

Die Seelsorgerin schloss die Augen, und auf ihrem Gesicht erschien ein besorgter, vielleicht sogar gequälter Ausdruck, als sie begann, intensiv murmelnd für mich zu beten »Herr, hilf dieser armen Seele, Herr, hilf und lass die Tränen versiegen.«

»Ja, bitte«, sagte ich schließlich, als sie mit Beten fertig war, »ich habe schon so viele davon vergossen – wann ist das endlich vorbei?«

»Ich glaube, es muss noch viel Heilung und Vergebung stattfinden …«, sagte die Seelsorgerin, »da ist noch ein riesengroßer Tränensee, der leergeweint werden will!« Sie stand auf und verließ mit gefalteten Händen das Zimmer, um kurz darauf mit einem Pater zurückzukehren, den ich bereits von den allabendlichen Gottesdiensten kannte. Kurz fühlte ich mich wie ein Kind, das nicht weiß, ob nun Trost oder Strafe droht, doch der Pater erteilte mir die Absolution, worüber ich so erleichtert war, dass ich ihm und der Seelsorgerin erzählte, dass ich mich als Frau in einem Männerkörper empfand.

Schwerfällig ließ sich der Pater auf einen Stuhl fallen: »Oh. Dann bete ich für die Heilung deiner Seele«, sagte er mit einem irritierten Unterton in der Stimme, »und um Re-Integration von allen abgespaltenen dissoziierten Anteilen dieser Seele!«

Ich nickte.

»Und nun müssen wir eine Geisteraustreibung machen, denn so ein Empfinden kann nur von einem bösen Geist herrühren!«

Ich nickte wieder und hoffte, dass dieser Pater Fähigkeiten besaß, die Pater Franz nicht hatte.

»Rück deinen Stuhl hier herüber, mit dem Rücken zu mir, sodass dein Gesicht zum Fenster gerichtet ist!«

Ich verrückte meinen Stuhl wie angewiesen, und plötzlich hatte die Sommerbrise einen fahlen Beigeschmack, der mir direkt ins Gesicht wehte. In dem Moment spürte ich die Hände des Paters schwer auf meinen Schultern.

»Böser Geist, der du diese arme Seele besetzt. Weiche!«, hörte ich laut und drängend des Paters Stimme. »Geist, der dieses falsche Geschlechtsempfinden hervorruft, weiche, im Namen Jesu Christi!« Nun legte der Pater seine Hände fest auf meinen Kopf und drückte, drückte mich beinahe nieder. Doch es geschah nichts. Kein Geist entwich.

Am letzten Abend der charismatischen Exerzitienwoche stand dann als Höhepunkt noch ein Heilungsgottesdienst auf dem Programm, mit weiterem Handauflegen und Heilgebeten, wie ich sie aus Sankt Zyprian kannte, allerdings gab es hier keine Salbung. Dennoch dauerte der Gottesdienst ewig, es nahmen unglaublich viele Heilung suchende Menschen daran teil, und so war es beinahe Mitternacht, als der Pater endlich die Hand auch auf meinen Kopf legte und für meine vollständige Genesung betete.

Wieder hoffte ich auf die außergewöhnlichen Heilkräfte dieses Paters, hoffte inständig, dass ihm gelang, was sonst noch keiner geschafft hatte, nämlich meine weibliche Seite wegzuheilen, doch merkte ich gleich anschließend beim gemeinsamen Lobpreis und in der Schlussanbetung, dass ich mich ganz als Frau empfand.

Wenn überhaupt, so hatten die charismatischen Exerzitien meinen Zustand noch verstärkt, ihn verschlimmert – geheilt worden war meine Transgeschlechtlichkeit hier jedenfalls nicht. Und als nach dem Gottesdienst einer der Exerzitienteilnehmer wie zufällig witzelte: »Da gibt's doch Männer, die glauben, eine Frau zu sein, und Frauen, die glauben, ein Mann zu sein – Kinder, wie verrückt ist denn die Welt geworden?«, da zog es mir den Boden unter den Füßen weg: Dieser Ausspruch eines Mannes, der hier sogar einen Vortrag gehalten hatte, machte alles noch so viel schlimmer, ebenso wie der Applaus, den er dafür erhielt – selbst der Pater lachte mit, und sein Lachen schmerzte mehr als alle Geisteraustreibungen dieser Welt zusammengenommen.

Eine Woche später, als ich in mein alltägliches Leben in Wasserburg zurückgekehrt war, schien alles genau wie vorher zu sein. Vielleicht hatten für ein oder zwei Tage irgendwelche Verdrängungsmechanismen bewirkt, dass ich mich ein bisschen mehr als Mann empfand, doch danach merkte ich, dass noch ganz genauso viel Frau in mir steckte wie vor den Exerzitien und vor der Geisteraustreibung. Wollte Gott etwa nicht, dass die Frau aus mir verschwand? *Warum nicht? Warum hatte er mir nicht geholfen?*

Während der folgenden Wochen breitete sich eine tiefe Enttäuschung in mir aus: Die anstrengende Zeit in diesem Berchtesgadener Kloster hatte nicht das Geringste bewirkt, im Gegenteil, ich fühlte mich noch schlechter, noch sündiger und unreiner, noch *falscher* als zuvor, wenn das überhaupt möglich war, und ich schrieb dem Pater des Klosters, dass er doch bitte weiter für mich beten solle und dass ich Hilfe brauchte statt Verurteilung. Eine Antwort erhielt ich nicht.

Als dann der Winter nahte und mit ihm das Weihnachtsfest, als die Feiertage immer näher rückten, da wurde mir klar, dass ich nun alle Möglichkeiten ausgeschöpft hatte – ich hatte alle möglichen und unmöglichen Therapien, Gebete und Exorzismen durchgestanden, hatte die Geisteraustreibung und über siebenhundert Heilungsgottesdienste, Handauflegungen und Salbungen über mich ergehen lassen, und nichts, aber auch gar nichts hatte gegen meine Transgeschlechtlichkeit geholfen. Ich war mit einundfünfzig Jahren komplett am Ende.

Und so lag ich schließlich am Heiligen Abend gebrochen auf unserer Couch – an diesem Tag, an dem Theresia und ich es uns besonders schön und festlich machen wollten, an dem der Duft von Plätzchen, Kerzen und dem Wald meiner Kindheit durch die Wohnung wehte, wurde mein Zustand so unerträglich und unaushaltbar, dass er mich geradezu erstickte.

Jesus Christus, warum bin ich so verkehrt? Warum wurde ich mit dem falschen Geschlecht geboren? Gott, warum hast du mich so geschaffen? Ich hab mir das doch nie gewünscht!

Diese Fragen waren beinahe so alt wie ich selbst, dennoch spürte ich, dass heute etwas anders war, dass ich mich nicht länger verstecken oder dagegen ankämpfen konnte. Heute musste ich mich entscheiden, es gab nur noch zwei Möglichkeiten: Entweder lebte ich als Frau – oder gar nicht mehr.

Die Dimension dieser Entscheidung nahm mir den Atem, und wie gelähmt starrte ich auf die Krippenszene, die Theresia heute Morgen liebevoll unter unserem Christbaum aufgebaut hatte, Maria, Joseph und das Christuskind im Stall: *Denn euch ist heute der Heiland geboren …* »Jesus Christus, bitte, bitte sei mein Heilsbringer, Erlöser und mein Retter!« Und ich ergab mich wiederum in seine Hände, übergab mich ihm einmal mehr – und entschied mich fürs Leben, weil ich auf einmal spürte, dass Jesus es so wollte. Es kam über mich wie eine Erleuchtung: *Gott wollte mich so haben, wie ich war!* Und als wäre sich plötzlich auch meine innere Stimme dessen sicher, *wusste* ich ganz einfach, dass ich als Frau leben sollte, und fest entschlossen setzte ich mich auf und sagte laut zu Jesus: »Ich gehe diesen Weg aber nur mit dir, und du musst mir immer wieder Zeichen geben, dass es dein Weg, dein Wille, dein Plan für mein Leben ist.«

Am nächsten Morgen erzählte ich Theresia von meinem Entschluss, fortan als Frau zu leben, und von meiner Sehnsucht, einen dementsprechenden Körper zu haben. Da Theresia seit Langem über mein weibliches Inneres Bescheid wusste, kam dies nicht überraschend für sie. Ich sah Traurigkeit in ihren Augen, aber auch Verständnis, und während der folgenden Tage redeten wir viel: Wir sprachen darüber, wie es mit uns weitergehen könnte, was mit unserer Beziehung geschehen würde, was die nächsten Schritte wären bezüglich meines Strebens nach einem weiblichen Körper. Dazwischen kamen wir unseren anderen weihnachtlichen Verpflichtungen nach, trafen uns mit Theresias Familie und mit meiner, tranken Kaffee, aßen Plätzchen, besuchten ein Kirchenkonzert unserer Gemeinde und feierten den zweiten Weihnachtstag bei Rehbraten, Blaukraut und Knödeln mit meiner Mutter und meinem Bruder – und während dieser traditionellen Weihnachtsroutine, inmitten all dieser geselligen Zusammenkünfte, kam es mir vor, als könnte der Kontrast zwischen mir und dem Rest der Welt nicht größer sein.

Die Klüfte, die es nun zu überwinden galt, beschäftigten mich auch am Silvesterabend, als ich mit Theresia durch die Wasserburger Altstadt schlenderte, und ich konnte an nichts anderes denken, als an mein zukünftiges Leben als Frau. Wir waren zuvor beim Jahresabschlussgottesdienst gewesen, und hier war ich durch Jesus noch einmal be- und gestärkt worden, dennoch verlangte mir die neue Lebensperspektive einiges ab – ich fühlte mich wie gerädert, hatte Ringe unter den Augen, und in meinem Kopf herrschte Chaos. »Mir ist zum Heulen, Theresia, und ich halte es überhaupt nicht mehr aus, als Frau in einem Männerkörper zu leben. Früher wollte ich die Transition nicht, aber jetzt ist es anders. Mein Äußeres soll richtig sein! Ich *muss* einen Frauenkörper haben! Verstehst du das?«

Theresia ergriff meine Hand und zog mich durch die Gassen, vorbei an kunstvoll ausgeleuchteten Schaufenstern, unter lichtergeschmückten Bäumen hindurch, und mitten hinein in die Unmengen feierlauniger Menschen. »Komm, lass uns einen guten Platz finden, von dem aus wir das Feuerwerk anschauen können!«, sagte sie.

Ich nickte und folgte ihr schweigend, und kurz vor Mitternacht fanden wir einen geeigneten Platz mit Ausblick auf einer Anhöhe etwas außerhalb der Altstadt. Und während wir über die Stadt blickten, während die ersten verfrühten Raketen der Ungeduldigen in den Himmel stiegen und die vorzeitigen Knaller und Böller losgingen, da merkte ich, wie sich mein letzter männlicher Anteil von mir verabschiedete: Um genau zehn vor zwölf blieb meine Armbanduhr für fünf Minuten stehen, als hätte Gott kurz die Zeit angehalten, um mir ein Zeichen zu geben, und der letzte Rest Mann verschwand während dieser Minuten, guten Gewissens, beinahe erleichtert verflüchtigte er sich, verpuffte wie die ausgebrannten, erloschenen Feuerwerksfunken am Himmel, zusammen mit dem Gedanken, dass er nun lang genug gelebt hatte, dass er, der Mann, sich als Mönch im Kloster *ausleben* durfte und dass das Klosterleben auch und vor allem deswegen geendet hatte: damit mein männliches Leben vorüber sei und Platz gemacht würde für die Frau in mir – für Sabine, die bisher nie leben durfte.

Jetzt war ich hundert Prozent Frau. Eine ganze Frau in einem hundertprozentig männlichen Körper. Doch Letzteres würde sich bald ändern. Ich würde das Problem umgehend und als Nächstes in Angriff nehmen, mich aktiv darum kümmern. Und so war das Ende dieses Weges gewissermaßen auch der Anfang, denn jetzt ging es erst richtig los und die schwierigste Wegstrecke lag vor mir.

KAPITEL 19

LEBENS WANDEL

»Solch eine Operation ist ein massiver Eingriff und birgt natürlich Risiken«, sagte der Arzt, ein ruhiger väterlicher Typ, dem ich in seinem geräumigen Sprechzimmer im Seitenflügel einer großen Klinik gegenübersaß. Überall an den Wänden hingen detaillierte anatomische Bilder und Fotos, die meisten zeigten weibliche und männliche Genitalien. Auf dem Schreibtisch lag ein auseinandernehmbares Plastikmodell einer menschlichen Vagina. Ich wusste kaum, wo ich hingucken sollte.

»Immerhin muss eine etwa fünfzehn Zentimeter lange Höhle zwischen Ihrem Enddarm und der Harnröhre angelegt werden.«

Das wusste ich natürlich selber, denn ich hatte mich inzwischen ausführlich über die Vaginoplastik und andere Methoden der Geschlechtsangleichung informiert und mir auch Aufklärungsvideos dazu angesehen, die ganz sicher nichts für schwache Nerven waren. Trotz dieser umfangreichen und massiven körperlichen Eingriffe – oder gerade deswegen – sah ich der Operation mit Freude und Ungeduld entgegen. »Ich weiß!« Ich versuchte, dem Arzt fest in die Augen zu sehen, um nicht von der Umgebung abgelenkt zu werden. »Die Hoden werden entfernt, der Penis wird aufgeschnitten, die Haut abgezogen, die Schwellkörper entnommen. Die Harnröhre wird aus dem Penisschaft gelöst, und aus der Eichel und der anliegenden Haut werden dann die Klitoris und die kleinen Schamlippen geformt und eingenäht.

Dann wird die Penishaut in die neu geschaffene Höhle eingestülpt und aus ihr und einem Stück Hodenhaut wird so die Neovagina gebildet. Und aus dem Rest der Hodenhaut werden die großen Schamlippen genäht.« Beim Rezitieren des Operationsablaufes wurde ich von einem Gefühl des Triumphs überwältigt, doch fragte ich mich, ob da nicht auch ein Hauch von meinem alten Masochismus wieder durchklang.

»Natürlich kann es da zu zahlreichen Wundheilungsproblemen, Blutungen und Hämatomen kommen«, sagte der Arzt unbeeindruckt, während er mir schonungslose Fotos der verschiedenen Operationsphasen vors Gesicht hielt. Die Bilder sahen brutal, roh und blutig aus. »Es handelt sich also um einen großen Eingriff, der mit Schmerzen verbunden ist, und meist auch mit weiteren Operationen – es ist ein langwieriger Prozess, der auch postoperativ wehtun wird, für sehr lange Zeit.«

»Ich weiß. Das weiß ich alles. Aber nichts kann so schmerzhaft und langwierig sein wie mein bisheriges Leben! Ich bin bereit.«

Im Juli 2018

Ich war in dieser Klinik gelandet, nachdem ich mich ein weiteres Mal an die Selbsthilfegruppe gewandt hatte – und diesmal gut beraten wurde. »Kümmere dich drum! Es ist absolut existenziell«, empfahl mir eine hübsche Frau namens Patricia. Sie war etwa Mitte vierzig und hatte die Operation schon seit einer Weile hinter sich, und sie gab mir sogleich die Adresse dieser Klinik, in der ich mich weiter informieren sollte. »Wir nennen es außerdem nicht mehr Transsexualität, sondern Transidentität. Es geht ja nicht in erster Linie um Sexualität, verstehst du? Es geht um die Geschlechtsidentität, dein ganzes Ich, dein ganzes Leben, um alle Facetten des menschlichen Seins ...«

Ihre Worte beeindruckten und ermutigten mich, und so fragte ich sie nach ihren eigenen Erfahrungen, und sie erzählte mir von ihrem Weg, der nicht ganz so lang und steinig wie meiner, aber dennoch beschwerlich war.

»Du brauchst auf alle Fälle Ausdauer und Geduld. Sehr viel Geduld. Du wirst sehen. Aber du musst das Thema angehen, du musst dich drum kümmern, sonst gehst du kaputt.«

»Ja. Ich weiß.«

»Und sei hundert Prozent ehrlich zu dir selbst und zu den Psychologen und Gutachtern. Du tust dir keinen Gefallen, wenn du da flunkerst, um irgendwas zu erreichen. Sag immer die Wahrheit. Nur du selbst kannst letztendlich wissen, ob du wirklich transident bist. Und falls du Zweifel hast: Dafür sind die anderthalb Jahre psychotherapeutische Begleitung, die du noch vor dir hast – da kannst du das auch hundertprozentig für dich selbst abklären. Erst dann kannst du die OP überhaupt beantragen, und auch für die Vornamens- und Personenstandsänderung brauchst du zwei unabhängige Gutachten.«

»Ich weiß ...«, flüsterte ich, und plötzlich schien der Berg vor mir gigantisch und unbezwingbar.

Als ich aus den Räumen der Selbsthilfegruppe hinaus auf die matschig graue, mit altem Schnee bedeckte Straße trat und mich durch die ungemütlich kalte Münchner Innenstadt schlich, ziellos und doch so, als würde ich irgendetwas ausweichen oder vor irgendwas fliehen, vor meinen Zweifeln vielleicht oder meiner Angst oder vor der Frage, ob das wahrhaftig alles nötig sei, ob ich mich wirklich da durchquälen sollte, da war die Antwort plötzlich klar. Und eine Woche später suchte ich die Klinik auf, und es tat gut, dort endlich mit einem Arzt zu sprechen, der meine Transidentität nicht ›heilen‹ wollte. Der *mich* nicht heilen wollte, indem er mein Inneres änderte, sondern indem er mein Äußeres anglich, sodass es zu meiner Seele und damit zu *mir* passte.

»Auch müssen Sie mindestens ein Jahr lang äußerlich als Frau gelebt und mindestens ein halbes Jahr lang eine gegengeschlechtliche Hormontherapie durchgeführt haben«, fuhr der sympathische Doktor fort, »und die Hormontherapie kann erst nach einem halben Jahr Psychotherapie beginnen.«

»Ja, ja bitte!«, entgegnete ich, und ich wollte sofort mit irgendetwas anfangen, wollte mich schnellstmöglich auf die Operation vorbereiten, mich ihr, sobald es nur ging, unterziehen – knapp dreißig Jahre, nachdem ich erstmals in jener Fernsehsendung von dieser Möglichkeit gehört hatte.

Doch natürlich ging das alles nicht so zügig wie erhofft, und es stellte sich schnell heraus, dass die Hindernisse, die es zu überwinden galt, noch höher waren als befürchtet.

Als Erstes musste ich einen geeigneten Psychiater oder Therapeuten für die vorgeschriebene Psychotherapie finden, was sehr viel leichter gesagt als getan war: Es gab kaum Therapieplätze, die meisten Praxen waren ausgebucht, nahmen keine neuen Patienten an oder hatten höchstens einen Termin mit monatelanger Wartezeit zu bieten.

Schließlich, nach ewigem Suchen und unzähligen Telefonaten, fand ich einen Doktor Falk, der sich mit Transidentität auskannte und der die Therapie in etwa drei Monaten mit mir beginnen konnte. Das war besser als nichts, und einen Teil der Wartezeit vertrieb ich mir, indem ich mich neu ausstaffierte, was mir ungeahnte Freude bereitete: In Rosenheim kaufte ich mir Damenkleidung, Damenschuhe und eine Handtasche. Auch Schminksachen wollte ich haben, und ich beschloss, mich in einem Drogeriemarkt beraten zu lassen. Vor Aufregung machte ich mir beinahe in die Hose, als ich das Geschäft betrat, schließlich sah ich ja aus wie ein Mann, was würde das Personal von mir denken?

»Ähm, guten Tag. Ich bräuchte eine einfache Make-up-Grundausstattung, also fürs Gesicht, mit Puder und allem, mit Lidschatten, Kajal, auch Lippenstift, aber … aber ganz dezent«, sagte ich zu einer Mitarbeiterin und ich spürte, wie mir das Blut ins Gesicht schoss und ich zu stottern begann.

»Für wen soll es sein? Ihre Freundin? Was für ein Typ ist sie denn? Eher hell oder eher dunkel? Welche Haarfarbe?«

Okay. Augen zu und durch.

»Es ist für mich. Ich möchte mich schminken. Ich bin transident, also eine Frau in einem Männerkörper. Und ich möchte von jetzt an als Frau leben …«

Nach einem kurzen Moment der Überraschung und Sprachlosigkeit fing sich die Drogeriemitarbeiterin in Sekundenschnelle. »Ah! Okay. Sehr gut. Blaue Augen. Und die Haare? Grau? Vielleicht tönen Sie die ja noch. Kastanie würde Ihnen sicher gut stehen. Kommen Sie, ich hab alles für Sie!«

So begann ich im Frühjahr 2018, mich weiblich zu kleiden und zu schminken – und das war ein erster wunderbarer Schritt.

Wenn ich zu Hause vor dem Spiegel stand, mit einer schönen Bluse bekleidet, mit blassrotem Lipgloss auf den Lippen und einem sorgfältig gezogenen Kajalstrich, dann musste ich jedes Mal lächeln: Ich fühlte mich stark und frei – stärker und freier, als ich es je in meinen mutigsten Männermomenten erlebt hatte, doch nun brauchte ich weder Flugzeug noch Helikopter oder Fallschirm dazu, denn ganz allein meine Gedanken beflügelten mich. *Jetzt bin ich ganz ich – endlich darf ich ich selbst sein! Ich muss mich nicht mehr verstellen, brauche keine Lebenslügen mehr zu leben. Ich muss nie wieder jemand sein, der ich nicht bin.*

Es war ein unbeschreibliches Gefühl: Sabine war aus der Dunkelheit ins Licht getreten. Endlich konnte sie zum Zug kommen, sie, die schon immer da war, sich jedoch stets verstecken musste im Untergrund, im Unterbewusstsein.

Ich war jetzt Sabine.

Mich als Sabine in die Öffentlichkeit zu wagen, war jedoch noch einmal eine andere Sache und kostete mich anfangs große Überwindung. Doch ich traute mich immer öfter, legte Schminke auf und ging in Frauenbekleidung unter die Leute. Als ich Anfang Mai erstmals als Frau zur Selbsthilfegruppe nach München fuhr, als ich nervös und aufgeregt im Zug saß und mich fragte, ob mich die Menschen wohl als weibliche Person wahrnahmen, da hatte ich ein gutes Gefühl – bis ich kurz vor der Ankunft vom anderen Ende des Abteils diese Stimme hörte: »Was ist das denn, eine Frau oder ein Mann?« Ich drehte meinen Kopf zum Fenster, sah hinaus und wischte mir eine mascaragetränkte Träne aus dem Augenwinkel.

Doch ich ließ mich nicht entmutigen. »So was wird dir immer wieder passieren«, sagte Patricia von der Selbsthilfegruppe, »aber es kommt nicht darauf an, was die Leute denken. Ich weiß, es ist schwer, aber du musst versuchen, da drüberzustehen. Und im Übrigen siehst du toll aus!« Und so benutzte ich weiterhin Make-up, kleidete mich weiblich und ließ meine fransige Männerfrisur herauswachsen. Beim Juwelier ließ ich mir Ohrlöcher stechen, und ich begann, mich epilieren zu lassen, und zwar mit der IPL-Methode, die meine Gesichts- und Körperbehaarung mithilfe von Lichtimpulsen buchstäblich an der Wurzel packte – schließlich wollte ich nicht mal den Hauch eines Bartschattens haben –, was dazu führte, dass ich wegen der Hautempfindlichkeit nicht in die Sonne durfte und daher viel Zeit in Innenräumen zubrachte, die ein oder andere Stunde davon in den Damenabteilungen der Kaufhäuser.

Und hier geschah eines Tages etwas Wundersames: An einem Mittwochnachmittag stöberte ich durch die Kleiderständer der Frauenabteilung eines großen Kaufhauses am Münchner Marienplatz. Ich war auf der Suche nach einer Übergangsjacke und genoss es, mir dabei verschiedene Kleidungsstücke, Blusen, Mäntel, einen Hosenanzug, einen Sommerrock und natürlich Jacken vor den Körper zu halten und auch anzuprobieren. Angetan von den vielen schönen Sachen griff ich, was mir gefiel, trat hinein in die Umkleidekabine, kam heraus, drehte mich vor dem Spiegel hin und her und fühlte mich froh und zufrieden. Ewig hätte ich so weiterprobieren können, und am meisten freute ich mich darüber, dass kaum jemand mich auch nur eines einzigen seltsamen Blickes würdigte und ich der normalste Mensch der Welt zu sein schien.

Und dann, nach über einer Stunde des Herumschauens, Suchens und An- und Ausziehens fand ich ihn: den schönsten Damenregenmantel der Welt. Er war cremefarben, klassisch elegant auf Taille geschnitten, und als ich ihn anprobierte, als ich die

Gürtelschnalle über meinem Bauchnabel schloss, da saß er perfekt wie eine zweite Haut.

Ich stellte mich vor den Spiegel und konnte mich nicht sattsehen – und da geschah das Wunderbare: Eine Welle wohliger Gefühle ergoss sich sanft, beinahe wie ein warmer Sommerschauer über mich, über den Regenmantel, und ich wusste, dass es Gottes Liebe war. Noch niemals in meinem ganzen Leben hatte ich mich von Gott so sehr geliebt gefühlt wie in diesem Moment, und ich umklammerte mich selbst, umklammerte den Regenmantel, *meinen* Mantel, den ich sofort kaufte, mitnahm und nie wieder hergeben würde. Glücklich und verwirrt fuhr ich nach Hause, und mein Erlebnis vor dem Kaufhausspiegel berührte mich so nachhaltig, dass ich in der folgenden Nacht kein Auge zubekam und vor Rührung stundenlang weinte.

Doch das Ereignis gab mir Kraft, meinen Weg beherzt und mutig weiterzugehen. Seit mein Entschluss feststand und ich gewissenhaft auf mein Leben als Frau hinarbeitete, empfand ich immer öfter solche Momente echter Freude, etwas, das ich zuvor nicht gekannt hatte – ich verspürte eine neue Art von Glück. Denn mir war klar geworden: Gott wollte mich so haben! Er wollte nie, dass mein Frausein verschwindet. Er liebte mich so, wie ich war!

Allein die Trennung von Theresia machte mich in diesen Wochen traurig, denn Theresia konnte und wollte nicht mit einer Frau zusammen sein: »Ich bin ja nicht lesbisch – du aber schon! Du musst dir nun eine lesbische Freundin suchen!«, sagte sie, und das stimmte wohl. Schon vor einer Weile, im März, hatte sie zur Kündigung unserer Wohnung geraten, denn als ich wegen meiner Erschöpfungszustände nicht weiterarbeiten konnte, wieder einmal an einem kraftlosen Nullpunkt angelangt war und nahezu am Boden lag, da war die Zeit gekommen, auch wenn es wehtat: Wir gaben unsere Wasserburger Wohnung auf, konnten und wollten sie nicht länger halten. Nach drei Jahren des Zusammenseins verabschiedeten Theresia und ich uns unter bitteren Tränen, und es war jener Moment, in dem ich das Gefühl hatte, alles verloren zu haben: meine Arbeit, meine Wohnung, meine Beziehung und meine Gesundheit. Was sprach jetzt eigentlich noch dagegen, mich konsequent und überall zu outen?

Theresia und ich versprachen uns allerdings, miteinander befreundet zu bleiben und weiterhin wandern zu gehen – nur eben nicht als Mann und Frau, sondern als zwei gute Freundinnen.

Ich wohnte nun also wieder bei meiner Mutter, in meiner alten Dachstube, in der Onkel Karls Uhr schon lange nicht mehr an der Wand hing. Mein Krankengeld reichte zum Überleben nicht aus, weswegen ich auf die Unterstützung meiner Mutter angewiesen war – doch unterstützten wir uns quasi gegenseitig, und meine Mutter war froh, dass wieder jemand im Haus mit ihr lebte – auch wenn es nun eine Tochter statt eines Sohnes war. Meine Transidentität hatte ihr nur zu Anfang Probleme bereitet, geoutet hatte ich mich bei meiner Familie bereits kurz nach dem letzten Weihnachtsfest, als ich zu Besuch in unserem Dorf war: An jenem Sonntagnachmittag, den ich wie kaum etwas anderes gefürchtet hatte, lautete der simple Kommentar meines Bruders: »Mir ist es egal, ob ich einen Bruder oder eine Schwester habe«, während meine Mutter erwartungsgemäß etwas heftiger reagierte und vor Überraschung den elektrischen Handrührer fallen ließ, mit dem sie gerade Sahne für den Sonntagskuchen schlug. Der flüssige Rahm flog durch die Gegend und sprenkelte die Küche weiß, und während ich Schränke und Boden sauber wischte, stand meine Mutter da und starrte mich mit einem Ausdruck fassungslosen Erstaunens an. Ihre Stimme bebte ein wenig, als sie sagte: »Oh mein Gott. Bist du sicher? Ich glaub das nicht ... Gibt es denn so was überhaupt? Wie kann das sein?« Immer wieder zuckte sie mit den Schultern und schüttelte den Kopf, selbst als sie schließlich die Sahne fertigschlug und den Kuchen aufschnitt. »Was haben wir denn bloß falsch gemacht?«

»Mama, glaub mir, ich wollte das nicht«, erklärte ich ihr wieder und wieder, »ich hab mir das nicht ausgesucht! Aber es ist so, und jetzt gibt es für mich wirklich nur noch diese zwei Möglichkeiten – entweder lebe ich als Frau oder gar nicht mehr. Möchtest du lieber einen toten Sohn oder eine lebende Tochter?«

»Natürlich will ich, dass du lebendig bist!«, antwortete meine Mutter, ohne zu zögern.

Ein paar Monate später, am 10. August, besuchte ich einen Transgender-Service, den ich übers Internet ausfindig gemacht hatte: Ich wollte mich einmal richtig professionell schminken und einkleiden lassen, um herauszufinden, was ich alles tun konnte, um so optimal wie möglich als Frau rüberzukommen.

Sofort als ich den kleinen Laden betrat, wurde ich freundlich empfangen, und die Stylistin nahm sich viel Zeit, beriet mich ausführlich und empfahl mir schließlich zwei Outfits – eine feine Ausgehgarderobe mit schwarzem Rock, Pumps und passendem Schmuck dazu, und eine Kombination für den Alltag mit knielangem blau gemustertem Kleid und Ballerinas. Ich probierte alles, und es wurden Fotos von jedem Styling mit verschiedenen Perücken gemacht – mit langen blonden Haaren, einem kastanienroten Bob, einem dunklen Lockenkopf.

Es war fantastisch. Ich fühlte mich hier pudelwohl, versorgt und *umsorgt.* Auch die Fotos gefielen mir, auf ihnen sah ich wirklich aus wie eine bildhübsche Frau! Doch obwohl ich merkte, dass das hier alles absolut richtig und stimmig war, dass ich hier wirklich ich selbst sein durfte, so saß mir doch die Angst im Nacken – Angst vor Ablehnung und Diskriminierung, sobald ich den Laden verließ.

Ich arbeitete daher weiter hart an meinen Äußerlichkeiten, an meiner Typgestaltung, mit passender Kleidung, verschiedenen Haarkonzepten und weiteren Schminkübungen, um die Gefahr gering zu halten und meine Angst zu besiegen. Ich absolvierte sogar einen Intensiv-Schminkkurs bei einer Maskenbildnerin, die mir etliche Kniffe und Tricks zeigte, mit denen ich mein Gesicht weiblicher wirken lassen konnte.

Und eines Tages kurz darauf, als ich nach München zum Shoppen fuhr und mich mit meiner Mutter in der Stadt verabredet hatte, passierte es: »Sabine!«, rief meine Mutter schon von Weitem, und dann lief sie mit ausgebreiteten Armen auf mich zu, in diesem denkwürdigen Moment, in dem sie mich als Frau sah und lächelnd ausrief: »Och, das ist doch eigentlich auch ganz schön!«

KAPITEL 20

OFFENBARUNG

Ende August begab ich mich schließlich noch einmal in die psychosomatische Klinik, um mich von meiner immer wieder auftretenden lähmenden Erschöpfung zu erholen und um meine Traumafolgen weiter behandeln zu lassen. Und bei diesem Besuch war alles neu: Ich checkte nämlich als Simon, in meiner männlichen Rolle, ein – und nach fünf Tagen geschah es, dass ich genügend Selbstvertrauen fand, um vollständig in mein wahres Ich zu schlüpfen: Ich schaffte es, komplett als Frau zu erscheinen, zu leben, da zu sein! Es war beängstigend, aufregend, jedoch auch wunderschön.

So begann jene Phase meiner Transition – das volle Jahr, während dessen ich vor der Operation als Frau leben musste, wie der Arzt in der Klinik bereits erwähnte –, und obwohl vorgeschrieben, empfand ich die Zeit als große Erleichterung: Dass ich während dieses sogenannten ›Alltagstests‹ jetzt ausschließlich als Frau auftrat, mich also nicht mehr outen musste, machte alles so viel einfacher und mich so viel glücklicher! Einige Leute in der Klinik wunderten sich zwar, dass ich als Mann gekommen war und nun als Frau an allem teilnahm. Manche bemerkten den Wechsel jedoch gar nicht und dachten, ich sei schon immer eine Frau gewesen. Einige sprachen mich auch auf meine Transidentität an – aber diese Gespräche fand ich okay. Ich musste mich ja nicht verstecken oder verstellen, sondern konnte über mein wahres Ich reden.

Und dafür bekam ich Lob, spürte Solidarität und hörte Komplimente. Die meisten Reaktionen waren positiv: »Du kommst echt authentisch rüber!«, sagte zum Beispiel eine Sitznachbarin beim Abendessen. »Toll geschminkt, so schön dezent!«, fand eine andere, und ein Mitpatient aus meiner Therapiegruppe meinte einfach nur: »Guad schaugst aus!«, und das bestärkte mich und beflügelte mein Selbstbewusstsein. Ich genoss es auch, von einigen Therapeutinnen mit »Frau Estner« angesprochen zu werden – obwohl die Klinikleitung dem Personal diese Anrede untersagt hatte.

Als der Klinikaufenthalt nach acht Wochen vorüber war, fühlte ich mich noch sicherer und wohler in meiner Haut, fühlte mich *richtig* als ganz normale Frau, und als solche lebte ich nun durch und durch. Alltagsdinge wie das Schminken und Frisieren gingen mir zunehmend leichter von der Hand, mein Auftreten wurde lockerer, zudem ließ ich mir meine inzwischen recht langen, glücklicherweise vollen Haare bei einer Friseurin kastanienrot tönen.

2018 nach dem Klinikaufenthalt

Im Herbst ging dann endlich auch die Vorbereitung für die Operation in die nächste Runde – mit all ihren Hürden und Steinen, die mir in den Weg rollten. Mir schien, als würde da jeder Schritt ewig dauern, wie in meinen Träumen, in denen ich den Fuß nicht vom Boden hochbekam: Noch nicht einmal die Hälfte der vorgeschriebenen anderthalb Jahre Psychotherapie hatte ich hinter mir, etliche weitere Sitzungen würden folgen, und für die offizielle Änderung meines Namens und meines eingetragenen Geschlechts allein brauchte ich zwei unabhängige psychiatrische Gutachten, die zu bekommen wieder mehrere Monate in Anspruch nahm.

Monate, während derer ich betete, mich immer wieder an Jesus wandte und mich an ihm festhielt: »Gott verachtet nicht, was er geschaffen hat!«, überzeugte ich mich selbst, denn so stand es in der Bibel, und so ermutigte ich mich und versuchte, starke Nerven zu behalten und die unendliche Geduld aufzubringen, die für diesen langwierigen Prozess notwendig war. Wie oft wollte ich während dieser Zeit alles, was sich zwischen meinen Beinen befand, abschneiden oder herausreißen! *Es gehörte da nicht hin!* Aber es wurde schließlich noch für die Operation gebraucht …

Im Dezember beantragte ich dann aber zumindest schon einmal die Vornamens- und Personenstandsänderung unter Angabe von Doktor Falk und einer auf psychologische Gutachten spezialisierten Ärztin – sie beide würden mir die nötigen Gutachten ausstellen, die es mir erlaubten, meinen neuen Namen und mein richtiges Geschlecht amtlich eintragen zu lassen.

Im Jahr 2019 ging es dann erst einmal weiter bergauf: Ich schloss neue Bekanntschaften in und außerhalb der Selbsthilfegruppe, unternahm Ausflüge mit Freundinnen, besuchte Informationsveranstaltungen zur Geschlechtsangleichung und suchte eine Logopädin auf, um die Bandbreite meiner Stimme zu erweitern und sie durch Sing-, Körper- und Atemübungen höher zu trainieren. Besonders gern summte ich durch einen Strohhalm in ein volles Wasserglas, denn das half mir, meine Resonanzräume zu erkunden und meine Stimme schließlich heller klingen zu lassen.

Ende Februar bekam ich dann – nach der vorgeschriebenen Voruntersuchung samt Chromosomenanalyse, bei der sowohl Intergeschlechtlichkeit als auch psychische Erkrankungen wie Schizophrenie ausgeschlossen wurden – die Indikation meines Psychiaters Doktor Falk: Nach über einem halben Jahr der Therapie, der Behandlung und der Einschätzung meines Leidensdruckes stellte er die Diagnose ›Transsexualität/F64.0 nach dem ICD-10 der WHO‹, die den Weg ebnete für meine gegengeschlechtliche Hormontherapie – und so nahm ich von nun an täglich weibliche Hormone und Testosteronblocker ein.

Im Gegensatz zu den meisten Transfrauen veränderte sich mein Denken nicht, nur körperlich machten sich Unterschiede bemerkbar – meine Oberweite nahm zu und meine Körperbehaarung dünnte aus. Und jegliche sexuelle Regung verschwand komplett, doch war es mir eigentlich recht, dass zwischen meinen Beinen nun absolute Ruhe herrschte.

Natürlich war die Hormontherapie nicht ohne Risiko und konnte eine Reihe unerwünschter Nebenwirkungen mit sich bringen: Leberschäden zum Beispiel, hormonempfindliche Tumore und Depressionen oder Thrombosen und Embolien durch die orale Östrogenzufuhr – und da die Behandlung einen massiven Eingriff in meinen natürlichen Hormonhaushalt darstellte, musste ich mich fortan auch noch regelmäßig und engmaschig überwachend untersuchen lassen. Doch all das war es mir wert. All die Risiken, die Mühen und Unannehmlichkeiten nahm ich nur allzu gern in Kauf, wenn ich dafür Freude, inneren Frieden und das Gefühl bekommen würde, endlich ich selbst zu sein.

Allerdings verließen mich Frieden und Freude erst einmal auf drastische Weise wieder, und ich war mir sicher, dass es nicht an den Hormonen lag: Meine Albträume quälten mich einmal mehr aufs Fürchterlichste, und mein Bedürfnis, mich selbst zu verletzen, nahm auf unerträgliche Weise zu.

Am 6. März konnte ich dann nicht mehr, und ich schrie zu Jesus, dass er mir bitte helfen möge: Ich hielt das alles nicht mehr aus und flehte in meiner Not, während ich wie ein zusammengebrochenes Häufchen Elend zu Hause auf meinem Bett hockte.

Und dann übergab ich mein Leben abermals an ihn – zum ersten Mal als Frau: *»Jesus, ich bitte dich um Vergebung für alle meine Schuld. Ich komme und beuge mich vor dir, vergib mir und wasch mich rein von allen Sünden durch dein kostbares Blut. Wasch mich weiß wie Schnee. Danke, dass du den Preis dafür bezahlt hast und mich annimmst, so wie ich bin. So wie du mir vergibst, so vergebe ich auch denen, die gegen mich gesündigt haben. Ich vergebe allen alles, egal, was sie mir angetan haben. Jesus, ich danke dir für deine Vergebung. Ich glaube, dass du lebst und deinen Heiligen Geist gesandt hast als meinen Tröster und Helfer. Danke, dass ich nun dein Kind geworden bin, lass mich nie mehr los, leite und führe mich mein Leben lang. Ich gebe mein ganzes Leben dir, Jesus. Erfülle mich mit deiner Liebe, deiner Freude und deinem Heiligen Geist und führe mich in die ganze Wahrheit. Amen.«*[7]

Nachdem ich dieses Übergabegebet voller verzweifelter Hingabe geradezu ausgerufen hatte, fiel etwas von mir ab, ich spürte es deutlich – als würde eine verhärtete Haut wie eine Schale von mir wegbrechen, fühlte ich mich plötzlich weich und rein und neu geboren. Ich war befreit. Befreit von allem Schrecklichen, befreit von meinen Albträumen, meiner Angst und meiner zwanghaften Selbstverletzung: Ich spürte, dass es alles weg war, gewichen von mir, und ich wusste, es würde niemals wiederkommen. Vierzig Jahre Hölle waren vorüber – ich war endlich erlöst.

Und als wäre das noch nicht genug des Wunders, hörte ich einen Tag nach meinem Gebet wie zufällig eine Radiosendung des Bayerischen Rundfunks, in der es um eine relativ unbekannte neurologische Krankheit namens ME/CFS ging – kurz für *Myalgische Enzephalomyelitis* und *Chronic Fatigue Syndrome*. Und als ich dieser Sendung zuhörte, löste sich noch mehr von mir los, die sprichwörtlichen Schuppen fielen mir kaskadenartig von den Augen, endlich – nun sah ich alles völlig klar: Das war meine Krankheit! Das war es, was ich hatte! Und ich dankte Jesus für die Erleuchtung.

»Ihre verschiedenen Beschwerden haben wohl miteinander zu tun, aber nur indirekt!«, sagte Doktor Falk, der nicht nur Psychiater, sondern auch Neurologe war, bei meinem nächsten Termin. Ich saß ihm an diesem frühen Märzmorgen in seiner Praxis gegenüber, geblendet vom Neonlicht, durchgefroren und erschöpft vom Weg hierher, doch gleichzeitig aufgeregt und hibbelig, denn ich hatte das Gefühl, dass jetzt, nachdem ein Steinchen ins Rollen gekommen war, eine ganze Lawine an Fahrt aufnahm: Eine Offenbarung folgte der nächsten, eine korrekte Diagnose zog eine weitere nach sich: Denn dieser Arzt erkannte nun, nachdem ich ihm meine Vermutung mitgeteilt hatte, woher meine jahrzehntelange Erschöpfung kam – erstmals in meinem inzwischen 53-jährigen Leben wurde die Diagnose ME/CFS gestellt, wurde mir diese schwere neuroimmunologische Krankheit offiziell bestätigt. Endlich gab es einen Namen, es gab nun Namen für alles, Namen und Klarheit, und damit auch Erlösung und zumindest ein bisschen Heilung.

»Es gibt getrennte Probleme«, erklärte mir der Arzt, während ich vor Erleichterung Tränen in den Augen hatte. Ich wandte mich ab und sah zum Fenster, sah nach draußen in den dämmernden Morgen, den erwachenden Tag, der vor meinen Augen verschwamm.

»Das *Chronic Fatigue Syndrom* ist eine tückische Autoimmunkrankheit, bei der der Körper sich selbst bekämpft«, sagte der Doktor und klatschte einmal laut in die Hände, um seine Worte zu untermauern. Ich zuckte zusammen, als hätte sich ein Pistolenschuss gelöst oder eine Peitsche geknallt, und starrte ihn an. »Sie weist zwar durchaus Parallelen zu Ihrem inneren Zwiespalt auf, zu Ihrem jahrzehntelangen Kampf gegen sich selbst, gegen Ihr weibliches Inneres«, fuhr er fort, »dennoch sind dies zwei völlig verschiedene Dinge, die höchstens indirekt miteinander zu tun haben. ME/CFS ist eine eigenständige Erkrankung, die oftmals durch Virusinfektionen verursacht wird, allerdings auch durch Traumata ausgelöst oder begünstigt werden kann.«

»Meine Selbstverletzung und die Albträume kamen auch von diesen Traumata, oder? Und nicht von meinem inneren Kampf, meinem Frausein …«

»Alles ist miteinander verkettet. Unbehandelte Transgeschlechtlichkeit kann durchaus zu selbstverletzendem Verhalten führen, doch bei Ihnen ist der Missbrauch schuld.«

»Ja. Aber der hat ja mit meinem Frausein zu tun. Denn wenn ich nicht so weiblich gewesen wäre, dann hätte mich Onkel Karl nicht vergewaltigt. Und mein Vater hätte mich nicht bewusstlos geschlagen.«

»Und möglicherweise trugen die folgenden Probleme, die Selbstverletzung und die Albträume, auch zu Ihrer Erschöpfung bei und zu dem Gefühl, dass mit Ihnen etwas nicht stimmte – was Sie an sich selbst und Ihrem weiblichen Inneren zweifeln ließ. Doch Ihre Transgeschlechtlichkeit war schon immer da.«

»Ich weiß.«

«Leider ist das Chronische Erschöpfungssyndrom nicht heilbar ...«

»Auch das weiß ich inzwischen ...« Jetzt kullerten meine Tränen, und ich schniefte und wischte mir mit dem Handrücken übers Gesicht, worauf Doktor Falk sich über den Tisch beugte und mir einen ganzen Stapel Papiertaschentücher reichte.

Viele Kreise schlossen sich in diesem Frühjahr: Ich war zwar immer noch häufig erschöpft, doch zumindest schaffte ich den Alltag, meine Einkäufe, das Kochen und Wäschewaschen. Ich nahm meine Arzttermine wahr, ging zur Therapie und zum Sonntagsgottesdienst, all das gelang mir einigermaßen. Und auch wenn die Energielosigkeit und Entkräftung nicht ganz verschwanden, wahrscheinlich niemals verschwinden würden, so fiel mir dennoch ein Stein vom Herzen, denn wenigstens wusste ich jetzt, woran ich war, und das machte alles leichter – als hätte sich ein dunkler Schleier gelichtet, fast so wie beim Bergwandern damals, als ich aus dem nebligen Tal ins klare Licht hinaufstieg. »Ihr wolltet mir Böses, Gott aber hat Gutes daraus entstehen lassen!«[8] So stand es im ersten Buch Mose – und das traf auch auf mich zu.

Es sollte sogar noch besser werden, als ich ein wenig später, im April, der freien evangelischen Kirchengemeinde einer nahen Kleinstadt beitrat. Dies geschah, da meine Mutter trotz aller Akzeptanz nicht wollte, dass ich mich in unserem Dorf outete oder als Frau in unserer Kirche oder Pfarrgemeinde auftauchte. »Was sollen denn die Kirchenleute denken und was würde unser Pfarrer dazu sagen? Ich will auf gar keinen Fall ins Gerede kommen«, meinte sie, wofür ich Verständnis hatte.

Beim Eintritt in die neue Kirche flammte zwar sogleich meine Angst vor Ausgrenzung und Ablehnung wieder auf, doch der Pastor beruhigte mich. »Du bist hier willkommen«, sagte er und gab mir die Hand: »Lass es uns versuchen!« Er veranstaltete sogar einen Informationsabend über Transidentität für seine Gemeinde, und es zeigte sich, dass viele hier hinter mir standen, mich akzeptierten und für mich beteten. Nach jenem Abend fühlte ich mich in der Gemeinde angenommen und aufgehoben, und ich fand hier sogar Freundinnen, mit denen ich gemeinsam frühstückte oder zum Kaffeetrinken oder Essen ging.

Im Juli wurde dann endlich mein Antrag zur Vornamens- und Personenstandsänderung vom Amtsgericht München bewilligt, und als ich kurz darauf meinen neuen Personalausweis in den Händen hielt, übermannte mich ein unbeschreibliches Gefühl: Meinen Namen ›Sabine Estner‹ dort stehen zu sehen, neben einem Bild meines wahren Gesichtes, war überwältigend. Den Namen Sabine schenkte mir übrigens Jesus, damals, am Weihnachtsfest 2017 – es war mir allerdings wichtig gewesen, dass der Name mit »S« begann, wegen meiner Unterschrift, dass er dennoch anders klang als Simon und dass er authentisch und in den sechziger und siebziger Jahren gebräuchlich war. Denn was nützte es mir, wenn ich mich Daenerys oder Cersei nannte – jeder würde doch sofort wissen, dass ich eine Transfrau war!

Auch zahlreiche andere Dokumente musste ich ändern lassen, meinen Führerschein zum Beispiel, Versicherungspolicen, Arbeitszeugnisse und Mitgliedskarten. Die Krankenversicherungskarte bekam ich zuletzt, da erst die Rentenversicherungsnummer angepasst werden musste – in ihr ist schließlich das Geschlecht gespeichert – doch jedes Mal war das Gefühl dasselbe: Ich hätte vor Freude heulen können, wenn ich das neue Papier oder die neue Urkunde in den Händen hielt.

Und so näherte ich mich in der zweiten Jahreshälfte auch der Vollendung meiner vorgeschriebenen achtzehn Monate Psychotherapie – obwohl ich natürlich weiterhin zu Doktor Falk gehen und auch eine neue Traumatherapie, die ich bei einer Spezialistin begonnen hatte, fortführen würde. Für die geschlechtsangleichende Operation hatte ich jetzt allerdings die wichtigsten Hürden genommen, die schwierigsten Berge erklommen, und dementsprechend wuchs meine Ungeduld. »Wann kann es denn nun endlich losgehen? Ich will wirklich nicht noch länger warten!«, drängelte ich.

»Es ist überaus wichtig, dass Sie sich vor der Operation ein sehr gutes soziales Umfeld aufbauen, ein dichtes Netz, das Sie immer wieder auffangen kann bei allem, was da noch kommen mag!«, betonte Doktor Falk zum wiederholten Male. »Ein bisschen warten werden Sie noch müssen, auch weil die Termine nicht so schnell vergeben werden können.«

Also wartete ich, und gleichzeitig kroch langsam meine uralte Wut an die Oberfläche, Wut auch auf Gott, dass er das alles zugelassen hatte, Wut, an die ich bisher nicht herangekommen war, die Doktor Falk aber Schritt für Schritt aus meinem Unterbewusstsein hervorgekitzelt hatte und die ich nun herausschreien und loswerden konnte.

»Uaaaahhhhhrghh!«

»Ja, schreien Sie es alles heraus, werden Sie es los, *lassen Sie los!*«

Und das tat ich, so gut und so laut ich es vermochte!

Ich arbeitete außerdem gewissenhaft an meinem sozialen Netzwerk, und als vielleicht größte und bedeutsamste Aktion in dieser Hinsicht übernahm ich in diesem Jahr eine wichtige Position in jener Organisation, die mir so sehr geholfen hatte und in der ich mich inzwischen zu Hause fühlte: Ich wurde stellvertretende Leiterin der Münchener Selbsthilfegruppe ›Trans-Ident‹.

KAPITEL 21

ÜBER GRENZEN

Sehr geehrte Damen und Herren, ich bitte Sie, die Kosten für meine geschlechtsangleichenden Operationen (Mann-zu-Frau) zu übernehmen. Für die Prüfung durch den MDK habe ich alle erforderlichen Unterlagen beigefügt. Durchführen lassen möchte ich die Operationen von Frau Dr. med. Jakobi in München. Ich erwarte mir durch die GAOP inneren Frieden, Lebensfreude, Kraft und Sinn im Leben und einen Wegfall meiner Depressionen, um endlich ein normales Leben als Frau führen zu können.

Mit freundlichen Grüßen Sabine Estner

Diesen Antrag reichte ich im Frühjahr 2020 samt allen Befundberichten, Stellungnahmen, Gutachten und Indikationen bei meiner Krankenkasse ein, in der Hoffnung, dass die Kostenübernahme für meine Operation rasch bewilligt werden würde: Ich hatte endlich, zwei Jahre nach meinem Entschluss, als Frau zu leben, alle Voraussetzungen und Antragskriterien erfüllt, alle Unterlagen zusammengetragen und die vorgeschriebene Psychotherapie absolviert. Und nachdem Doktor Falk meinen ›krankheitswertigen Leidensdruck‹ bestätigt hatte, nachdem bescheinigt war, dass dieser nicht anders als durch ›weitere somatische Behandlungsmaßnahmen‹ gemindert werden konnte, stand nun endlich die Tür für die OP offen.

Neben ›Transsexualität‹ gemäß der Klassifikation der Weltgesundheitsorganisation WHO bekam ich noch die weitere Diagnose ›Geschlechtsdysphorie‹ nach dem DSM-5-Code der *American Psychiatric Association*, doch beide Begriffe beschrieben im Grunde dieselbe Sache, nämlich das unerträgliche Gefühl, in einem Körper mit dem falschen Geschlecht gefangen zu sein – ein Phänomen und Schicksal, das knapp ein Prozent aller Menschen mit mir teilten.

Frau Dr. Jakobi – die in meinem Antrag erwähnte Chirurgin – hatte ich Anfang des Jahres auf einer der Informationsveranstaltungen kennengelernt, die sie im Münchner Raum für Angehörige transidenter Menschen und Betroffene abhielt. Ich war mit meiner Mutter hingegangen, und als ich an jenem ungemütlichen Januartag mit gespannter Erwartung Platz nahm im Vortragssaal, der trotz des schlechten Wetters proppevoll war, da spürte ich ein Gefühl von Zusammenhalt und Gemeinsamkeit, so intensiv, dass die Luft im Raum zu vibrieren schien: *Ich bin nicht allein! Dies ist wichtig! So viele sind gekommen!* Und während draußen der Winterwind heulte und Schneeregen an die Fenster peitschte, wärmten mir Frau Jakobis Worte das Herz – sie war eine Koryphäe auf dem Gebiet der plastischen Genitalchirurgie, und ihr Vortrag beeindruckte mich zutiefst.

»Geschlechtlichkeit hat viele Facetten, und schon während der embryonalen Entwicklung gibt es unzählige Möglichkeiten, wie das Zusammenspiel von Genen und Hormonen die geschlechtliche Entwicklung beeinflussen kann«, sprach sie mit sanft klingender Stimme zum Publikum, während sie im halb abgedunkelten Raum in einer farbenfrohen Powerpoint-Präsentation Bilder und Darstellungen von Chromosomensätzen, Molekülketten und anderen biologischen Bausteinen zeigte. »Und ebenso vielfältig können die Ergebnisse sein. So ist es auch anderswo in der Natur, in der Pflanzen- und Tierwelt. Da gibt es nirgendwo nur zwei Möglichkeiten, zwei getrennte Geschlechter, es gibt Mischformen, Zwischenformen, Variationen und Kombinationen. Und selbst, wenn es sich um Ausnahmen handelt, sind diese normal und keine Störung! Nur wir Menschen haben es als solche definiert, nur wir haben entschieden, dass es nichts als Schwarz und Weiß gibt, nichts als diese zwei Möglichkeiten, nichts als Junge und Mädchen, Mann und Frau.« Sie warf ihre Haare zurück und ließ ihren Blick herausfordernd durch den Raum und über das Publikum schweifen. »Erweitern wir unseren Horizont! Erkennen wir, dass es noch viel mehr gibt, als wir glauben, mehr, als wir wissen, mehr, als wir bisher gelernt haben!«

Die Anwesenden nickten und murmelten zustimmend, und ich fühlte mich erleichtert, bestätigt und sehr bewegt. Ich spürte, wie mir eine Gänsehaut über den Rücken kroch. An jenem Abend entschied ich mich für Frau Doktor Jakobi als meine Chirurgin.

Natürlich dauerte aber auch weiterhin alles ewig, der Sommer zog ins Land, die Zusage der Kasse ließ auf sich warten, und meinen Ersttermin mit Frau Jakobi bekam ich erst im Herbst. Und als wäre das noch immer nicht genug der endlosen Verzögerungen, teilte mir die Chirurgin während des Termins mit, dass die Wartezeit für die OP wahrscheinlich noch einmal anderthalb Jahre betragen würde. Auch unter normalen Umständen hätte es eine Weile gedauert, doch wegen der Corona-Pandemie mussten nun etliche der geplanten geschlechtsangleichenden Operationen auf Eis gelegt werden, nur die allernötigsten, überlebenswichtigen OPs wurden derzeit durchgeführt – und danach mussten erst einmal alle abgesagten und verschobenen Eingriffe nachgeholt und aufgearbeitet werden. Natürlich konnte ich das verstehen – doch glücklich machte es mich nicht.

Mir blieb nichts anderes übrig, als mich weiterhin in Geduld zu üben und mich meinen anderen Lebensbereichen und Aufgaben zu widmen: meiner Arbeit bei Trans-Ident – dort führte ich ehrenamtlich Telefon- und E-Mail-Beratungen durch –, meiner Liebe zu Jesus Christus in Form von Bibellese, Gebeten und Bibelvers-Proklamationen und meiner neu gefundenen Gemeinde, in der ich wegen meiner Transidentität jedoch leider keine Dienste verrichten durfte – ein Mitwirken war mir weder im Musik- noch im Technik- oder Begrüßungsteam erlaubt. Diese Tatsache frustrierte mich immer wieder aufs Neue, und die Enttäuschung wuchs, als mich eines Tages zwei Gemeindemitglieder vor der Kirche aufs Übelste beschimpften: »Hey, du bist keine Frau! Du darfst keine Frauenkleider tragen, das ist doch krank!«, sagte der eine Mann, der etwa in meinem Alter war. »So was wie dich wollen wir hier nicht!«, meinte der andere, etwas jüngere, dabei stieß er mich grob an der Schulter, sodass ich beinahe hintenüberfiel.

»Ihr wollt also lieber Hass und Verachtung? Aber warum? Jesus lehrt doch eigentlich etwas anderes …«, entgegnete ich, doch eine verständliche Antwort erhielt ich nicht. Stattdessen spuckte der eine Mann auf den Boden, während der andere ärgerlich brummte, sich abwandte und mir über die Schulter zuzischte: »Du bist eine Schande für die Gemeinde!«

Für den Rest des Tages versuchte ich mich davon zu überzeugen, dass mir die Meinung der Leute egal sei und dass nur zählte, was Gott über mich dachte. Schließlich blieb Jesus mein engster Vertrauter, mein Tröster, mein Retter. Egal, was um mich herum geschah, er gab mir Ruhe und Frieden und nahm mir meine Sorgen ab.

Dann, als sich das Jahr 2020 dem Ende zuneigte, war es endlich so weit: Am 16. Dezember lag der Brief meiner Krankenkasse, auf den ich seit Monaten wartete, in unserem Briefkasten!

> *Sehr geehrte Frau Estner, wir freuen uns, Ihnen mitteilen zu können, dass wir der Kostenübernahme Ihrer Operation (Geschlechtsangleichung) in München zustimmen …*

Oh guter Gott! Ich traute meinen Augen kaum und hielt den Brief beinahe ehrfürchtig in meinen zittrigen Händen, nicht wie ein simples maschinenbedrucktes Stück Papier, sondern wie eine Schatzkarte, die den Schlüssel zum richtigen Weg und zu dessen Ende, zum Ziel, enthielt. Freude und Aufregung erfassten mich, und unfähig, mich abzuwenden, starrte ich auf die Buchstaben, bis sie vor meinen Pupillen zu tanzen begannen. Dann tanzte auch ich, durchs Haus, zu meiner Mutter in die Küche, und ich umarmte sie spontan. »Es hat geklappt, Mama, es hat geklappt! Jetzt steht der Operation nichts mehr im Wege!« – »Oh, Sabine, ich gratuliere!«, antwortete meine Mutter. »Du hast es dir verdient.« Dann lächelte sie mich an, und dieses Lächeln und die Zusage der Krankenkasse waren zweifellos die schönsten Weihnachtsgeschenke, die es in diesem Jahr gab!

Auch wenn die Pandemie nicht den geringsten Grund zum Optimismus bot – ich sah nun positiv in die Zukunft. Mir selbst kam es ja eigentlich ganz gelegen, dass ich nun gezwungen war, die meiste Zeit zu Hause zu verbringen: Ich musste mich aufgrund meines Chronischen Erschöpfungssyndroms ohnehin viel ausruhen und häufig hinlegen, da kam es mir entgegen, dass nun viele Begegnungen – Selbsthilfegruppe, Gottesdienst, selbst Psychotherapie – über Zoom oder Skype stattfanden. Allerdings fehlten mir Umarmungen und menschliche Nähe, und die

Isolation warf mich zuweilen zurück und erinnerte mich dunkel an vergangene Abgründe, an jene Momente, in denen ich einsam und allein über die Klippen dieser Welt und dieses Lebens in die Tiefe gestürzt war.

Dennoch dankte ich Gott jeden Tag für die Heilung, für alles Weiterkommen, das er schon bewirkt hatte, und einen Teil meiner Zeit verbrachte ich damit, Gebetserhörungen aufzuschreiben, also Situationen, in denen Gott mich bewahrt und mir beigestanden hatte, wie zum Beispiel bei der Diagnose meiner Krankheit, der Bewältigung meiner Albträume oder auch der Akzeptanz und Unterstützung meiner Mutter.

»Wir haben jetzt einen offenen Termin, er hat sich überraschend ergeben, in drei Monaten! Möchten Sie ihn?« Als Frau Jakobi sich im September des folgenden Jahres telefonisch mit dieser Nachricht bei mir meldete, musste ich erst einmal schlucken. Ich setzte mich auf den nächstbesten Stuhl in unserem Wohnzimmer und hielt mein Handy vom Ohr weg, als könnte es mich beißen oder gleich mit einem Skalpell auf mich losgehen. Oder als könnte ich so die Entscheidung noch ein wenig vor mir herschieben. Mir wurde heiß und kalt, und ein Adrenalinstoß schoss durch meine Adern. »Ja. Ja, ich denke schon!«, stammelte ich.

»Es ist allerdings über Weihnachten …, der OP-Termin selbst wäre am 22. Dezember.«

»Ja. In Ordnung. Ich will ihn!«

Was folgte, war eine wilde Achterbahnfahrt der Gefühle, und während der gesamten drei Monate vor der Operation wirbelten die verschiedensten Gedanken in schwindelerregendem Tempo durch meinen Kopf: *Brauch ich das wirklich? Schaff ich das? Überleb ich das überhaupt mit meinem Erschöpfungssyndrom?*

Wenn ich abends im Bett lag, wenn ich mich in meinen Kissen herumwälzte und nicht schlafen konnte, dann wandte ich mich an Jesus: »Oh Herr, ist das die richtige Entscheidung? Soll ich es wirklich tun? Noch kann ich zurücktreten … Aber ich will es doch! Oder? Bitte, bitte, weise mir den Weg! Bitte gib mir inneren Frieden, wenn du denkst, dass ich es tun soll, dass es die richtige Entscheidung ist!«

Immer wieder und jedes Mal kam danach Ruhe über mich, und ich spürte den vollkommensten inneren Frieden, den ich mir nur wünschen oder vorstellen konnte.

2020 im Zug nach München

Und so begab ich mich am 21. Dezember auf den Weg ins Krankenhaus. Mit vollgepacktem Koffer, im bequemen Kleid und nur ganz leicht geschminkt saß ich schon am frühen Morgen im

Zug nach München, sah aus dem Fenster in die kahle winterliche Landschaft und war nun doch so nervös, dass mir ganz flau und schwindelig wurde. Vielleicht war auch die FFP2-Maske schuld, denn immer wieder hatte ich das Gefühl, dass sie mich am Durchatmen hinderte, und je aufgeregter ich wurde, je näher wir dem Münchner Hauptbahnhof kamen, desto mehr fehlte es mir an frischer Luft.

Ich merkte, wie mir ein Schweißtropfen die Schläfe hinablief. *Jetzt bloß nicht in Panik verfallen! Bloß keinen Rückzieher machen!* Ich schloss die Augen, faltete die Hände und betete still. Das Gute an der Maske war, dass man jegliche Emotionen und sich selbst dahinter verstecken konnte.

In München angekommen, begab ich mich schnurstracks zur Klinik, erledigte die Aufnahmeformalitäten samt Corona-Schnelltest und ließ mir dann die Station zeigen, bevor ich es mir womöglich doch noch anders überlegte.

Mein Zimmer teilte ich mit zwei weiteren Transfrauen – eine würde wie ich morgen operiert werden, die andere hatte die OP schon hinter sich. Ich begrüßte meine Zimmergenossinnen, packte meine Sachen aus, richtete mich ein und begab mich dann zu den Voruntersuchungen und zur OP-Besprechung: Ich hatte mich für eine Methode entschieden, bei der neben Penis- und Hodenhaut auch ein Stück Harnröhrenschleimhaut in die Neovagina mitgenommen und eingenäht werden würde, um durch deren Feuchtigkeit ein scheidenähnlicheres Milieu zu erschaffen. Frau Doktor Jakobi erklärte mir den Operationsverlauf noch einmal ganz genau, prüfte meinen Nachweis über die achtzehn Monate Psychotherapie und fragte mich noch ein letztes Mal, ob ich mir wirklich sicher sei, dass ich diesen Schritt nicht bereuen würde.

Ich war mir sicher.

Den Abend verbrachte ich dann damit, meine Nägel zu kürzen und den Lack zu entfernen, sodass die Messung von Puls und Sauerstoffsättigung ungehindert möglich war, und Abführmittel einzunehmen, da der Enddarm wegen seiner Nähe zum Operationsbereich vollkommen leer sein musste. Außerdem rasierte ich meinen Genitalbereich, und als ich das tat, als ich mit dem Rasierapparat um meine Hoden herumfuhr, da wurde mir bewusst, dass ich diese Geschlechtsteile, diese Organe, die mich fünfundfünfzig Jahre lang begleitet und immer gestört hatten, die mein Leben lang nicht zu mir gehörten und dennoch immer bei mir waren, nun zum letzten Mal sah. Es war ein eigenartiges Gefühl, fast spürte ich einen Impuls, mich zu verabschieden und Lebewohl zu sagen. Wenn ich das übernächste Mal aufwachte, würden sie verschwunden sein.

Am nächsten Morgen wurde ich durch die Gänge der Klinik in Richtung Operationssaal geschoben, entleert, rasiert, gereinigt, mit Maske überm Mund, Haube über den Haaren, eingewickelt in einen blauen OP-Kittel. Alles um mich herum sah steril aus, es roch steril, und genauso steril fühlte ich mich auch. Nur einmal kurz vermischte sich der strenge Duft von Desinfektions- und Reinigungsmitteln mit einem Hauch von Kaffeearoma, was mich daran erinnerte, dass es ein Leben danach geben würde. Die gedämpften Krankenhausgeräusche, Gemurmel, Geklapper und das gleichmäßige Quietschen von Schuhsohlen und Pritschenrollen fand ich beruhigend und beinahe einschläfernd, und so war ich einigermaßen entspannt, als ich um halb acht in den Operationssaal rollte.

»Wo haben Sie Ihren letzten Urlaub verbracht?«, fragte mich der maskierte Narkosearzt, und noch bevor ich antworten konnte, driftete ich hinüber in die Bewusstlosigkeit, und während das

Betäubungsmittel seine Wirkung entfaltete, spürte ich nichts als Glück, Erleichterung und tiefsten inneren Frieden.

Die Operation dauerte über vier Stunden, und als ich gegen Mittag im Aufwachzimmer zu mir kam, da waren die guten Gefühle immer noch da. *Danke Jesus, danke, danke, danke!! Jetzt stimmen endlich Innen und Außen überein!*

Allerdings wurden Dankbarkeit und Glück in den nächsten Tagen – und vor allem den Nächten – von den verschiedensten postoperativen Beschwerlichkeiten getrübt: Es begann mit den aufblasbaren Venenmanschetten zur Thrombosevorbeugung, die sich alle paar Minuten von selbst aufpumpten und mich vom Schlafen abhielten, dazu musste dreimal nachts der Verband gewechselt werden, und jedes Mal schlich sich die Krankenschwester auf Zehenspitzen ins Zimmer, flüsterte und versuchte, leise zu sein – und weckte dennoch alle, wenn sie mit klappernden Utensilien im bläulichen Lichtkegel bei mir und meiner Bettnachbarin zu Werke ging.

Auch sonst lief nicht alles rund: Urin lief unkontrolliert aus meiner neu gestalteten Harnröhre heraus, trotz Katheter, und dazu fühlte es sich an, als würde es zwischen meinen Beinen arbeiten, als würde der Körper versuchen, diesen gesamten unteren Körperbereich wieder in seinen ursprünglichen Zustand zurückzuversetzen – waren das etwa die berühmt-berüchtigten Phantomschmerzen?

Am Heiligen Abend, diesem besonderen Festtag, betrachtete ich notgedrungen statt eines Weihnachtsbaums den Antibiotika-Infusionsständer, es gab Schmerztabletten und Haferschleim statt Gänsebraten und die einzige Bescherung bestand aus blutdurchtränkten Verbänden und deren ständigem Wechsel. Ich war platt und völlig bedient.

Wegen der Pandemie war außerdem kein Besuch erlaubt, und so verbrachte ich Weihnachten allein mit meinen Zimmernachbarinnen und mit meinem Handy, auf dem ich mir immerhin eine Christmette anschauen konnte.

Zweieinhalb Wochen blieb ich im Krankenhaus, dann holte mich meine beste Freundin Patricia ab und fuhr mich nach Hause – nicht ohne dass die Ärzte zuvor den Katheter aus der Harnblase und den Dehnungsplatzhalter aus meiner Neovagina entfernt hatten – was bedeutete, dass ich jetzt auf mich gestellt war: Die neu geschaffene Öffnung zwischen meinen Beinen musste regelmäßig ausgespült und mehrmals täglich mit einem Bougierstab gedehnt werden, einem Gerät, das an einen Vibrator erinnerte und über das ich eine kondomartige Hülle stülpen musste. Doch selbstverständlich diente der Stab nicht der Befriedigung irgendwelcher sexuellen Gelüste, sondern allein der Dilatation und Offenhaltung des neu geschaffenen Scheidenhohlraums. Allerdings spürte ich beim Bougieren eine leichte sexuelle Regung an meiner neuen Klitoris – dennoch machten mir die Dehnungsübungen keinen Spaß und erregten mich nicht wirklich, zumal mein sexuelles Bedürfnis ja zuvor schon auf dem Nullpunkt angelangt war.

Außerdem war jetzt alles geschwollen, schmerzhaft und wund und sah auch erst mal ganz anders aus, als es eigentlich sollte, kein bisschen wie eine schöne wohlgestaltete Vulva. Auch blutete es ständig, und Gewebswasser trat aus, sodass ich nach jedem Toilettengang den Verband wechseln musste.

Ganze sechs Monate dauerte es, bis die Schwellung zurückging, bis ich mich ohne Sitzring und ohne Schmerzen wieder normal hinsetzen konnte und bis mein neues Genital wie eine Scheide aussah. Mein *Chronic Fatigue Syndrom* führte durch die zugrunde liegende Fehlsteuerung des Immunsystems zu einem stark verzögerten Heilungsprozess, und ich litt sechsmal länger unter quälendem Wundschmerz, als es unter normalen Umständen der Fall gewesen wäre.

Doch ich bereute die Operation nicht eine Sekunde. Und ich betete und dankte Jesus und Gott dafür: Ich *musste* Grenzen überschreiten, auch um zu erkennen, dass mir mein Leben lang Falsches beigebracht worden war. Dass es mehr als starre Regeln, festgelegte Kategorien oder separate, vorbestimmte Geschlechter gab, dass Zwischentöne und Vielfalt existierten. Und dass Gott es selbst so gewollt hatte, als er die Natur und die Menschen schuf. Ich wusste, dass viele von uns Transpersonen ihrem Leben ein Ende setzen wollten, ich selbst war ja so nahe dran gewesen damals, an jenem Heiligen Abend. Doch Jesus hat mich gerettet, ohne seine Hilfe, ohne meinen Glauben an ihn gäbe es mich nicht mehr. *Lieber Gott, es ist wahrhaftig ein Wunder, dein Wunder, dass ich noch da bin!*

Vielleicht war es ja kein Zufall, dass meine Operation zur Weihnachtszeit stattfand, genau vier Jahre nach meiner Kapitulation vor Jesus Christus – denn wie damals schon mein Entschluss, so erwies sich auch die Verwirklichung des Plans, die Durchführung der OP, als eine Erlösung und meine Rettung. Gott sei Dank. *Danke, Jesus!*

KAPITEL 22

VON ZEIT UND RAUM

Ich befand mich in einem dunklen Raum ohne Wände, ohne Lichtquelle, und dennoch sah ich sie: die angestaute Wut. Sie war schwarz und sie klebte, nicht an mir, denn ich schwebte substanzlos, sondern an meinem inneren Kind. An der kleinen dreizehnjährigen Bine, die in ihrer schwarzen Lederkluft aussah wie eine Profi-Kämpferin, bereit zu explodieren. Wie in einem Endzeitfilm loderten kleine Feuer um sie herum, und ich fragte Bine in Gedanken, ob sie wegen unseres Vaters und Onkel Karl da war.

»Ja«, schnaubte sie.

Ich fühlte mich hilflos und bat Jesus hinzu, bat ihn wortlos, in diese Situation hineinzukommen – und er kam und sagte zur jungen Bine im Kampfanzug, dass er wüsste, wie es ihr gehe, dass er all ihre Schmerzen und ihr Leiden am Kreuz getragen habe und dass er sie davon reinwaschen könne. »Ja«, willigte Bine ein, und ihre Stimme klang nun weich und sanft.

Jesus nickte und legte seine Hand auf Bines Unterarm, und die ganze schwarze klebrige Wut wich von ihr und ging auf Jesus über – er saugte alles auf, und schließlich war Bine rein und hell, in einen schneeweißen Leder-Overall gekleidet, und der Raum um uns herum leuchtete auf und strahlte wie Bine in blendendem Weiß. Und als ich mich an das Licht gewöhnt hatte, sah ich, wie Jesus sich über Bine beugte: Er war selbst zum Kind geworden, um sie zu schützen vor der Gewalt und vor dem Missbrauch, und er bekam alles ab, nahm alles auf sich, und Bine stand plötzlich neben mir und schaute zu.

Ich kniete mich intuitiv, wie ein schwereloser Gedanke, vor Jesus nieder und sagte, dass ich ihm gehöre, und die kleine Bine tat es mir gleich. Und dann verschwand sie und wurde eins mit mir.

Ich öffnete die Augen. Langsam hob ich den Kopf und blickte mich um, fast wie benommen. Die Praxis meiner Traumatherapeutin sah noch genauso aus wie vorher, und doch war alles anders nach dieser wundersamen spirituellen Begegnung. Mir kam jetzt alles besonders still und friedlich vor, die Farben schienen klarer als sonst, die Luft war bewegungslos, und das Sprechzimmer fühlte sich so behaglich und schützend an wie nie. Ein warmes dankbares Gefühl durchströmte mich, und mit einem Lächeln auf den Lippen sah ich die Psychologin an. Auch sie lächelte, und ohne Worte ergriff sie meine Hände und drückte sie fest. »Gut gemacht!«, sagte sie nach einer langen Weile. Obwohl sie nicht einmal wusste, was genau ich gesehen hatte, schien ihr klar zu sein, dass Jesus mir Heilung gebracht hatte.

Die besondere Begegnung war geschehen, nachdem ich meiner Therapeutin vorgeschlagen hatte, Jesus während unserer Sitzung in die Situationen meiner zwei Kindheitstraumata mit hineinzunehmen. Die Psychologin willigte ein, und an jenem Nachmittag lag schon vorher eine besondere Spannung in der Luft wie eine konzentrierte Erwartung, und im gedämpften Licht wirkte die beige-braune Einrichtung der Arztpraxis ermutigend und gleichzeitig beruhigend, ebenso wie der Vanilleduft, der schwach im Raum hing – ob er vom Parfüm der Therapeutin herrührte oder von der Kerze auf der Fensterbank, konnte ich nicht sagen. Doch alles passte zusammen an diesem Tag, und es war mir sofort und ohne Mühe gelungen, in mein Unterbewusstsein abzutauchen.

Dass man bei der Aufarbeitung von Traumata in sein sogenanntes »inneres Kind« zurückverfällt, wusste ich bereits und hatte es auch schon oftmals am eigenen Leib erfahren, aber solch eine Dreierbegegnung war neu für mich. Obwohl ich schon früher hin und wieder mit meinem inneren Kind kommuniziert hatte, mit der jungen Bine, die stets traurig und niedergeschlagen und ohne jede Hoffnung auftrat, brachte diese Begegnung mit ihr und Jesus eine Wende, eine entscheidende und wegweisende Erneuerung: Ich spürte, dass meine Traumata bewältigt waren, dass sie sich wie Zwiebelschichten von mir abgelöst hatten. Sicher steckten darunter weitere Konflikte, und bestimmt wartete noch mehr Bewältigungsarbeit auf mich, doch ein wichtiger Schritt war getan, und ich konnte nun beginnen, ins Reine zu kommen mit mir, mit meinem vergangenen Ich, meinem inneren weiblichen Kind. Ich konnte Frieden schließen mit der kleinen Bine.

Und als ich zurückblickte, war da ein zufriedenes kleines Mädchen. Es kam auf mich zu. Und gleichzeitig gab es keinen kleinen Jungen mehr, keinen jungen Simon: Während Bine näherkam, zog er sich zurück. Und wie ein Geist, der immer durchsichtiger wurde, löste er sich schließlich auf, verwehte, flog fort mit dem Wind, fast wie ein Schleier.

In meiner Erinnerung gab es jetzt nur noch Bine. Sie bekam allen Raum. Ich umarmte und empfing sie und ließ sie all ihre Wünsche, Hoffnungen und Bedürfnisse formulieren, damit sie sich rundum wohl und geliebt und angenommen fühlen konnte. Und meine Kindheit veränderte sich im Rückblick. Als wäre jemand in der Zeit zurückgereist und hätte ein Detail verändert, damals im Jahr 1966, am Tag meiner Geburt. Dieses Detail, das von jenem Moment an meine Zukunft bestimmte, das im gesamten weiteren Verlauf der Zeit meinen Weg so schwerwiegend beeinflusste …, dieses ungeheuer entscheidende Detail: das Geschlecht meines Körpers. Als wäre es nun damals, rückwirkend, für alle Zeiten geändert worden – veränderte sich meine erinnerte Vergangenheit.

Jetzt stimmte alles, und in meiner Erinnerung fühlte sich alles wahrhaftig und richtig an, all diese Bilder meiner Kindheit: Ich sah mich mit meinem Bruder spielen, auf der Straße vor unserem Haus – wir zogen uns gegenseitig mit einem Leiterwagen, und ich sah mich als Mädchen. Wir fuhren Kettcar und Schlittschuh, rodelten und tobten im Wald, und immer und überall erschien ich als Mädchen, und es stimmte so. Dann kam die Schule, und auch hier war ich ein Mädchen und wurde schließlich zur Frau – und all das geschah ganz klar und eindeutig, als wäre es niemals anders gewesen.

Im Frühjahr 2022 zerstörte ich das ferngesteuerte Segelflugzeug meines Vaters, *Cirrus*, das ich damals als Simon im Alter von sechzehn Jahren zusammenbauen musste. Mein Vater hatte zwar gesagt, dass er mir das Flugzeug schenken würde, aber es war doch nie meines gewesen, es blieb immer das meines Vaters. Vor etlichen Jahren schon hatte es bei einem Absturz einen schweren Schaden erlitten, und als ich nun mit roher Gewalt die Flügel zerbrach und den Rumpf demontierte, jenen Korpus, den ich einst so sorgfältig zusammengesetzt hatte, da hob sich noch ein letztes bisschen meiner Wut und wich von mir.

Ich vergab meinem Vater. Ich konnte nun endlich auch ins Reine mit ihm kommen, konnte akzeptieren, dass er glaubte, alles richtig gemacht und das Beste für mich getan zu haben. Dass er aufrichtig wollte, dass ich ein glückliches, erfolgreiches Leben lebe, wie es jeder gute Vater für sein Kind will, und dass all sein Handeln von diesem Wunsch geleitet wurde. Auch er wusste nicht immer, was richtig und was falsch war – doch immerhin schlug er mich nach jenem denkwürdigen Tag im Sommer 1976 nie wieder. Letztendlich ermöglichte er mir vieles, was ich nun anerkennen konnte. Ich hatte viel von ihm gelernt und war ihm dankbar dafür. Ich erkannte auch, wie sehr er selbst durch seine eigene Kindheit traumatisiert war – und konnte nun Liebe für ihn empfinden, konnte endlich Frieden zwischen uns einkehren lassen.

Zum ersten Mal seit langer Zeit spürte ich das Bedürfnis, sein Grab zu besuchen.

Und an einem sonnigen Samstag im Mai, als der Frühling bereits eingekehrt war, machte ich mich auf den Weg zum Dorffriedhof, auf dem mein Vater begraben lag, zündete eine Kerze für ihn an und legte einen Strauß weißer Rosen nieder. Beinahe eine Stunde lang kniete ich vor seinem Grab und weinte hemmungslos, und das war schmerzhaft und erleichternd zugleich.

Auch Onkel Karl, selbst dem Seelsorger Paul konnte ich schließlich vergeben, denn letztendlich hatten auch sie nur aufgrund der Dinge gehandelt, die sie selbst gelernt und erlebt hatten.

Im Spätsommer desselben Jahres beschloss ich dann, mein altes Kloster noch einmal zu besuchen – die von mir vor über zwanzig Jahren mitbegründete Abtei Sankt Zyprian. Knapp zehn Jahre war es nun her, dass Pater Franz dort an diesem dramatischen Sonntag krank wurde und schließlich verstarb. Und ganze acht Jahre waren vergangen, seit ich meinem Leben als Mönch den Rücken gekehrt hatte. Es war ein seltsames Gefühl, die alten Mauern noch einmal zu betreten, durch den Garten zu wandeln, sich zu erinnern, was mir hier alles widerfahren war, damals, im schwarz-weißen Habit des Bruders Johannes. Meine Rosenbuschecke gab es noch, wenngleich sie völlig überwachsen war, und auch die Kräuterfelder standen voll wie eh und je und dufteten ebenso intensiv wie damals. Vieles war mir so vertraut, als wäre ich nie weg gewesen, und vieles schien auch völlig fremd, doch die Brüder waren herzlich und sehr freundlich zu mir.

Zu Hause ging ich jetzt nur noch zweimal monatlich in die evangelische Freikirche in der nahen Kleinstadt, dafür nahm ich wieder öfter am Gottesdienst in der römisch-katholischen Pfarrgemeinde unseres Dorfes teil: Meine Mutter hatte inzwischen gemerkt, dass mich doch viele Leute so akzeptierten, wie ich war, dass die meisten verstanden, was für einen Leidensweg die Transidentität mit sich brachte und dass keine Transperson sich diesen Weg selbst aussuchen würde. Mit der Zeit lernte ich außerdem etliche weitere transidente und intergeschlechtliche Christen kennen – auf Schulungen und kirchlichen Veranstaltungen wie der *Inter* und Trans* Tagung* an der katholischen Akademie in Bayern zum Beispiel – und den Austausch mit ihnen empfand ich als große Bereicherung.

Als ich schließlich im Herbst, neun Monate nach der geschlechtsangleichenden Operation, erneut in die Klinik fuhr, um mich der Korrektur-OP zu unterziehen, war ich zwar erschöpft, aber glücklich, ruhig und ausgeglichen. Die zweite OP war wesentlich einfacher und ungefährlicher als die erste – es wurde nun lediglich noch der Damm eingeschnitten und vernäht, um den Zugang zur Vagina natürlicher zu gestalten. Theoretisch wären weitere Operationen möglich gewesen – ich hätte zum Beispiel eine Gesichtsfeminisierung durchführen lassen können, bei

2022 abends nach einer Schulung

der Nase und Kinn verkleinert, die Brauen angehoben und der Haaransatz verlegt wird. Auch Operationen am Kehlkopf und an den Stimmbändern wurden angeboten, ebenso wie Brustvergrößerungen durch Implantate, jedoch musste man diese Eingriffe größtenteils selbst bezahlen – was für mich nicht infrage kam, denn arbeiten konnte ich wegen des *Chronic Fatigue Syndroms* nicht mehr, und obwohl ich mittlerweile die volle Erwerbsminderungsrente und eine zusätzliche Berufsunfähigkeitsversicherungsrente bezog, hätte ich mir solche chirurgischen

Maßnahmen nicht leisten können. Zudem hätte meine verlängerte Wundheilung jeden weiteren Eingriff zur Qual gemacht – und letztendlich brauchte ich das alles nicht, ich fühlte mich auch so rundum wohl und hatte das Gefühl, als Frau gut rüberzukommen. Und da ich ohnehin die Enthaltsamkeit für mich gewählt hatte, das Thema ›Sexualität‹ also erst einmal abgehakt war, brauchte ich schließlich niemandem außer mir selbst und Gott zu gefallen.

Natürlich wusste niemand, was die Zukunft noch bringen würde, was zukünftige Beziehungen oder auch Sex betraf – doch momentan war ich wunschlos glücklich und zufrieden mit meinem ›Passing‹ – mit der Wahrnehmung meiner Erscheinung als weibliche Person. Ich mochte mich so, wie ich jetzt war.

EPILOG

Heute ist ein besonderer Tag und ich bin schon seit dem frühen Morgen aufgeregt. Jetzt, am Nachmittag, ist die Zeit gekommen: Ich muss mich bereit machen.

Ich stehe vor dem Badezimmerspiegel und betrachte mich kritisch, während die späte Märzsonne durchs offene Fenster scheint und mein Gesicht umschmeichelt. Meine Augen leuchten, mein Haar schimmert rötlich und reflektiert das Licht. Ich spüre eine milde Brise auf den Wangen, und es riecht schon nach Frühling an diesem Sonntag, nach knospenden Sträuchern, frischem Gras, nach Erde und Wärme. Nach Aufbruch.

Ich atme tief durch. Ich war mir lange nicht sicher, ob ich die Herausforderung annehmen sollte, die nun auf mich wartet. Doch ich fragte Jesus, und seine Antwort lautete »Ja«.

Vorsichtig tupfe ich etwas Lidschatten über meine Augenwinkel, ziehe einen Kajalstrich. Nun noch den Lippenstift auftragen, dezent, blassrot und nicht zu viel. Fertig. Meine Hände zittern ein wenig. Ich greife nach Kamm und Bürste, frisiere meine offenen Haare und streiche sie nach hinten. Welche Ohrringe soll ich tragen?

Die kleinen mit den grünen Steinen.

Und welche Kleidung passt am besten, was soll ich anziehen? Den geblümten Sommerrock? Ich probiere ihn an und drehe mich vor dem Spiegel, und es scheint, als würden die Blumen sich im Wind wiegen und sich um mich schmiegen. Ich liebe diesen Rock, doch vielleicht passt er nicht ganz zum Anlass – außerdem werde ich darin frieren, denn draußen herrschen noch kühle Temperaturen. Und so entscheide ich mich für mein schlicht geschnittenes Lieblingskleid aus festem dunkelblauem Leinenstoff. Meine Mutter sagt immer, dass ich in diesem Kleid aussehe wie eine Klosterschwester. Sie hat recht, und vielleicht trage ich das Kleid genau deswegen so gerne – obgleich ich weiß, dass ich als Transfrau niemals Nonne werden kann.

Ich trete aus dem Haus, meinem Zuhause, das auch das Haus meiner Kindheit ist, und laufe zum Dorfbahnhof, dabei sauge ich die ländlichen Gerüche des Nachmittags auf. Sprießendes Grün, frisch gepflügte Felder, der Duft von Bauernhof und Kaminfeuer.

Im Zug auf dem Weg nach München wächst meine Nervosität. Es stimmt, viele Probleme sind gelöst, aber natürlich nicht alle. Noch immer werfen mir Menschen abwertende Blicke zu und setzen sich im Zug nicht neben mich. Noch immer höre ich abfällige Bemerkungen. Aber ich kann jetzt besser damit umgehen, fühle mich gestärkter als früher. Und es passieren auch immer wieder wunderbare Dinge – wie neulich, als ich auf einer Geburtstagsfeier nur für Frauen eingeladen war. Solche Ereignisse geben mir Auftrieb, helfen mir auch über meine Erschöpfung hinweg, unter der ich nach wie vor leide. Doch auch hier gibt es einen Lichtblick, denn vor ein paar Tagen habe ich im Radio gehört, dass es nun ein Medikament gegen chronische Erschöpfungszustände gibt, das zurzeit an Post-Covid-Patienten getestet wird. Das Mittel könnte auch mir helfen, möglicherweise lindert es Autoimmunerkrankungen wie meine ME/CFS, und es ist wohl nur noch eine Frage der Zeit, bis es in diesem Bereich zum Einsatz kommt. Das gibt mir Hoffnung.

Ich bin unbehelligt am Münchner Hauptbahnhof angelangt, und nachdem mein Zug eingetroffen ist, fahre ich zur katholischen Paulskirche, jenem ikonischen Gotteshaus direkt neben der Theresienwiese: Von weit her schon kann man das prächtige neogotische Bauwerk mit dem grünen Kuppeldach und den zwei Spitztürmen erkennen, und beim Eintritt in den majestätischen, prachtvoll gestalteten Innenraum verschlägt es mir wieder einmal vor Ehrfurcht den Atem.

Denn ich bin nicht zum ersten Mal an diesem Ort: Hier, in dieser Kirche, habe ich mittlerweile mehrere Queer-Gottesdienste mitgestaltet, hier durfte ich endlich wieder aktiv mitwirken und mich einbringen – etwas, was mir in der freikirchlichen Gemeinde verwehrt geblieben war.

Doch heute, an diesem Frühlingssonntag, steht ein ganz besonderes Ereignis bevor: Ein Gottesdienst zum zwanzigjährigen Jubiläum der Queer-Gottesdienste mit Kardinal Reinhard Marx. Und als ich durch das hohe Mittelschiff schreite, zwischen den Bänken hindurch und auf den Altar zu, hinter dem die drei hohen Fenster wie Regenbögen leuchten, da spüre ich Demut und Ergebenheit. *Oh Jesus, danke, dass ich hier sein darf!* Dieser römisch-katholische Gottesdienst ist außergewöhnlich und etwas ganz Besonderes für mich, denn heute werde ich mich vorstellen und selbst hier sprechen.

Und als ich schließlich an der Reihe bin, als ich nach vorne trete, die Altarstufen zum Kirchenpult emporsteige, da ist die Spannung im Raum so konzentriert, dass ich sie fast mit Händen greifen kann. »Hallo, ich bin Sabine«, sage ich in den vollen Saal hinein, und meine Stimme zittert ein wenig, doch ich fange mich schnell und spreche fest weiter: »Und ich möchte gerne ein paar Gedanken mit euch teilen … zum Thema *Eunuch.*«

Es ist mucksmäuschenstill im Raum, nur ein letzter Nachhall meiner Worte schwebt vage und etwas unentschlossen in der Luft. Das Publikum sieht mich neugierig und erwartungsvoll an, und ich fühle mich mutiger und rede nach kurzem Zögern weiter: »Eunuchos, Verschnittene, werden ja bereits in der Bibel erwähnt, und in den alten jüdischen Schriften tauchen neben ›männlich‹ und ›weiblich‹ vier weitere Geschlechterbezeichnungen auf …« Ich sehe, wie einige Leute zustimmend nicken. »Auch in Indien und Pakistan zum Beispiel gibt es seit über dreitausend Jahren drei Geschlechterbezeichnungen – und schon damals ging es um Intergeschlechtlichkeit und Transidentität – das ist also keineswegs ein Phänomen unserer Zeit!«

Mehrere Leute klatschen.

»Und schon damals wurden diese Menschen benachteiligt und ausgegrenzt. Doch Gott ist anderer Meinung, wie man in der Bibel nachlesen kann. Vor ihm gilt niemand als wertlos, und niemand wird benachteiligt. Glaubt mir, ich kenne mich aus mit der Ablehnung, den Anfeindungen, doch seit ich so lebe, wie Gott mich wirklich geschaffen hat, nämlich als Frau, leide ich nicht mehr unter meiner Transidentität. Ich leide nur noch unter jenen Menschen, die mich deswegen verurteilen. Und dabei dachte ich selbst einmal, dass ich wüsste, was richtig und was falsch ist. Ich habe selbst über Menschen geurteilt und versucht, ihnen meinen, den gesetzlichen Glauben überzustülpen – bis ich erkannte, dass das nicht das ist, was Gott will. Denn Jesus liebt nicht nach Gesetz. Er liebt uns bedingungslos …«

Als ich später am Abend im Zug nach Hause sitze, bin ich zwar müde und erschöpft, aber auch voller Wärme und Dankbarkeit: Noch nie in meinem ganzen Leben war ich mir so sicher, dass der Gott, an den ich glaube, mich so liebt, wie ich bin.

DANKE

Ich danke meiner Co-Autorin Claudia Heuermann, dass sie aus meiner Lebensgeschichte, meinen Aufzeichnungen und Erzählungen einen so bildhaften und spannenden Text gestaltet hat, in den man beim Lesen eintaucht, mitgerissen wird und mitfühlt. Ich danke meiner Agentin Christine Proske von Ariadne-Buch, die auf mich zugekommen ist, um dieses Buchprojekt zu machen. Vier Monate habe ich gebraucht, um endlich zuzusagen. Ich habe mich schließlich dazu entschlossen, dieses Buchprojekt zu machen, um anderen Mut zu machen – nicht nur, was Transidentität anbelangt, sondern auch, was die Heilung von Traumata, von sexuellem Missbrauch in der Kindheit angeht und von Myalgischer Enzephalomyelitis / das Chronische Fatigue Syndrom, kurz ME/CFS. Jesus heilt auch heute noch, auch wenn ich noch auf dem Weg der Heilung bin.

Ich danke Frau Oehler vom Verlag Herder für die gute Zusammenarbeit und dass der Verlag Herder dieses Buchprojekt überhaupt möglich gemacht hat.

Ich danke Patricia Sophie Schüttler und Sandra Höstermann-Schüttler vom Verein Trans-Ident e.V., die das Manuskript gelesen haben und auf einige Dinge hingewiesen haben, was Transidentität und die Transition anbelangt. Ich danke auch Anette, die ebenfalls das Manuskript gelesen hat und einige Korrekturvorschläge gemacht hat.

Ich danke meiner früheren Therapeutin, die mich viereinhalb Jahre begleitet hat. Auch für meine jetzigen Therapeutin bin ich sehr dankbar.

Ich danke meiner Mutter und meinem Bruder, die zu mir stehen. Ebenso danke ich meinen Freunden und Freundinnen.

Ich danke meinem Vater, meinem Großonkel, dem Seelsorger, und auch meinem früheren Oberen im Kloster. Auch wenn ich Ablehnung und einiges Schlimmes durch sie erfahren habe, so habe ich doch auch viel Gutes durch sie bekommen und schließlich auch vergeben dürfen. Denn Vergebung heißt, dass ich frei bin von Groll, Ärger, Zorn und Hass, der sonst nur mich selbst zerfressen würde. Und dass ich davon frei bin, dafür bin ich sehr dankbar.

Ich danke Jesus Christus, der die Vergebung und Befreiung bewirkt hat, der schon so viel Heilung gebracht hat, und der mir immer genügend Hoffnung gegeben hat, so dass ich das alles überlebt habe.

„Denn ich allein weiß, was ich mit euch vorhabe: Ich, der Herr, habe Frieden für euch im Sinn und will euch aus dem Leid befreien. Ich gebe euch wieder Zukunft und Hoffnung. Mein Wort gilt!“[9]

Um die zu heilen, die zerbrochenen Herzens sind.[10]

„Darum lebe nicht mehr ich, sondern Christus lebt in mir! Mein vergängliches Leben auf dieser Erde lebe ich im Glauben an Jesus Christus, den Sohn Gottes, der mich geliebt und sein Leben für mich gegeben hat.“[11]

Ich bin eine neue Schöpfung in Christus. Gott liebt mich so, wie er mich nun mal geschaffen hat, und wie ich jetzt bin, als Frau mit transidenter Vergangenheit. Und dafür bin ich sehr dankbar.

Sabine Estner

TEXTNACHWEISE

1 Zit. n. Einheitsübersetzung der Heiligen Schrift © 2016 Katholische Bibelanstalt GmbH, Stuttgart. Alle Rechte vorbehalten.

2 Sprichwörter 13,24, zit. n. Die Heilige Schrift des Alten und Neuen Testamentes. Mit dem Urtexte der Vulgata. Übersetzt und mit erklärenden Anmerkungen versehen von Augustin Arndt S. J. Mit Approbation des Heiligen Stuhles, Pustet 1914.

3 Kolosser 3,21, zit. n. Die Heilige Schrift des Alten und Neuen Testamentes. Mit dem Urtexte der Vulgata. Übersetzt und mit erklärenden Anmerkungen versehen von Augustin Arndt S. J. Mit Approbation des Heiligen Stuhles, Pustet 1914.

4 Karl Veitschegger, Wohnungssegnung bei Freunden, Dez. 2002, https://karl-veitschegger.at, abgerufen am 12.02.2024.

5 John Eldredge, Der ungezähmte Mann. Auf dem Weg zu einer neuen Männlichkeit. Brunnen-Verlag 2003.

6 Zit. n. ebd.

7 Zit. n. Gebet um Errettung, Übergabegebet, https://www.youtube.com/watch?v=vqQIWa4gwG0, abgerufen am 12.02.2024.

8 1. Mose 50,20, zit. n. Hoffnung für alle®, Copyright © 1983, 1996, 2002, 2015 by Biblica, Inc.®. Verwendet mit freundlicher Genehmigung des Herausgebers Fontis.

9 Jeremia 29, 11 zit. n. Hoffnung für alle®, Copyright © 1983, 1996, 2002, 2015 by Biblica, Inc.®. Verwendet mit freundlicher Genehmigung des Herausgebers Fontis.

10 Vgl. Jesaja 61,1 und Psalm 147,3.

11 Galater 2, 20, zit. n. Hoffnung für alle®, Copyright © 1983, 1996, 2002, 2015 by Biblica, Inc.®. Verwendet mit freundlicher Genehmigung des Herausgebers Fontis.